KB177384

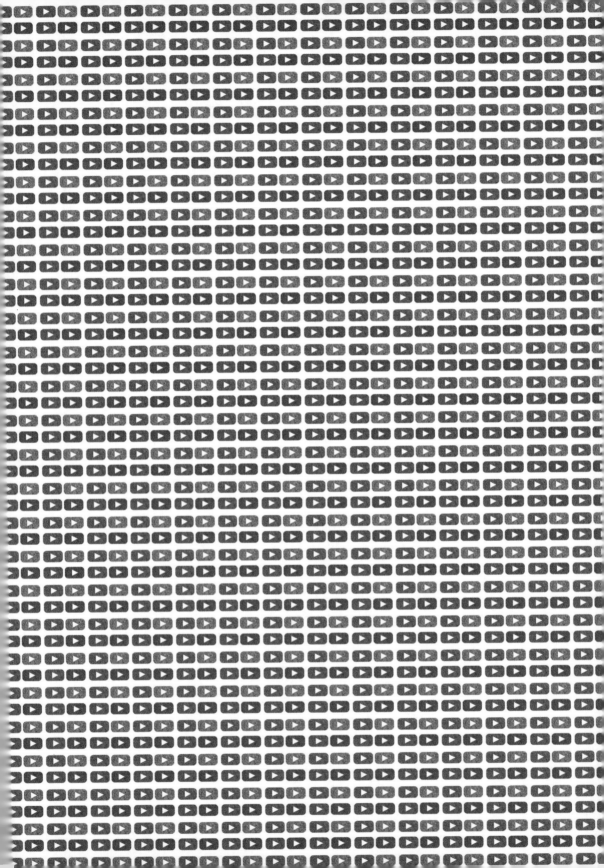

놀이로 다시 디자인하는
블렌디드 러닝
BlendedLearning

놀이로 다시 디자인하는
블렌디드 러닝

Blended Learning

발행일	2021년 4월 5일 초판 1쇄 발행
지은이	송영범, 손경화
발행인	방득일
편 집	신윤철, 박현주, 박선영, 문지영
디자인	강수경
마케팅	김지훈

발행처	맘에드림
주 소	서울시 도봉구 노해로 379 대성빌딩 902호
전 화	02-2269-0425
팩 스	02-2269-0426
e-mail	momdreampub@naver.com

ISBN 979-11-89404-45-1 93370

게임학습과 프로젝트수업으로 확장한 블렌디드 수업놀이

놀이로 다시 디자인하는
블렌디드 러닝

Blended Learning

송영범, 손경화 지음

맘에드림

오정재, 경인교대부설초등학교 교장

블렌디드 러닝 융복합을 통해
원격수업을 넘어 미래교육으로 나아가다!

코로나19로 인해 학교 현장은 원격수업의 도입 과정에서 수많은 시행착오를 경험하는 한편, 등교수업과 원격수업의 균형과 방향을 찾아가는 시간을 가졌다. 그 과정에서 원격수업에 대한 학부모와 학생의 요구사항은 결국 두 가지였다. 첫 번째는 '교사 및 학생 간 상호작용의 확대', 두 번째는 '흥미로운 수업의 실현'이었다.

학습 동기를 높이는 '흥미로운 수업', 어떻게 실현할 것인가?

2020학년도 1학기(14.8%)에 비해 2학기(55.7%)의 실시간 쌍방향 화상수업 비율이 40.9% 증가했다는 발표자료를 보면 2021학년도에는 원격수업 상황에서의 '교사 및 학생 간 상호작용'이 더욱 확대될 것으로 전망된다. 하지만 '흥미로운 수업'과 관련해서는 아직 학교 현장에서의 준비가 더 필요한 실정이다. 즉 원활한 원격수업을 위해 그동안 구축된 학습 플랫폼 위에서 다양한 학습 콘텐츠를 어떻게 구현할 것인가에 대한 학교 현장과 교사들의 고민이 지속되고 있다.

2020학년도 유·초등 학부모와 학생들이 선호하는 수업으로 놀이꾸러미(62.7%)가 가장 높은 비중을 차지하였고, 교사가 선호하는 수업에서도 놀이꾸러미+콘텐츠 제공(56.6%)이 가장 높았던 점을 고려해볼 때, 앞으로 등교수업과 원격수업의 병행이 일상화된 시대에는 배움의 과정에서 학생들의 동기를 자연스럽게 높이는 학생중심의 게임 및 놀이 방식과 관련한 수업의 운영이 더욱 주목받을 것으로 예상된다. 그러한 의미에서 이 책이 담고 있는 '게임학습'과 '놀이수업'의 블렌디드 설계와 다양한 사례들은 원격수업에서의 '흥미로운 수업'을 실현하기 위한 수업의 방향성을 제시해준다.

단순한 온라인 놀이를 넘어 블렌디드 러닝과 융복합한 실천 사례들

이 책에서 더욱 주목할 만한 부분은 게임학습과 놀이수업을 단순히 온라인 상황과 연결짓는 수준이 아니라, 블렌디드 러닝과 결합하여 '블렌디드 GBL', '블렌디드 Gamification', '블렌디드 수업놀이'로 구현하는 방안과 실제 실천 사례들을 담아내고 있다는 점이다. 여기에서 더 나아가 '프로젝트학습'과도 연결지어 '블렌디드 GBL PBL', '블렌디드 Gamification PBL'로까지 확장시키면서, 블렌디드 러닝과 게임학습, 놀이수업, 학습자중심 수업을 융복합한 다양한 실천 사례들을 이야기하고 있다. 코로나19의 장기화로 등교수업과 원격수업을 병행하는 상황, 그리고 교사와 학생 간 상호작용의 확대와 흥미로운 수업 실현에 관한 요구가 나날이 높아지는 상황에서, 다양한 '융복합'을 시도한 이러한 수업 실천 아이디어들은 포스트 코로나 시대의 미래교육의 방향과 실현 방법을 고민하는 수많은 현장 교사들에게 적잖은 도움이 될 것으로 기대한다. 《놀이로 다시 디자인하는 블렌디드 러닝: 게임학습과 프로젝트수업으로 확장한 블렌디드 수업놀이》라는 이 책의 타이틀처럼 원격수업을 넘어 블렌디드 러닝, 나아가 다양한 융복합을 통해 배움의 효과를 극대화하는 수업 디자인을 구현하기 위해 노력하는 교사들에게 이 책을 추천한다. 책 속에서 저마다 포스트 코로나 시대를 헤쳐나갈 미래교육의 방향과 방법을 찾을 수 있기를 바란다.

블렌디드 러닝 시대의
진화된 수업놀이를 만나다!

블렌디드 러닝이 주도하게 될 '포스트 코로나 시대' 학교 교육의 흐름 속에서, 현장의 많은 교사들이 단순히 온·오프라인을 넘어 더 나은 배움을 구현하기 위한 다양한 수업 방식을 고민하고 있다. 이에 이 책은 비슷한 고민을 하고 계시는 선생님들께 유용한 안내와 참고가 될 수 있기를 바라는 마음에서 학생이 중심이 되는 **프로젝트학습**, 디지털 네이티브로 불리는 학생들에게 친숙한 방식의 **게임학습**, 학생들이 학습 과정에서 몰입과 행복을 느끼는 **놀이수업**을 어떻게 구현하면 좋을지에 대한 고민을 담아내고자 하였다.

교수-학습의 고전이론과 최신이론의 융합을 통한
수업놀이의 확장 및 실천 사례까지

이 책은 크게 3부분으로 나뉘어 구성된다. 먼저 1부에서는 미래교육 '포스트 코로나 시대'에 주목받고 있는 대표적 교수-학습 이론인 〈블렌디드 러닝〉, 〈프로젝트학습〉, 〈게임학습〉, 〈놀이수업〉에 대한 개념 정리와 함께 실제 수업 사례들을 정리하여 살펴보았다.

2부에서는 1부에서 제시하고 있는 교수-학습이론 간의 융복합적 접근 방식을 통해 블렌디드 러닝 환경에서 **수업놀이가 어떻게 진화할 수 있는지**를 제시하는 내용들로 구성하였다. 예컨대, 블렌디드 러닝과 프로젝트학습을 결합한 **블렌디드 PBL**, 블렌디드 PBL에서 한 발 더 나아가 게임학습 요소를 융합한 **블렌디드 GBL PBL**과 **블렌디드 Gamification PBL** 등에 대한 '이론적 설계 방법'과 '실제 수업 사례'를 단계별로 구체적으로 소개하였다.

　마지막 **3부**에서는 블렌디드 러닝 시대에 맞게 진화하는 수업놀이를 사례 중심으로 소개하였다. 특히 기존에 우리가 대면수업 상황에서 해왔던 다양한 수업놀이를 블렌디드 상황에서 어떻게 지속가능하게 적용해 나갈 수 있을지에 대한 고민 속에서, 실제 쌍방향 화상수업으로 실천했던 **블렌디드 수업놀이**들을 중심으로 정리하였다. 다만 여기서 제시하고 있는 수업놀이들은 저자들이 직접 만든 것들도 있지만, 기존에 있는 수업놀이를 교실 상황과 수업 맥락에 맞게 변형하여 적용한 것들을 포함하고 있다. 따라서 각각의 사례들은 그대로 활용해도 괜찮지만, 각자 수업 상황에 맞게 적절하게 재구성하여 적용하길 바란다. 나아가 더 좋은 수업놀이 아이디어로 발전시켜 선생님과 학생들 모두 더 즐거운 수업, 더 행복한 학교생활로 이어지길 기대한다.

끝으로 이 책이 나올 수 있도록 선한 영향력으로 미래교육의 방향을 제시해주신 경인교대부설초등학교 오정재 교장선생님, 그리고 그 길을 열어가는 데 뜨거운 열정으로 함께해주신 동료 선생님들과 학부모님들, 특히 우리 반 학생들에게 깊은 감사의 마음을 전한다. 더불어 필자들의 가족들에게도 각각 인사를 덧붙이고 싶다. 사랑하는 아내와 아들들에게 그리고 삶의 기쁨과 힘이 되어주는 딸과 가족 모두 "고맙고, 사랑합니다!"

2021년 2월

공동 저자 송영범 · 손경화

차례

1부

미래교육과 수업
포스트 코로나 시대, 배움의 질을 높이는 수업 방안을 모색하다!

01 블렌디드 러닝 🔍 ··· **014**

온·오프라인 및 다양한 학습 방법을 아울러 배움을 극대화하는 수업 만들기

블렌디드 러닝이란 무엇인가? _ **015** / 블렌디드 러닝의 4가지 유형 _ **016** / 미네르바 스쿨을 통해 본 블렌디드 러닝 실천 _ **021**

02 프로젝트학습 🔍 ··· **025**

자발적 탐구를 촉진하며, 스스로 배움을 키워가는 수업 만들기

프로젝트학습은 어떤 배움을 추구하는가? _ **026** / 프로젝트수업, 어떻게 실천할 것인가? _ **028** / 교과융합 프로젝트학습 실천 사례 _ **031**

03 게임학습 🔍 ··· **042**

스스로 원리를 깨달으며 무한 성장 가능성을 열어가는 수업 만들기

게임학습이란 무엇인가? _ **043** / 게임학습, 어떻게 실천할 것인가? _ **044** / 학생들을 논리적 사고자, 설계자로 키우는 '퀘스트 투 런 스쿨' 게임학습 실천 사례 _ **048**

04 놀이수업 🔍 ··· **052**

놀면서 배움에 재미와 상상력을 더하는 수업 만들기

놀이수업이란 무엇인가? _ **052** / 놀이수업, 어떻게 실천할 것인가? _ **053** / 세계의 놀이 교육 과정을 통해 본 놀이수업 사례 _ **055**

ℛ 추천의글_ **004** 블렌디드 러닝 융복합을 통해 원격수업을 넘어 미래교육으로 나아가다!

ℛ 저자의글_ **006** 블렌디드 러닝 시대의 진화된 수업놀이를 만나다!

ℛ 참고자료_ **240**

블렌디드 러닝의 실천 방법
게이미피케이션과 PBL의 융합을 통해 수업을 재구조화하다!

01 블렌디드 PBL 🔍 **062**

온·오프라인 '활동'을 중심으로 배움의 효과를 높이는 수업 만들기

블렌디드 PBL이란 무엇인가? _ **062** / 블렌디드 PBL 설계의 핵심요소는 무엇인가? _ **063** / 블렌디드 PBL로 설계한 수업 디자인 _ **065** / 상황에 따른 다변적 운영을 살린 블렌디드 PBL 실천 사례 _ **066**

02 게이미피케이션 PBL 🔍 **076**

게임학습을 통해 한층 더 진화한 프로젝트수업 만들기

게임으로 한 걸음 더 나아간 블렌디드 GBL PBL _ **076** / '게이미피케이션 PBL' 설계의 핵심요소는 무엇인가? _ **084** / 게임요소로 배움을 확장시킨 게이미피케이션 PBL 실천 사례 _ **087**

3부

블렌디드 러닝 시대의 수업놀이

GBL과 놀이로 성장하는 사회성과 인지능력

사회성 SOCIAL SKILLS

마음 항아리의 비밀_ 102

학급 가이드라인 만들기_ 104

친구 장점 인터뷰 빙고_ 106

왕의 식탁 탈출 게임_ 108

무엇이 달라졌을까?_ 110

릴레이 스피드 박수치기_ 112

너의 이름은_ 114

고통의 숫자_ 116

내 마음을 맞혀봐_ 118

너도나도 공감 BEST_ 120

계단 박수_ 122

릴레이 계단 박수_ 124

기억하며 말하기_ 126

브랜드 주제어 게임_ 128

머리 · 어깨 · 무릎 · 발_ 130

가라사대 집중_ 132

집어! 빼!_ 134

친구 이름 빙고 놀이_ 136

눈치코치 숫자세기_ 138

계란 한 판_ 140

스피드 컵 쌓기_ 142

진진가 모둠 대결_ 144

가위바위보 축구_ 146

색으로 말해요_ 148

프라이팬 놀이_ 150

릴레이 이름 외우기_ 152

나이 서른에 우린_ 154

쁘띠 바크_ 156

생활 장면 타블로_ 158

친구 얼굴 그리기_ 160

아름다운 직업_ 162

우리 집에 왜 왔니?_ 164

온라인 축구 퀴즈_ 166

인지능력 COGNITIVE SKILLS

질문 이어달리기_ 170

질문 꼬리 달기_ 172

질문 달리기_ 174

뒤죽박죽 낱말 맞히기_ 176

KWLM 도입 빙고_ 178

문장 퍼즐 맞히기_ 180

N행시 장원급제_ 182

모둠 협동 골든벨_ 184

카훗 게임_ 186

만약에 질문 놀이_ 188

잼보드 땅따먹기_ 190

초성퀴즈 낱말왕_ 192

랜덤 문장 만들기_ 194

서바이벌 퀴즈_ 196

우리 반 기네스북_ 198

방탈출 게임_ 200

멘티미터 여론조사_ 202

질문 빙고_ 204

텔레파시 로또 추첨_ 206

두근두근 교실 복권_ 208

열 고개 놀이_ 210

이구동성 놀이_ 212

찢기 빙고_ 214

뒤집기 만세_ 216

손가락 빙고_ 218

한 글자 공통점 찾기_ 220

마주보며 설명하기_ 222

수업목표 암호진술_ 224

OX 축구_ 226

선생님을 이겨라_ 228

피라미드 빙고_ 230

질문 야구 게임_ 232

몸으로 말해요_ 234

전체 스피드 퀴즈_ 236

온라인 야구 놀이_ 238

원격수업의 일상화와 함께 학교 교육도 시공간적 한계를 뛰어넘어 더 나은 배움을 적극적으로 모색해야 하는 과제를 안게 되었다. 앞으로 우리는 단순히 온라인이냐 오프라인이냐의 선택을 넘어, 포스트 코로나 시대에도 우리 아이들이 행복한 학습을 이어가기 위한 근본적인 해결 방법을 모색해야 한다. 특히 학교 교실이라는 공간적 한계를 넘어선 교육환경에서 우리는 어떻게 학생들이 행복과 만족을 느끼며 효과적으로 학습을 이어갈 수 있을 것인지 깊이 고민해야 한다. 이에 첫 장에서는 우리가 고민해야 할 새로운 시대적 흐름에 적합한 학습의 방법적 접근들에 대해 이야기하고자 한다. 다양한 방법을 거론할 수 있겠지만, 이 책에서는 최근 주목받고 있는 블렌디드 러닝(Blended Learning), 프로젝트학습(PBL, Project Based Learning), 게임기반학습(GBL, Game Based Learning), 게이미피케이션(Gamification), 놀이수업을 통해 미래학교의 수업 실마리를 풀어가고자 한다.

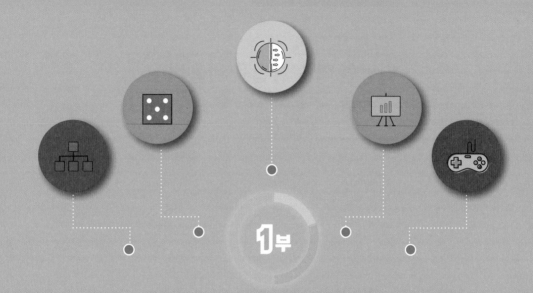

1부

미래교육과
수업

온·오프라인 및
다양한 학습 방법을 아울러
배움을 극대화하는 수업 만들기

코로나19와 함께 '언택트(Untact)[1]'를 넘어 '온택트(Ontact)[2]'가 사회 전반의 새로운 흐름으로 떠오르고 있다. 교육 현장에서도 비대면 온라인수업과 원격 화상수업이 일상화되었다. 이러한 교육환경의 급격한 변화는 아이들이 그동안 학교라는 특정한 공간에서 친구들과 함께 경험하고 느끼며 생각을 키웠던 모든 학습 방식들에 대한 새로운 전환을 불러왔다.

한편으론 온라인수업을 통해 드러난 한계로 인해 기존 오프라인수업의 장점이 새삼 부각되기도 했다. 이와 함께 대안으로 다시금 주목을 받게 된 것이 바로 온·오프라인을 융합한 블렌디드 러닝이다. 즉 오프라인에서 온라인 교육을 보완하는 한편, 온라인 환경의 장점을 학습 전략에 적극 활용함으로써 맞춤형 전략을 제안하는 것이다. 특히 블렌디드 러닝은 학습

---

1. 언택트(Untact)'란 '콘택트(contact: 접촉하다)'에서 부정의 의미인 '언(un-)을' 합성한 말로, 기술의 발전을 통해 교사와 학생, 학생간의 접촉 없이 교육이 이루어지는 새로운 교육 모습을 의미한다.

2. 비대면을 일컫는 '언택트(Untact)'에 온라인을 통한 외부와의 '연결(On)'을 더한 개념으로, 온라인을 통해 대면하는 방식을 가리킨다. 이는 2020년 코로나19 확산이 장기화되면서 등장한 새로운 흐름이다.

효과의 극대화는 물론 학습 기회도 한층 더 확대하는 장점을 가진다. 하지만 아직까지 우리나라에서 블렌디드 러닝에 대한 인식은 온라인과 오프라인 방식을 결합하는 수준에 머물러 있는 것이 사실이다. 그래서 먼저 블랜디드 러닝의 개념과 대표적인 유형들에 관해 살펴보려고 한다.

블렌디드 러닝이란 무엇인가?

앞으로도 온라인수업은 학교 교육의 주요 방법 가운데 하나로 자리를 잡을 것이다. 하지만 아직은 온라인수업과 원격수업의 활성화와는 별개로, 이러한 수업 방식이 지닌 여러 가지 한계들로 인해 교사의 면대면 수업과 학습 및 생활에 대한 멘토링의 필요성이 학생들과 학부모들로부터 끊임없이 제기되고 있다. 벌써 현장에서는 이를 해결하기 위해 다양한 교육적 접근이 시도되고 있는데, 좀 더 현실적으로 주목받고 있는 수업 방법이 바로 **블렌디드 러닝**(Blended Learning, BL)이다.

블렌디드 러닝은 학습 효과를 극대화하기 위해 온라인수업과 오프라인 수업 그리고 그 외의 다양한 학습 방법을 혼합하는 것을 말하는데, 2000년 후반부터 미국의 일부 온라인 교육학자들이 사용하기 시작하였다. 학생들은 시간, 장소, 순서, 속도를 스스로 조절해가며 온라인학습을 해나가는 동시에 집이 아닌 공간에서 일정 부분 교사의 관리와 멘토링을 받으며 학습할 수 있다. 특히 학생들은 자신에게 적합한 학습 흐름과 형태에 따라 학습을 스스로 구성해 나간다. 이러한 모듈식으로 구성된 학습 과정을 통해 맞춤형 개별화 학습을 이뤄내는 데 적합한 교수-학습 방법이다.

블렌디드 러닝은 맞춤형 개별화 학습에 동력을 불어넣는 엔진과도 같다. 개별 학생에 따라 언제 어디서나 어떤 방향, 어떤 속도로든 학습할 수 있게 해주기 때문이다. 예컨대 이미 알고 있는 개념은 빨리 넘기고, 요약

할 때는 일시 정지하며, 복습할 때는 돌려보기나 천천히 재생하는 등의 기능을 적절히 활용하여 자신에게 맞게 학습할 수 있다. 이는 학습 목표라는 도착지점을 향해 학생들이 저마다 자신에게 맞는 서로 다른 길을 선택할 수 있는 방법을 제공하는 것이다. 게다가 교사를 교실 수업이라는 시·공간적 제약에서 벗어나 학습 설계자, 멘토, 촉진자, 평가자, 상담가 등이 되어 학생 한 명 한 명에게 다가설 수 있게 해준다.

이와 같은 장점을 바탕으로 블렌디드 러닝은 미래교육의 방법적 대안으로 부상하고 있다. 우리가 블렌디드 러닝을 어떻게 이해하고 활용하느냐에 따라 앞으로 학교 교육의 운영 방식도 큰 변화를 맞이하게 될 것이다.

블렌디드 러닝의 4가지 유형

블렌디드 러닝은 아직은 불완전한 상태지만, 지금도 계속해서 진화하고 있다. 오늘날 미국과 해외의 K-12(Kindergarten~12th Grade) 교육에서 관찰되는 블렌디드 러닝의 유형을 정리하면 크게 순환 모델과 플렉스 모델, 알라카르테 모델, 강화된 가상 모델로 나눠볼 수 있다[3]. 이와 관련된 내용을 좀 더 살펴보면 다음과 같다.

순환 모델

순환 모델은 교사의 통제에 따라 면대면수업과 원격수업을 정해진 시간에 따라 운영하는 방식으로서 기존 학교 공간을 중심으로 대면수업과 온라인 수업을 결합한 형태이다. 순환 모델은 다시 스테이션 순환학습, 랩 순환학습, 거꾸로학습, 개별 순환학습으로 구분된다.

3. 마이클 혼·헤더 스테이커(2019)의 모델을 재구성하였다.

① 스테이션 순환학습 (Station Rotation): 학생들은 자신이 속한 학급 내에서 또는 그룹 내에서 순환학습을 실시한다.

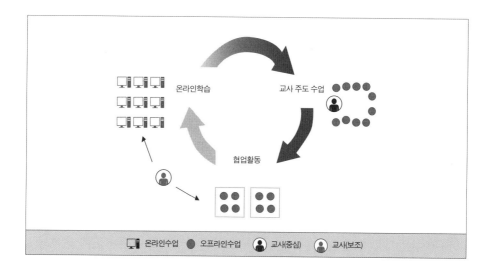

② 랩 순환학습 (Lab Rotation): 학생들이 온라인학습을 위해 컴퓨터실을 활용하는 학습이다.

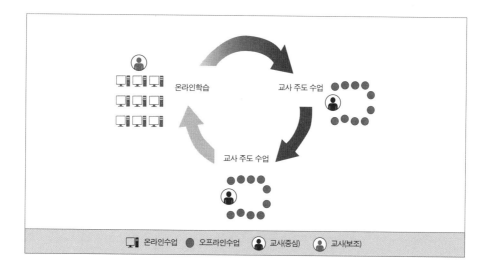

③ 거꾸로학습 (Flipped Learning): 가정에서는 온라인학습에 참여하고, 학교에서는 실습이나 프로젝트를 위해 학교에서 학습하는 방식이다.

가정	학교
온라인 강의	프로젝트학습

④ 개별 순환학습 (Individual Rotation): 각 학생은 자신만의 개별 학습 계획을 수립하여 학교 내의 다양한 학습 공간에서 자신의 계획에 따라 순환학습을 한다.

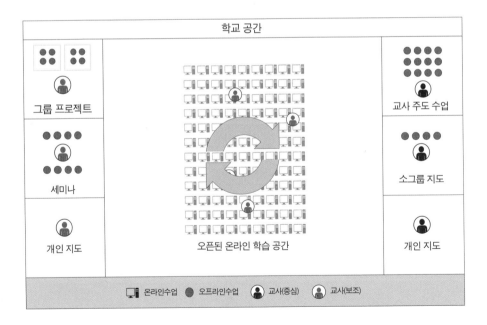

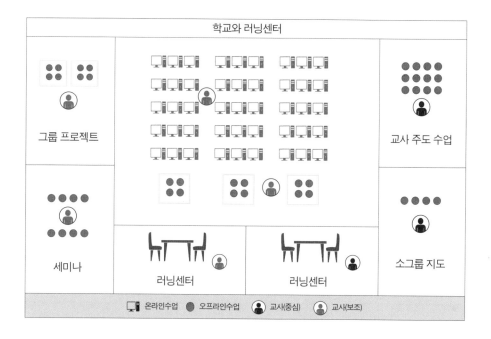

플렉스 모델

플렉스 모델은 학생의 필요에 따라 학교와 러닝센터를 중심으로 온라인 학습이 중심이 되어 이루어지는 수업 모델이다. 학생들은 여러 학습 형태 사이에서 개별적으로 만들어진 맞춤식 개별화 학습계획을 통해 움직인다. 교사는 소그룹 지도, 그룹 프로젝트, 개인 지도 등의 활동을 할 때 필요에 따라 유연하고 상황에 맞는 면대면 도움을 제공한다.

학교와 러닝센터

그룹 프로젝트

교사 주도 수업

세미나

러닝센터

러닝센터

소그룹 지도

온라인수업 오프라인수업 교사(중심) 교사(보조)

알라카르테 모델

알라카르테 모델은 학생들이 자신의 필요에 맞게 다양한 공간에서 온라인 수업을 선택해서 학습하는 모델을 말한다. 학생들은 원하는 공간에서 온라인으로 대부분의 수업을 듣고, 학교나 러닝센터에서는 실습 및 기타 경험을 쌓는 수업 방식이다. 학생들은 온라인상에서 몇 가지 학습 과정을 수행하는 동시에 학교에서의 오프라인학습 과정을 수행할 수 있다.

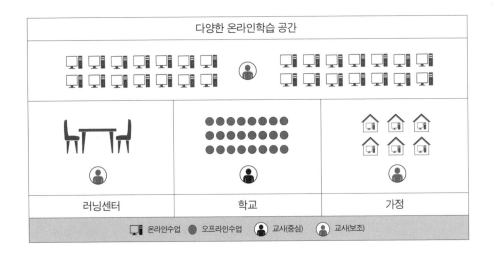

강화된 가상 모델

강화된 가상 모델은 학생과 교사가 물리적으로 원거리에 떨어져 있거나 특별한 상황이 있어 대면 접근성이 낮은 경우 이루어지는 학습 모델을 의미한다. 학생들은 평가를 위해 교사와 만나는 오프라인학습 시간을 갖기도 하지만 대부분의 경우 교사와의 대면수업이나 만남 없이 학습 과제를 완성하는 학습 모델이다.

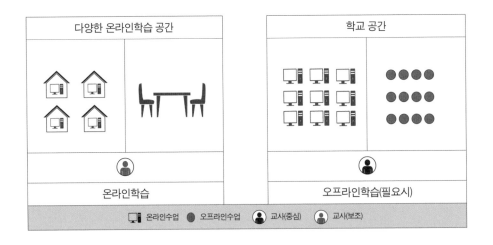

블렌디드 러닝에서 온라인학습의 질이 기존의 교실 수업을 넘어서기 시작하면서 그동안 교과 수업에 집중해왔던 학교의 역량을 다른 중요한 일들에 한층 더 집중할 수 있는 여건이 마련되었다. 예를 들면 온·오프라인을 망라한 학습 및 생활 멘토링, 토의토론, 풍부하고 다양한 실제적 실습과 경험, 깨끗하고 만족스런 물리적 환경 제공, 집단 따돌림의 근절, 영양을 고려한 식단, 건강 관리, 예체능 프로그램 지원, 학생의 재능 발현 프로그램 운영 등이 이에 해당한다.

앞으로 학교는 더 이상 고정화된 학습 내용과 형태, 그리고 수업 방식의 제공을 위한 기관에 머물 필요가 없다. 그 대신에 다른 필요 서비스를 제공하는 데 역량을 집중해야 한다. 즉 수업이 온라인으로 많은 부분이 분화되면서 학교가 그동안 시간과 공간, 자료 등이 부족하여 시도하지 못했던 활동들에 한층 더 집중해야 할 것이다. 그러한 활동들은 학교를 미래사회에도 지속가능하고 의미 있는 교육 주체로 거듭나게 해줄 것이다.

미네르바 스쿨을 통해 본 블렌디드 러닝 실천

앞에서 간략하게 블렌디드 러닝의 개념 정의와 유형을 살펴보았다. 하지만 개념 정의와 유형만으로는 실제 수업이 어떻게 구현될 수 있는지를 머릿속에 그려보는 것이 다소 모호할 수도 있을 것이다. 사례와 함께 좀 더 구체적으로 살펴보자. 블렌디드 러닝의 대표적인 사례로 미네르바 스쿨을 들 수 있다. 미네르바 스쿨의 블렌디드 러닝 사례를 살펴봄으로써 블렌디드 러닝이 실제 어떻게 이뤄지는지를 이해할 수 있을 것이다.

먼저 미네르바 스쿨의 수업은 크게 영상 분석 시스템, 사고 방법론, 현장 과제의 세 가지 특징으로 요약하여 이야기할 수 있다. 이에 관해 좀 더 자세히 설명하면 다음과 같다.

미네르바 스쿨의 세 가지 특징
-영상분석시스템(ALF · Active Learning Forum)
-사고 방법론(HC: Habits of Mind and Foundational Concepts)
-현장 과제(LBA: Location Based Assignments)

- 영상분석시스템(ALF: Active Learning Forum): 영상분석시스템은 화상수업이 이루어지는 상황에 대한 영상을 분석하여 학습 효과를 높이는 데 활용되는 시스템이다. 영상분석시스템은 화상수업 중 학생들의 시선이나 표정 등을 분석하여 바로 화면에 이를 띄워 교사뿐만 아니라 수업에 참여하고 있는 모든 학생들에게 표시한다. 또한 음성인식시스템은 학생 한 사람 한 사람의 발언 빈도를 다른 색으로 표시해준다. 이를 기반으로 교사는 해당 학생을 대상으로 맞춤형 개별화 학습을 진행할 수 있다. 수업의 일반적 흐름은 다음과 같다. 학생은 수업에 참여하기 위해 학교가 자체 개발한 영상분석시스템을 켠다. 프로그램에 접속하면 교사, 학생의 화상이 모니터에 나타난다. 수업을 시작할 땐 항상 사전 평가를 한다. 학생이 수업 준비를 잘 했는지 확인하는 과정이다. 수업 준비 과정에서 학생은 책, 뉴스, 테드(TED), 유튜브 동영상 등 다양한 관련 자료를 사전 숙지해야 한다. 그런 다음에 그날 공부할 내용을 주제로 토론하는 본 수업이 이뤄진다. 대화 참여도가 낮은 학생은 교사가 알아볼 수 있게 빨간색으로 표시된다. 교사는 진행 슬라이드뿐만 아니라 참여자 모두 필기할 수 있는 칠판 등을 화면에 띄울 수 있다. 토론할

때도 의자를 옮길 필요 없이 온라인 상에서 쉽게 조를 편성할 수 있다. 수업 정리 단계에서는 학생 스스로 피드백을 하는 시간을 갖는다.

• 사고 방법론(HC: Habits of Mind and Foundational Concepts): 사고 방법론에서 이야기하는 핵심역량은 다음 네 가지이다. ▲비판적 사고 ▲창의적 사고 ▲효율적 의사소통 ▲협동적 상호작용. 미네르바 스쿨에서는 이러한 네 가지 핵심역량을 습득하기 위해 120여 개로 정리해놓은 개념들을 공부한다. 1학년은 네 가지 역량을 공부하는 4개 수업만 듣는다. 2학년 때에는 전공 분야를 정하고 자신의 전공 분야에서 HC를 활용하는 법을 배운다. 3학년 때에는 전공을 다른 분야와 융합하는 방법론을 공부한다. 4학년은 1년 동안 프로젝트를 진행하며 그간 배운 HC를 활용하는 연습을 한다.

• 현장 과제(LBA: Location Based Assignments): 미네르바 스쿨 재학생은 책상에서 토론하는 것뿐만 아니라 현장 과제를 수행한다. 학생들은 기숙사가 위치한 전 세계 7개 도시에서 학습 내용을 적용할 수 있는 주제를 정해 프로젝트를 진행해야 한다. 미국(샌프란시스코), 영국(런던), 독일(베를린), 아르헨티나(부에노스아이레스), 인도(하이데라바드), 대만(타이베이)과 한국(서울)까지 전 세계 총 7개국에서 각국의 사회·문화를 경험하고 국제적인 감각을 기르기 위한 현장 기반 프로젝트학습을 진행한다.

이러한 미네르바 스쿨의 블렌디드 러닝의 성공 사례에서 확인된 세 가지 특징은 지금의 코로나19 시대에 우리가 시도하고 있는 블렌디드 러닝의 모습과도 상당 부분 유사한 면을 찾아볼 수 있는 동시에 부족한 부분도 확인할 수 있다. 예컨대 사고 방법론과 현장 과제의 경우에는 세계시민교육, 지속가능발전교육, 프로젝트학습 등을 도입하여 교육활동을 전개하고 있는 학교의 모습과 어느 정도 비슷한 수준을 보이고 있음을 알 수 있지만, 영상분석시스템의 경우에는 학생 맞춤형 개별화 학습을 위한 실제적이고 과학적 접근이 현재 우리나라의 블렌디드 러닝과는 상당한 차이가 있다. 다시 말해 겉보기에는 미네르바 스쿨과 같이 화상수업으로 교육활동이 이루어지는 것처럼 보이기는 하지만, 좀 더 깊이 들여다보면 학습자에 대한 체계적인 진단과 관리의 수준은 미네르바 스쿨의 맞춤식 개별화 교육을 위한 수준에는 채 미치지 못하고 있다는 뜻이다. 이는 앞으로 우리가 반드시 해결해야 할 과제이기도 하다.

코로나19 시대에 우리가 전면적으로 시도하고 있는 블렌디드 러닝의 수준은 아직 보편적이라고 보기 어렵다. 즉 각 학교와 학급의 환경에 따라, 그리고 구성원들의 가정환경, 또 구성원들 각자가 어느 정도의 노력을 기울이고 있느냐에 따라 많은 차이를 보인다. 이는 고스란히 학생들의 학력 격차로 이어질 것이 자명하므로, 절대 간과할 수 없는 문제이다. 따라서 앞으로 중요한 것은 기존 코로나19 이전의 학교 공간에서 이루어졌던 학습자의 성장과 발달을 위한 체계적인 진단과 수업 관리의 수준을 코로나19 이후에도 우리가 달성해야 할 가장 기본적인 목표로 설정하여 그 수준까지 끌어올려야 한다는 점이다. 이는 코로나19 이전의 수업이 각 학교와 학급의 환경이 달랐음에도 학습 격차가 크지 않았음을 생각할 때 반드시 달성해야 할 기본적인 목표가 될 것이다. 또한 온라인수업 수준을 코로나19 이전의 대면수업에 맞게 한층 업그레이드하려는 구성원들의 노력이 있을·때 비로소 진정한 블렌디드 러닝으로 이야기할 수 있을 것이다. 특히 블렌디드 러닝을 위한 구성원은 비단 교사뿐만 아니라 학부모, 학생, 지역사회 공동체 모두를 포함하며, 모든 구성원의 인식과 노력이 함께 이루어질 때 진정한 의미의 블렌디드 러닝에 다가설 수 있을 것이다.

자발적 탐구를 촉진하며, 스스로 배움을 키워가는 수업 만들기

쏟아지는 정보와 지식이 복잡하게 얽혀 있고, 새로운 기술과 산업이 등장하는 시대일수록 종합적인 문제 해결 능력이 요구된다. 즉 단순히 많은 지식을 학습하는 것이 아니라 지식을 문제 해결에 창의적으로 응용할 수 있는 능력을 키우는 것이 더욱 중요하다. 블렌디드 러닝에 이어 지금부터 살펴볼 프로젝트학습이야말로 이러한 창의융합적 사고 역량을 키우는 데 탁월한 방식이다. 이후 2부에서 좀 더 자세히 살펴볼 예정이지만, 프로젝트학습은 최근 온라인과 모바일 기술의 발달과 함께 블렌디드 러닝과 융합한 다양한 형태의 **블렌디드 PBL**(Blended PBL)로 주목을 받고 있다.

잘 알려진 대로 프로젝트학습(PBL: Project Based Learning)은 20세기 초 진보주의 교육사상가인 킬페트릭(Kilpatrick)의 프로젝트법(Project method)을 기저로 하여 교육 현장에서 오랜 시간 학습자중심 수업의 대명사처럼 여겨져 왔다. 이 책에서 프로젝트학습에 특히 주목한 이유는 블렌디드 러닝과 융합하여 온·오프라인의 장점을 활용함으로써 프로젝트학습이 지니고 있는 교육적 가치를 한층 더 강화할 수 있기 때문이다.

프로젝트학습은 어떤 배움을 추구하는가?

지금의 프로젝트학습은 코로나19를 경험하며 한층 더 발전된 형태로 진화하였다. 다시 말해 학생 주도 수업에 인류의 가치를 반영하고자 하였고, 탐구활동 속에서 학생의 배움과 성장을 강조함과 동시에 교사의 수업 설계와 진행에서의 역할을 한층 더 강화시켰다.

프로젝트수업은 오랜 기간 학생중심 수업의 대명사처럼 여겨져 온 까닭에 우리나라 교육 현장에서도 익숙하지만, 생각보다 지속적으로 교실에서 실천하지 못하는 경우도 많았다. 여러 가지 이유가 있겠지만, 의욕적으로 수업을 설계했는데 의도하지 않은 방향으로 수업이 이루어진다거나 교과 진도 등의 이유로 지지부진하다가 원래 의도한 목표와 거리가 먼 결과물 발표로 성급히 마무리되는 등 여러 가지 난관에 부딪히기도 했을 것이다. 이에 여기에서는 프로젝트 수업 디자인에서 반드시 고려해야 할 프로젝트수업의 구성요소를 몇 가지 짚고 넘어가고자 한다.

- 가치 추구: 프로젝트 수업은 교육과정이 담고 있는 성취기준과 핵심역량 중심의 학습 내용뿐만 아니라 인류 공동체가 추구해야 할 의미 있는 가치와 핵심개념을 학습 내용으로 한다.
- 탐구질문: 탐구질문은 학습을 의미 있게 만들며, 학습에 목적을 부여해 준다. 프로젝트수업은 학생들이 스스로 해결하고 탐구해 나가야 할 탐구질문을 선정하고 공유하는 의미 있는 과정을 포함시켜야 한다.
- 심층 탐구: 프로젝트수업은 학생들이 탐구 문제에 대한 도전의식과 목표의식을 갖고 질문하고, 자료를 찾으며, 해결책을 발견하여 삶으로 연결짓는 심층적 탐구 과정을 거친다.
- 생활 연계: 학습의 경험을 가능한 현실 생활에서 일어나는 상황과 연결시킴으로써 교육활동을 한층 더 의미 있게 만들고, 학생들 또한 배움에

프로젝트수업의 구성요소

프로젝트수업은 얼마든지 다양하게 디자인할 수 있다. 하지만 디자인 단계에서 이상의 9가지 요소들을 고려한다면 수업이 이루어지는 과정에서 경로를 이탈하여 의도하지 않은 방향으로 흐르는 것을 어느 정도 예방할 수 있을 것이다.

좀 더 가깝게 다가서고 경험할 수 있게 해준다.

• 학생중심: 학생들이 수업 전반에 걸쳐 자신의 생각을 표현하는 과정을 통해 자기주도적 문제 해결능력을 성장시킨다.

• 중간 공유: 프로젝트 수행 과정에서 모둠별로 담당하고 있는 분야에 대한 중간 공유를 통해 학습의 내용을 상호 공유하며 프로젝트학습의 전체적인 이해를 증진하는 과정을 지닌다.

• 상호 비평: 학생들은 상호 비평을 통해서 자기 자신의 성취 수준을 점검하고 개선할 기회를 얻게 되며, 서로의 결과를 날카로운 시각에서 면밀히 살피며 비판적 사고력도 키우게 된다.

- 결과 발표: 최종 결과물의 발표 및 공개를 통해 학생들은 성취감과 자부심을 갖게 되며, 이를 통한 학생들의 성장과 발전은 학부모의 지지와 학교 교육에 대한 신뢰로 이어진다.
- 성찰 발전: 학생과 교사는 프로젝트수업 전반에 걸쳐 지속적인 성찰의 과정을 가진다. 이러한 성찰은 그 자체로 프로젝트수업의 순조로운 진행과 완성도 높은 결과 및 수업 목표를 달성하는 데 매우 중요하고 의미 있는 과정이 된다.

프로젝트수업, 어떻게 실천할 것인가?

프로젝트수업은 어느 한 가지 유형으로 규정할 수 없다. 그만큼 다양한 유형이 존재하는데, 때론 특정 주제와 교과를 중심으로 결정되기도 하고, 학생과 교사의 관심 또한 프로젝트수업의 유형을 결정하는 요인이 될 수 있다. 그럼에도 모든 유형의 프로젝트수업은 유사한 흐름에 따라 진행되며 앞서 정리한 프로젝트수업의 구성요소를 지니고 있다. 일반적으로 프로젝트수업의 유형은 다음 5가지로 정리할 수 있다.[4]

실생활 문제 해결

학생들 자신이 소속된 학교나 살고 있는 지역 혹은 더 넓은 세계에서 일어나는 문제, 또는 어떤 특정 분야의 직업에 종사하는 사람들이 겪는 문제를 조사하고 분석하는 프로젝트 유형이다. 이러한 유형의 프로젝트를 통해 학생들은 단순히 해결책을 제시하는 데 그칠 수도 있고, 아니면 한 발 더 나아가 자신들의 해결책을 실제로 적용해볼 수도 있다. 학생들이 만드는

....
4. 존 라머, 《프로젝트 수업, 어떻게 할 것인가?》 (최선경·장밝은·김병식 옮김), 2015, 지식프레임

결과물은 글로 쓴 제안서나 문서일 수도 있고 인위적으로 만든 구조물이나 프레젠테이션의 형태가 될 수도 있다. 수업에서 함께 탐구해볼 만한 주제를 몇 가지 제시하면 다음과 같다.

- 수도권 매립지 종료 문제로 인하 지역 간 갈등
- 야생동물의 종 감소
- 효율적인 국토개발을 통해 저소득층의 주거 지역 개선
- 전 세계적 문제에 대응하기 위한 국제적 정책 제안

▷ 디자인 챌린지

이 유형의 프로젝트는 범위가 매우 넓고 다양하다. 무언가를 제안하고 계획하는 것에서 시작하여 실제로 무언가를 만드는 것, 공연이나 행사를 진행하는 것 등을 포함한다. 디자인 챌린지 프로젝트는 모든 교과에서 가능하다. 보통은 수학, 과학, 직업, 기술, 외국어, 체육, 보건, 예술 과목 등에서 선호된다. 함께 도전해볼 만한 주제는 다양하겠지만, 일반적으로 다음과 같이 제안해볼 수 있을 것이다.

- 우리 지역 역사를 소개하는 동영상 제작하기
- 우리 지역 자연환경을 소개하는 동식물 도감 제작하기
- 감사의 의미를 담아 학교에 지역 주민 초대하기
- 동물들을 위한 새로운 서식지 디자인하기

▷ 추상적 질문 탐구

명확하고 구체적인 질문이나 결과물보다는 추상적인 생각이나 개념을 탐구하는 프로젝트다. 이 유형의 프로젝트는 문학, 사회, 역사 등의 과목에서 주로 이루어지며, 때로 과학이나 예술 과목에서도 다루어진다. 또한 교

과융합의 관점에서 진행될 수도 있다. 학생들은 다양한 방법을 통해 탐구 질문에 답할 수 있으며, 책, 블로그, 편지, 보고서 혹은 저널과 같이 글로 쓴 결과물을 제작할 수도 있고, 영상을 만들거나 시각 자료를 활용한 프레젠테이션을 할 수도 있다. 또한 토론, 연극, 연설, 시 낭송회와 같이 공연으로도 결과물을 발표할 수 있다. 예컨대 다음과 같은 프로젝트 주제들을 함께 생각해볼 수 있을 것이다.

- 로봇은 우리의 친구인가 적인가?
- 예술은 사회를 어떻게 변화시키는가?
- 무엇이 사람을 모험하게 만드는가?
- 두 문화가 만났을 때 무슨 일이 벌어지나?

조사 연구

다양한 자료의 수집 그리고 연구 분석을 통해 질문에 답변하도록 하는 프로젝트를 말한다. 대개 이 유형의 프로젝트는 역사나 과학, 수학 교과에서 주로 다루어지지만, 다른 교과에서도 얼마든지 적용 가능하다. 프로젝트 최종 결과물의 유형은 보통 보고서 또는 저널, 에세이, 전시회, 프레젠테이션 등이다. 어떤 유형의 흥미로운 주제라도 연구 과제가 될 수 있다. 이러한 프로젝트에서의 탐구질문은 정답이 복잡해야 하고, 간단한 인터넷 검색만으로는 쉽게 얻을 수 없는 것이어야 한다. 예컨대 다음과 같은 탐구 질문들을 생각해볼 수 있다.

- 최고의 가정용 청소용품은 무엇인가?
- 위인들의 이야기를 통해 우리는 무엇을 배울 수 있을까?
- 우리는 일본의 식민통치를 피할 수 있었을까?
- 세계 기후변화는 동·식물에게 어떠한 영향을 미칠까?

논란이 되는 쟁점에 대해 연구하고, 연구한 내용을 바탕으로 합리적인 근거들을 모아 하나의 주장을 만들어내는 유형의 프로젝트다. 주로 역사, 사회, 과학 교과에서 다루어지지만, 다른 교과목에서도 충분히 활용해볼 수 있다. 종종 교과융합 프로젝트로 실시되기도 한다. 학생들은 보고서를 쓰거나 토론을 하고, 연설이나 프레젠테이션을 하게 된다. 대체로 다음과 같이 학생들이 흥미를 가질 만한 시의성 있는 주제나 역사적 사건들에 관해 함께 수업해볼 수 있다.

- 인간에게 동물을 포획하여 가둘 권리가 있는가?
- 원자폭탄을 투하한 트루먼 대통령은 전범 대상인가?
- 경찰은 우리의 차량을 수색할 권리가 있는가?
- 우리 지역의 공터와 자연지역을 개발해야 하는가?

교과융합 프로젝트학습 실천 사례

좀 더 구체적인 이해를 돕기 위해 실제 프로젝트학습 사례를 제시하려고 한다. 여기에서 제시한 경인교대부설초등학교의 수업 실천 사례는 프로젝트학습이 교실에서 어떻게 이뤄지는지를 이해하는 데 도움이 될 것이다. 아울러 각자 나름대로 프로젝트수업을 디자인하는 데도 의미 있는 시사점을 얻을 수 있을 것이다.

⌕ 가치 추구 개요

가치를 담은 프로젝트수업 설계를 위해 프로젝트에서 담아야 할 일반화된 지식과 핵심개념, 역량, 산출물 등에 대한 내용을 정리한다.

추구 가치	프로 젝트	일반화된 지식	구성 중점 (◎핵심개념 ◈역량 ▶산출물)	편성 교과
지속 가능 발전을 위한 세계 시민 공동 체의 구성원 으로 나아 가기	〈1〉 경제 공동체	• 경제활동이 발생하게 된 배경(자원의 한정성과 선택의 문제, 자원의 불균등한 분포)에 대해 알고, • 바람직한 경제활동의 실천(경제교류의 필요성, 공동체를 위한 경제활동) 의지를 함양한다.	◎ 경제생활과 선택 (희소성, 생산, 소비, 시장) ◈ 공동체역량, 지식정보처리역량, 창의적사고역량, 의사소통역량 ▶ 학생 저널, 프로젝트 관련 전시/ 체험부스 등	국 30 사 15 도 1 미 6 체 8 (60)
	〈2〉 발전 공동체	• 촌락과 도시의 특징, 공통점, 차이점 확인을 통해 사회의 발전과정에서 나타난 현실문제 인식을 바탕으로 • 촌락과 도시가 함께 발전할 수 있는 지속가능한 상생의 방향을 실천하려는 의식을 고양한다.	◎ 공간관계, 생활공간의 체계 (촌락과 도시의 상호 의존 관계, 공통점과 차이점, 촌락과 도시의 문제점과 해결방안) ◈ 공동체역량, 지식정보처리역량, 창의적사고역량, 의사소통역량 ▶ 학생 저널, 프로젝트 관련 전시/ 체험부스 등	국 30 사 15 미 6 체 8 (59)
	〈3〉 문화 공동체	• 변화하는 사회의 모습과 흐름, 특징을 확인하고 이에 대처하고 대비하는 인식을 함께한다. • 다양한 문화의 가치에 대해 생각하고 체험할 수 있는 기회를 마련하여 문화에 대한 이해와 존중의 태도를 지닌다.	◎ 문화 (편견과 차별, 타문화 존중) ◈ 공동체역량, 지식정보처리역량, 창의적사고역량, 의사소통역량, 심미적감성역량 ▶ 학생 저널, 프로젝트 관련 전시/ 체험부스 등	국 30 사 15 도 18 미 6 체 8 (77)
	프로 젝트 운영 의도	▸ 4학년 2학기 프로젝트학습 기반 주제 중심 교육과정은 학교 교육계획서에 담긴 지속가능발전과 세계시민의식에 보다 부합하는 방향에 초점을 두고 구상하였다. ▸ 특히, 사회과 교육과정을 중심으로 교육과정을 재구성하였으며, 해당 교육과정상에서 다루고 있는 경제 영역과 사회문화 영역을 공동체라는 프로젝트 추구 가치로 연관지어 경제 공동체, 발전 공동체, 문화 공동체로 프로젝트를 구성하였다. ▸ 경제 공동체를 통해서는 경제활동의 배경이 되는 자원의 한정성과 불균등한 분포의 문제에서부터 경제교류의 필요성과 공동체를 위한 경제활동의 실천을 생각하도록 하였다. ▸ 발전 공동체에서는 급속한 사회발전의 모습 속에 드러난 촌락과 도시의 발전상의 격차를 해결하기 위해 함께 상생하는 방안을 생각해보는 과정을 구상하였다. ▸ 문화 공동체에서는 변화하는 사회 모습과 흐름, 특징적 현상을 확인하고 분석하는 과정을 통해 미래를 이끌어갈 우리들의 인식을 공유하고 미래를 주도적으로 변화하고 발전시켜 나가는 동시에, 문화적 다양성과 독자성을 이해하고 존중하는 태도를 함양하기 위한 프로젝트를 계획하였다.	

프로젝트 계획

프로젝트와 관련된 각 교과목에서 다루는 성취기준를 공유하고, 이에 관한 구체적인 활동들을 정리하여 프로젝트가 추구하는 핵심역량을 키우기 위한 목표를 세운다. 아울러 학습 목표와 관련된 탐구질문과 탐구주제를 정리한다.

프로젝트	〈2〉 발전 공동체	
관련 교과 (차시) 및 성취 기준	국어 2. 마음을 전하는 글(10) 7. 독서 감상문(10) 8. 생각하며읽어요(10)	• [4국01-06] 예의를 지키며 듣고 말하는 태도를 지닌다. • [4국02-04] 글을 읽고 사실과 의견을 구별한다. • [4국02-05] 읽기 경험과 느낌을 다른 사람과 나누는 태도를 지닌다. • [4국04-03] 기본적인 문장의 짜임을 이해하고 사용한다. • [4국05-03] 이야기 흐름 파악하여 이어질 내용을 상상하고 표현한다. • [4국05-04] 듣고 읽고 보고 떠오른 느낌과 생각 다양하게 표현한다.
	사회 1. 촌락과도시의 생활(15)	• [4사04-01] 촌락과 도시의 공통점과 차이점을 비교하고, 각각에서 나타나는 문제점과 해결 방안을 탐색한다. • [4사04-02] 촌락과 도시 사이에 이루어지는 다양한 교류를 조사하고, 이들 사이의 상호 의존 관계를 탐구한다.
	미술 9. 조물조물 입체로(6)	• [4미01-02] 주변 대상을 탐색하여 자신의 느낌과 생각을 다양한 방법으로 나타낼 수 있다. • [4미01-04] 미술을 자신의 생활과 관련지을 수 있다.
	체육 3. 영역형 경쟁(8)	• [4체03-08] 공동의 목표 달성을 위해 협동의 필요성을 알고 팀원과 협력하며 게임을 수행한다.

핵심 역량	‣ 공동체역량, 지식정보처리역량, 창의적사고역량, 의사소통역량	
운영 목표	• 촌락과 도시의 특징, 공통점, 차이점 확인을 통해 촌락과 도시의 모습을 인식한다. • 촌락과 도시가 함께 발전할 수 있는 상생의 방향을 생각하고 실천하려는 의식을 함양한다.	
	탐구질문	탐구주제
운영 방향	㉙-사실적질문, ㉙-개념적질문, ㉙-논쟁적질문 ㉙ 촌락과 도시 생활의 특징은? ㉙ 촌락과 도시의 공통점과 차이점은? ㉙ 촌락과 도시는 어떤 관계일까? ㉙ 촌락과 도시를 찾는 이유는? ㉙ 촌락과 도시의 문제는? ㉙ 촌락과 도시 문제들의 관련성은? ㉙ 촌락과 도시 모두 행복하려면? ㉙ 촌락(도시) 문제를 해결하기 위한 도시(촌락) 의 지원/도움 방법은? ㉙ 촌락과 도시가 서로 도우며 함께 발전할 수 있는 방법은?	‣ 촌락과 도시 생활의 특징 조사하기 ‣ 촌락과 도시의 공통점과 차이점 확인하 기 ‣ 촌락과 도시의 관계 탐구하기 ‣ 촌락과 도시를 찾는 사람들의 인식에 대 해 생각나누기 ‣ 촌락과 도시의 문제점 조사하기 ‣ 촌락과 도시 문제들의 관련성 탐구하기 ‣ 촌락과 도시의 사람들이 모두 행복하기 위한 아이디어 찾기 ‣ 촌락(도시)의 문제를 해결하기 위한 도시 (촌락)의 도움과 지원방안 생각나누기 ‣ 촌락과 도시가 서로 도우며 함께 발전할 수 있는 아이디어 제시하기
	소주제 1. 촌락과 도시 (28차시)	소주제 2. 상생 발전 (31차시)
운영 내용	- 촌락과 도시 생활의 특징 조사 - 촌락과 도시의 공통점과 차이점 조사 - 촌락과 도시의 관계 탐구 - 촌락과 도시를 찾는 사람들의 인식에 대한 토 의토론 - 촌락과 도시 사람들이 모두 행복하기 위한 방 법 찾기	- 촌락과 도시의 문제점 조사 - 촌락과 도시 문제들의 관련성 탐구 - 촌락(도시)의 문제를 해결하기 위한 도시 (촌락)의 도움과 지원방안 토의토론 - 촌락과 도시가 서로 도우며 함께 발전할 수 있는 아이디어 제시/정리
결과물	‣ 보고서 (촌락, 도시, 촌락과 도시의 행복, 촌락과 도시의 문제, 해결 및 상생방안 등) ‣ 전시회 (활동 결과물 및 보고서 등) ‣ 발표회 (보고서 3분 연설문 스피치)	

수행과제 평가요소 (GRASPS)					
Goals (목표)	Role (역할)	Audience (청중)	Situation (상황)	Product (결과물)	Standard (준거)
촌락과 도시가 함께 상생할 수 있는 방법 찾기	발전 공동체 리더 선거 후보자	촌락과 도시의 시민	촌락과 도시가 공동으로 처해져 있는 문제를 제시하고 두 지역 시민들이 함께 받아들일 수 있는 해결방법과 앞으로의 지속가능발전을 위한 공동체의 리더로서의 방향(선거공약) 제시하기	연설문, 선거공약 설명서, 전시물, 책, 제안서, 그래프, 광고 등 자유선택	① 촌락과 도시의 공동 문제 포함 ② 촌락과 도시 문제의 과거 공동 해결 사례 ③ 촌락과 도시가 함께 발전할 수 있는 상생의 문제 해결 방법 ④ 발전 공동체 운영에 대한 비전 제시

수행과제 평가기준 (Rubric)				
단계 평가 요소	뛰어남	잘함	보통	노력 요함
주제에 대한 지식과 개념의 이해	촌락과 도시의 특징과 문제에 대해 명확히 이해하였고, 지속가능발전을 위한 공동체 형성을 위해 촌락과 도시의 상생발전이 필요성과 방향성을 인식하였다.	촌락과 도시의 특징과 문제에 대해 이해하였고, 지속가능발전을 위한 공동체 형성을 위해 촌락과 도시의 상생발전이 필요함을 인식하였다.	촌락과 도시의 특징과 문제에 대해 이해하였으나, 지속가능발전을 위한 공동체 형성을 위해 촌락과 도시의 상생발전이 필요함에 대한 인식이 부족하다.	촌락과 도시의 특징과 문제에 대해 이해하지 못하였고, 지속가능발전을 위한 공동체 형성의 필요성을 인식하지 못하였다.
구체적 사실과 정보의 종합 및 설명	촌락과 도시의 특징과 문제를 지속가능발전의 개념과 연관지어 촌락과 도시의 상생발전이 필요함과 그 방향에 대해 논리적으로 설명하였다.	촌락과 도시의 특징과 문제를 지속가능발전의 개념과 연관지어 촌락과 도시의 상생발전이 필요함과 그 방향에 대해 설명하였다.	촌락과 도시의 특징과 문제를 지속가능발전의 개념과 연관지어 정리할 수 있으나, 촌락과 도시의 상생발전이 필요함과 그 방향에 대해 설명하지 못하였다.	촌락과 도시의 특징과 문제를 지속가능발전 개념과 연관 짓지 못하고, 촌락과 도시의 상생발전에 대해서도 설명하지 못하였다.

역량평가	기타평가
- (공동체역량) 촌락과 도시가 함께하는 공동체이며, 공존해 나가야 함을 인식 - (의사소통역량) 생활 주변 문제 해결을 위한 언어적 상호작용 - (지식정보처리역량) 결과물 종합/정리	- 촌락과 도시의 공통점과 차이점 - 촌락과 도시 문제 관련성 - 글을 읽고 사실과 의견 구분 - 문장의 짜임 이해와 적용 - 자신의 생각과 느낌의 다양한 표현

• 자기평가(학생) : SOLO 수기호, 자기성찰일지 등
• 상호평가(학생): 바둑돌, 공깃돌 평가 등
• 관찰평가(교사): PTC(Progress Tracking Chart), 체크리스트, 포트폴리오, 탐구일지, 평가지 등

소주제 지도 계획

앞서 제시된 소주제들 각각에 대해 차시에 따른 구체적인 지도 계획을 세운다. 각 활동 주제별 성취기준을 세우고, 다양한 평가 방법을 적용하여 핵심역량을 키우도록 한다.

소주제			2. 상생 발전			
관련 교과 및 시수			국어, 사회, 미술, 체육 (총 31차시)			
운영 기간			20○○. ○. ○.~○. ○.			
흐름 (차시)	활동 주제	활동 내용	성취 기준	내용 요소	핵심 역량	평가 방법
공감 · 설계	1 (1~3)	주제 도입 및 핵심 질문 제시	❖ 배경지식 쌓기 ❖ 핵심질문 소개 ❖ 수행평가과제 및 채점기준 안내	• [4국02-04] 글을 읽고 사실과 의견을 구별 한다. • [4국02-05] 읽기 경험 과 느낌을 다른 사람 과 나누는 태도를 지 닌다.	핵심 질문 인식	의사 소통	관찰 평가 (PTC, SOLO)
창의 · 실행	2 (4~9)	촌락 과 도시 의 문제	❖ 촌락과 도시의 문제 조사 ❖ 촌락과 도시 문 제 관련성 탐구	• [4사04-01] 촌락과 도 시의 공통점과 차이 점을 비교하고, 각각 에서 나타나는 문제 점과 해결 방안을 탐 색한다.	촌락과 도시의 문제	지식 정보 처리	관찰 및 형성

	3 (10~15)	함께 발전 하는 방법	◈ 촌락(도시) 문제 해결을 위한 도 시(촌락)의 도움 과 지원 방안 토 의토론 ◈ 촌락과 도시가 서로 도우며 함 께 발전할 수 있 는 아이디어 제 시/정리	• [4사04-02] 촌락과 도 시 사이에 이루어지 는 다양한 교류를 조 사하고, 이들 사이의 상호 의존 관계를 탐 구한다. • [4국01-06] 예의를 지 키며 듣고 말하는 태 도 지닌다. • [4체03-08] 공동의 목 표 달성을 위해 협동 의 필요성을 알고 팀 원과 협력하며 게임 을 수행한다.	촌락과 도시의 교류, 촌락과 도시의 발전 전략	창의적 사고, 의사 소통, 공동체 역량	관찰, 형성 및 역량 평가
창의 · 실행	4 (16~21)	수행 과제 해결	◈ 수행평가과제 해 결하기	• [4미01-02] 주변 대상 을 탐색하여 자신의 느낌과 생각을 다양 한 방법으로 나타낼 수 있다.	과제 해결	의사 소통	역량, GRA SPS Rubric
	5 (22~26)	전 시 / 발 표 회 준 비	◈ 모둠 결과물 형 태 선정 및 준비 ◈ 결과물 공유 및 상호평가 ◈ 개선 보완	• [4국02-05]읽기 경험 과 느낌을 다른 사람 과 나누는 태도를 지 닌다. • [4국04-03] 기본적인 문장의 짜임을 이해 하고 사용한다. • [4미01-04] 미술을 자 신의 생활과 관련지 을 수 있다.	수행 과제 해결	공동 체, 의사 소통	관찰, 자기, 상호, 역량, GRA SPS Rubric
성찰 · 공유	6 (27~31)	전 시 / 발 표 회	◈ 결과 전시/발표 ◈ 자기 평가 및 상 호 평가 ◈ 프로젝트 성찰	• [4국05-04]듣고 읽고 보고 떠오른 느낌과 생각 다양하게 표현 한다. • [4미01-02] 주변 대상 을 탐색하여 자신의 느낌과 생각을 다양 한 방법으로 나타낼 수 있다.	전시 / 발표	공동 체, 의사 소통	관찰, 자기, 상호, 역량, GRA SPS Rubric

▷ 본시 수업 지도안

차시별 목표와 교수학습자료 등을 명시하고, 배움을 위해 어떤 활동들을 중심으로 수업이 이루어지고 평가는 또 어떻게 적용할 것인지 등도 구체적으로 정리하였다.

추구 가치	지속가능발전을 위한 세계시민 공동체의 구성원으로 나아가기
프로젝트	〈2〉 발전 공동체
소주제	2. 상생 발전

본시 배움주제	지속가능발전을 위한 촌락과 도시의 상생방안 찾기	본시	흐름(5) 24/31
배움목표	촌락과 도시가 함께 발전할 수 있는 상생의 공동체 운영방안을 제시할 수 있다.		
교수-학습 자료	수행평가과제(GRASPS, Rubric), PTC, 모둠발표자료 등		

본시 설계 중점

▸ 4학년 2학기 프로젝트 기반 주제 중심 교육과정은 사회과 교육과정을 중심으로 경제 공동체, 발전 공동체, 문화 공동체 등 3가지 주제를 중심으로 교육과정을 재구성하였다.
▸ 본 차시와 관련된 두 번째 프로젝트인 '발전 공동체'는 촌락과 도시의 생활 모습과 문제들에 대해 알아보고, 그러한 문제 해결에 공동체라는 가치를 담아 지속가능한 발전과 세계시민의식을 반영한 미래 인류 지향적 해결 방향으로의 접근을 생각해보는 시간을 갖고자 하였다.

단계	차시	활동 내용
이전 차시	1-23차시	본시에 앞서 학생들은 다음과 같은 배움을 경험하였다. ▸ 촌락과 도시의 특징, 공통점과 차이점, 문제 조사학습 ▸ 촌락(도시)의 문제 해결을 위한 방안 토의토론 ▸ 촌락(도시)의 발전을 위한 인천의 이장(구청장) 선출 ▸ 촌락과 도시의 상생 발전을 위한 공동체의 리더 공약 정리
본 차시	24차시	본시에서 학생들은 다음과 같은 배움을 경험할 것이다. ▸ (지식·이해) 촌락과 도시가 함께 잘 살기 위한 상생과 협력의 지속가능발전을 위한 공동체 운영방향을 공유할 것이다. ▸ (가치·태도) 촌락과 도시 모두를 생각하는 지속가능발전 공동체 리더와 구성원으로서의 자세에 대해 인식할 것이다. ▸ (기술) 지속가능발전을 위한 공동체 운영방안의 내용과 연설을 위한 효과적이고 효율적인 방법을 개선해 나갈 것이다.

이후 차시	25-31차시	본시 이후 학생들은 다음과 같이 배움활동을 정리할 것이다. ▸ 촌락과 도시의 지속가능발전 공동체의 운영방안 연설(발표회) ▸ 전시(운영방안) 및 발표(연설)에 대한 자기평가 및 상호평가 ▸ 프로젝트 활동에 대한 성찰 및 소감발표

단계	배움활동 구상
배움 열기 3'	◎ **생각과 마음 모으기** ▸ 본 차시가 촌락과 도시 모두의 지속가능발전을 위한 공동체 리더의 선출(공동체 운영방안 발표회)과 관련되어 있음을 인식하기 ◎ **배움문제 확인하기** 촌락과 도시가 함께 발전할 수 있는 상생의 공동체 운영방안을 제시해보자.
배움 활동 15'	◎ **활동 1 - 발전 공동체 운영방향 공유하기** (전체학습 - 패널토의) ▸ 촌락과 도시가 함께 잘 살기 위한 상생과 협력의 지속가능발전 공동체 운영방향 함께 공유하기 칠판 / 선거 포스터 (6개) 시장 후보단 (6명) 촌락 이장단 (6명)　　　　교실중앙　　　　도시 구청장단 (6명) 촌락과 도시 주민들 (6명) 핵심발문 • 촌락과 도시의 가장 큰 문제와 불편함은 무엇이었습니까? • 촌락이 도시에, 도시가 촌락에 도움을 줄 수 있는 부분은 무엇이 있습니까? • 촌락의 이장과 주민, 도시의 구청장과 구민을 모두 포용할 수 있는 지속가능발전 공동체의 리더는 어떤 사람이어야 할까요? • 여러분이 발전 공동체의 리더가 된다면 공동체를 어떻게 운영해야 할까요? ◆ **활동 1에 대한 수업자 의도** 활동 1에서는 ① 촌락과 도시의 핵심문제 집중, ② 핵심문제 해결을 위한 방향 설정, ③ 촌락과 도시의 상생을 위한 리더의 조건, ④ 지속가능한 공동체 운영의 구체적 방법에 대한 생각과 의지를 함께 공유하도록 하였다. 특히, 모둠 대형을 패널 토의 형태로 편성하여 촌락의 이장단, 도시의 구청장단, 촌락과 도시의 주민들, 발전 공동체 리더 후보자 군으로 구분함으로써 사고의 접근과 참여에 보다 집중할 수 있도록 하였다.

◎ 활동 2 - 발전 공동체 운영방안 수정하기 (모둠학습 - 직소학습)
▸ 촌락과 도시 모두를 생각하는 공동체 리더와 구성원으로서의 자세에 대해 생각하며, 공동체 운영방안의 구체적 내용과 효과적 방법으로 개선하기

배움
활동
10'

핵심발문

• 모둠별 촌락과 도시 모두의 지속가능발전을 위한 공동체의 리더와 구성원으로서 공동체 운영방안(연설내용, 선거공약)을 수정할 때 고려할 사항은 무엇일까요?
• 모둠별 촌락과 도시 모두의 지속가능발전을 위한 공동체의 구성원으로서 공동체 운영방안을 평가할 때 고려할 사항은 무엇일까요?

◆ 활동 2에 대한 수업자 의도

활동 2에서는 지속가능발전 공동체의 리더와 구성원이라는 상황을 제시하여 촌락과 도시의 상생 발전을 위한 ① 공동체 운영방안의 내용에 대한 고민과 수정, 그리고 ② 공동체 운영방안의 평가시 고려할 사항에 대해 생각의 깊이를 키워가도록 하였다.
특히, 모둠 구성을 직소학습 형태로 적용하여 촌락의 이장, 도시의 구청장, 촌락 주민과 도시 주민, 발전 공동체 리더 후보자 등 5~6명씩 선거팀으로 구성하여 다양한 입장에서 생각을 함께 고민하고 종합하도록 하였다.

배움
공유
12'

◎ 활동 3 - 발전 공동체 운영방안 점검하기 (전체학습 - 모둠발표)
▸ 지속가능발전을 위한 공동체 운영방안의 내용정리(전시물) 및 연설을 위한 발표방법(발표회)에 대해 중간 발표를 통한 상호 점검 및 조언하기

핵심발문

• 촌락과 도시 모두의 지속가능발전을 위한 공동체 운영방안의 중간 발표 및 점검을 통해 배우고 느낀 점은 무엇인가요?
• 오늘의 공동체 운영방안 중간 발표 및 점검에서 수정/보완해서 다음 주 전시 및 발표에 반영하고 싶은 부분이 있다면 어떤 것인가요?

◆ 활동 3에 대한 수업자 의도

활동 3에서는 지속가능발전 공동체의 운영방안에 대해 모둠별 수정 및 개선한 사항을 발표하며 모둠 상호간 중간 점검의 시간을 마련하고자 하였다. 이를 통해 자신의 모둠이 생각하지 못한 부분의 반영 필요성이나 좀 더 관심 갖고 행동해 나가야겠다는 실천 의지를 키우는 계기를 마련하고자 하였다.
모둠별 발표를 통한 중간 점검 및 상호 조언의 시간은 다음 차시에서 이어질 수 있도록 하여 모든 모둠이 발표 및 조언의 기회를 통해 최종적인 전시회 및 발표회의 완성도를 높이고자 한다.

구분		성취 기준	관련 핵심역량	평가방법 및 도구
평가 관점	교육 과정	• [4사04-02] 촌락과 도시 사이에 이루어지는 다양한 교류를 조사하고, 이들 사이의 상호 의존 관계를 탐구한다. • [4국02-05]읽기 경험과 느낌을 다른 사람과 나누는 태도를 지닌다. • [4국04-03] 기본적인 문장의 짜임을 이해하고 사용한다. • [4미01-04] 미술을 자신의 생활과 관련지을 수 있다.	공동체, 창의적사고, 지식정보처리 의사소통역량	관찰 (PTC), 상호 평가, 루브릭
	프로 젝트	• 촌락과 도시의 특징과 문제에 대해 명확히 이해하였고, 지속가능발전을 위한 공동체 형성을 위해 촌락과 도시의 상생발전이 필요함을 인식할 수 있다. • 촌락과 도시의 특징과 문제를 지속가능발전의 개념과 연관지어 촌락과 도시의 상생발전이 필요함과 그 방향에 대해 논리적으로 설명할 수 있다.	공동체, 창의적사고, 의사소통역량	관찰 (PTC), 상호 평가, 루브릭

스스로 원리를 깨달으며
무한 성장 가능성을
열어가는 수업 만들기

학교가 미래교육의 주체로 진화하려면 과거의 교육 방식에 더 이상 얽매이지 말아야 한다. 현재까지 고수해온 교육 모델이 가진 장점은 가져가되, 필요에 따라 인공지능, 가상현실, 게이미피케이션과 같은 첨단기술을 이용하여 한층 더 과감한 교육혁신을 이끌어낼 필요가 있다는 뜻이다.

게임의 경우 기존 교육 방식이 가진 낡은 고정관념을 깨고, 색다른 시각에서 대안을 발견할 수 있다는 점에서 주목을 받고 있다. 평가를 예로 들어보자. 전통적인 교육 시스템에서의 평가는 'A' 학점의 기준을 정해놓고, 여기에서 뭔가 부족할 때마다 조금씩 점수를 차감한다. 즉 만점을 기준으로 점수가 점점 더 낮아지는 방식이다. 그러나 게임 세상에서는 다르다. 제로(0)부터 시작해서 뭔가를 잘 처리할 때마다 점수는 계속 올라간다. 굳이 만점이라는 '천장(한계)'을 마련하지도 않는다. 능력에 따라 얼마든지 계속 성장할 수 있다. 이는 현재의 학습 방법을 완전히 뒤집은 것이며, 아울러 강력한 동기와 흥미를 유발하는 중독성을 띤다. 그래서 이번 절에서는 이러한 원리를 적용한 게임학습의 개념과 유형, 사례에 대해 살펴보고자 한다.

게임학습이란 무엇인가?

게임학습은 쉽게 말해 교육의 효과성 향상을 위해 게임이라는 형태를 빌리는 일종의 학습 전략이다. 게임이라는 환경 속에서 학습 목표를 달성하거나 학습 결과물을 산출하거나 게임 혹은 게임적 요소를 학습 과정에 포함하는 방식으로 구성된다.

게임학습 관련 개념들은 일부 의미 혹은 적용 방법상의 차이는 다소 존재하지만, 게임 혹은 게임적 요소를 교육과 결합하여 교육적 효과를 창출하고자 한다는 점에서 공통점을 가진다. 아래 표는 게임기반학습, 교육용 게임, 게이미피게이션 및 교육 게이미피케이션, 기능성 게임의 정의와 유사어를 나타낸 것이다. 다만 이러한 개념들은 모두 유사한 목적과 방법을 공유한다는 점에서 호환 가능한 개념으로 사용된다.

게임의 교육적 활용 용어 정의 및 유사어

용어	정의	유사어
게임기반학습	디지털 게임과 논디지털 게임의 형태를 포괄하며, 게임 내 학습과 현실의 학습 사이의 연결고리를 바탕으로 보다 효과적인 학습 결과물을 산출할 수 있는 학습이다.	GBL
교육용 게임	교육과 게임이 통합된 형태로 게임 플레이를 통해 교육적 효과를 달성하고자 하는 게임이다.	educational game
게이미피케이션	비게임적 상황에 게임 메커닉스와 게임적 사고를 적용함으로써 참여자들을 몰입시키고, 문제를 해결하도록 하는 것을 말한다.	gamification
교육 게이미피케이션	기존 교육환경에 게임에서 활용되는 다양한 재미요소 및 게임 메커닉스를 적용하는 것을 말한다.	educational gamification
기능성 게임	오락 목적 이외에 다른 목적을 달성하기 위해 활용되는 게임을 말한다.	serious game

게임학습, 어떻게 실천할 것인가?

표에서 정리한 것처럼(43쪽 참조) 게임학습의 유형은 크게 5가지, 즉 게임 기반학습, 교육용 게임, 게이미피케이션, 교육 게이미피케이션, 기능성 게임으로 구분할 수 있다. 앞서도 언급했듯이 모두 유사한 교육적 목적과 방법을 공유하는 측면이 있지만, 개념 정의에서 보여주듯 뚜렷한 차별 포인트가 있음을 알 수 있다. 각각의 유형에 관해 좀 더 구체적으로 살펴보면 다음과 같다.

☌ 게임기반학습

게임기반학습(GBL: Game Based Learning)은 게임을 수업의 다양한 국면에서 학습자 참여와 몰입 전략으로 활용하여 교육적 목표를 달성하고자 하는 교육 방법이다. 교육 콘텐츠와 디지털 게임의 결합을 통해 효과적인 학습 결과를 제공하는 모든 종류의 교육용 게임을 포괄한다. 게임의 교육적 활용은 이전부터 꾸준하게 논의되어 왔으나, 학습 세대의 변화에 따라 디지털 게임이 지니는 다양한 이점이 강조되면서 게임기반학습을 혁신적인 교육 방법으로 활용하고자 하는 시도들이 부쩍 늘어나고 있다. 게임기반학습 과정 중 학습자들은 크게 다음의 네 가지 형태의 학습을 경험하게 된다. 학습자들은 게임이 지니는 재미는 물론 게임을 플레이하는 과정에서 이러한 학습 과정을 경험하며 자연스럽게 지식과 기술을 능동적이고 지속적으로 습득하게 된다.

첫째, 연습과 피드백을 통한 학습
둘째, 지식과 기술을 습득하는 경험학습
셋째, 시행착오나 실수를 통한 학습
넷째, 직접 문제와 해결 방안을 탐구하는 발견학습

교육용 게임

교육용 게임은 기존의 상업용 게임을 교육적 목적으로 활용하는 경우와 교육적 목적으로 개발된 게임의 경우로 구분할 수 있다. 그러나 이 두 가지 형태 모두 설계 혹은 적용 과정에서 다음과 같은 어려움을 가질 수 있다. 먼저 재미에 치중할 수밖에 없는 기존의 상업적 게임을 교육적 목적으로 활용할 경우에는 자칫 부적절하거나 불완전한 콘텐츠가 제시될 수 있으며, 반대로 교육용으로 게임을 의도적으로 제작하는 경우에는 상업적 게임과 같은 수준의 재미를 보장하기 어렵다.

이러한 한계를 극복하기 위해서는 교육과 게임 간의 적절한 균형과 접점을 찾아내고, 적절한 시점의 피드백 제공, 도전적인 과제 제시와 단계적 난이도 향상, 자기표현, 현존감 제공, 상호작용 강화 등의 전략들을 적절하게 활용할 필요가 있다. 이러한 문제 해결 과정에는 교육과 게임 간의 적절한 균형을 위해 체계적인 게임적 환경이나 요소의 설계와 교수설계 모형을 반영할 수 있어야 한다.

게이미피케이션

게이미피케이션(Gamification)은 초기에는 비즈니스 영역에서 마케팅을 목적으로 주로 활용되었으며, 2011년 게이미피케이션 서밋(Gamification Summit)에서 그 개념이 체계화된 후 본격적으로 논의되기 시작하였다. 이는 비게임적 상황에 게임적 요소를 활용하여 참여와 몰입을 유도하고자 하는 전략으로써, 게임적 경험을 통한 사용자의 가치 창출과 서비스 강화를 위해 활용되었다. 게이미피케이션은 게임 메커닉스 활용을 통해 사람들의 근본적 욕구인 보상, 지위, 성취, 자기표현, 경쟁, 이타심을 충족시킴으로써, 목표로 하는 특정 행동을 유도한다. 게이미피케이션의 적용이 동기 유발이나 몰입 같은 효과를 창출할 수 있다는 기대가 제시되면서 이를 교육 분야에 적용하고자 하는 관심 또한 높아지고 있다.

교육 게이미피케이션

교육 게이미피케이션은 게이미피케이션에 교육적 목적을 담은 것으로, 기존의 게임기반학습, 교육용 게임과 달리 교수-학습 과정에 게임 메커닉스를 활용하여 학습환경을 게임화하는 것이 특징이다. 교육 게이미피케이션은 게임 메커닉스와 게임적 사고를 활용하여 학습자의 참여 촉진과 문제 해결을 유도한다. 이러한 심리적·행동적 변화를 발현시키는 주요 요소인 게임 메커닉스에 대한 학자별 분류는 다음 표와 같다.

게임 메커닉스 구성요소

연구자	게임 메커닉스
Bunchball, Inc.(2010)	포인트, 레벨, 리더보드, 도전, 가상재화, 자선
Deterding et al.(2011)	레벨, 리더보드, 뱃지, 목표, 시간제한
권종산, 우탁(2013)	포인트, 레벨, 리더보드, 뱃지, 시간제한, 매니지먼트, 커뮤니티, 보상, 경쟁, 미션, 아이템, 아바타
Zicherman & Cunningham(2011)	포인트, 레벨, 리더보드, 뱃지, 도전, 퀘스트, 온보딩, 인게이지먼트 루프
Kapp(2016)	포인트, 레벨, 리더보드, 뱃지, 도전, 목표, 시간 제한, 규칙, 경쟁, 협력, 피드백, 스토리, 만족, 미학, 흥미곡선

기능성 게임

기능성 게임(Serious Games)은 게임적 요소를 충분히 포함하고 있으면서, 재미 요소 외에 특별한 목적을 가진 게임을 통칭하는 것을 의미한다. 기능성 게임은 교육, 훈련과 놀이가 서로 배타적인 것이 아니며 게임의 재미 요소를 이용하여 특수한 목적을 갖고 제작된 결합형 콘텐츠를 의미한다. 국내에서는 게임 중독 등의 부정적 측면에 대해 게임의 긍정적 측면을 강조하기 위해 기능성 게임이라는 개념이 도입되었고, 특수목적용 게임, 교육용 게임 등으로 불리기도 한다. 기능성 게임은 이용자 환경, 저장 방식, 국산화, 플랫폼, 소비자 범주 등으로 다양하게 구분할 수 있으나, 시기별 발전 과정을 구분하여 살펴보면 다음과 같다.

- 제1기(1995-2001) : 수입 게임의 한글화에서 자체개발 시대
  교육용 게임 또는 CD-ROM으로 된 교육용 멀티미디어 시대
- 제2기(2002-2010) : PC패키지에서 온라인 게임 개발 시대
  인터넷 인프라 구축으로 온라인 게임 산업의 급속한 발전 시대
- 제3기(2011-2020) : 온라인 게임에서 모바일 게임과 가상현실 게임 시대
  다양한 플랫폼에서 다양한 주제의 기능성 게임이 개발된 시기

특히 코로나19 팬데믹으로 사회적 거리두기가 장기간 지속되는 상황에서 사람 간 유대를 강화할 수 있는 게임의 가치가 새삼 주목받고 있다. 게임은 스트레스를 줄여주고, 비대면 상황에서도 사회적 연결을 통한 유대감을 제공하는 힘을 가지고 있다. 2020년 세계보건기구(WHO)는 게임이용장애 질병코드 도입을 결정했지만, 다시금 게임의 긍정적 요소를 높이 평가하며 사회의 다양한 영역에서 게임 이용을 권장하였다.

디지털 환경에서 태어나고 자란 디지털 네이티브인 학생들은 다양한 게임에 익숙하다. 따라서 게임은 동기 부여에 대한 특별한 노력 없이도 손쉽게 학생들을 몰입시키는 장점이 있다. 이제 교사들도 게임에 관한 부정적 고정관념을 떨쳐버리고, 오히려 게임을 활용한 새로운 교수-학습 방법을 강구하고 이를 현장에 적용할 방법을 찾아야 할 것이다. 게임학습의 발달은 지루했던 학습에 재미를 더할 뿐만 아니라, 학습 효과도 높여줄 것으로 기대된다. 나아가 게임학습이라는 새로운 접근 방법은 미래사회가 요구하는 방식의 창의융합형 인재를 길러내는 데 주요 학습 방법으로 자리매김할 수 있을 것이다.

이 책에서는 게임학습의 유형을 게임기반학습과 교육 게이미피케이션의 관점에서 접근하였으며, 학교 현장에 친숙한 게이미피케이션을 교육 게이미피케이션의 용어와 일원화하여 사용하였다.

학생들을 논리적 사고자, 설계자로 키우는 '퀘스트 투 런 스쿨' 게임학습 실천 사례

아직 우리나라에서 엄밀한 의미의 게임학습 사례는 찾아보기 어려운 관계로 해외 사례를 소개하려 한다. 대표적으로 '퀘스트 투 런(Quest to Learn) 스쿨' 사례를 꼽을 수 있다. '퀘스트 투 런 스쿨'의 게임학습 사례를 통해 게임학습이 실제 교육 현장에서 어떻게 이뤄지고 있는지를 이해하고, 나아가 실제 운영에 관한 의미 있는 아이디어를 얻을 수 있을 것이다.

☒ '퀘스트 투 런 스쿨'의 정의와 특징
2009년에 설립된 '퀘스트 투 런 스쿨'은 미국의 뉴욕 주에 위치한 공립학교로, 중학교(6~8학년)와 고등학교(9~12학년)로 나뉜다. 퀘스트 투 런 스쿨의 교육 목표는 학생들을 진정한 논리적 사고자이자 설계자로 교육하는 것이며, 단순한 방식으로는 해결할 수 없는 여러 중요한 문제들을 이해하고 다양한 시각에서 바라볼 수 있는 능력을 함양하는 데 있다.

퀘스트 투 런 스쿨에는 다른 학교에서 찾아보기 힘든 2가지가 있다. 그것은 독특한 교과목 체계와 게임기반학습 운영으로, 간단히 그 특징을 정리하면 다음과 같다. 미국의 퀘스트 투 런 스쿨은 우리가 전통적으로 구분하고 있는 교과가 없다. 그 대신에 기존의 교과를 통합한 교과목을 운영하고 있다. 아울러 이를 수업에 적용하기 위한 방안으로 '게임기반학습(GBL: Game Based Learning)'을 적용하고 있다.

첫째, 퀘스트 투 런 스쿨만의 **독특한 통합 교과목**은 기존의 교과를 통합하여 총 여섯 가지의 통합된 영역의 교과목으로 다음과 같이 새롭게 만들어 운영하고 있다.

- The Way Things Work: 학습 주제들이 어떻게 분리되고 다시 통합되는 지를 학습하는 과학과 수학 수업
- Being, Space, ans Place: 소설, 비소설, 시, 만화를 읽고 쓰면서 동시에 사회 교과를 연결한 수업
- Codeworlds: 수학, 영어(국어), 언어학을 통합한 수업
- Point of View: 읽기, 쓰기 능력 발달에 초점을 둔 수업
- Wellness: 영양에서부터 스포츠, 정신적, 사회적, 정서적 건강까지를 아우르는 건강해지기 위한 방법을 생각하고 실천하는 수업
- Sports for the Mind: 디지털 미디어, 게임 디자인, 시스템 사고에 초점을 둔 수업

전통적인 교과를 따르기보다 학습자가 무엇을 배우고 무엇을 경험할 것이지에 초점을 둔 교과목 체계라 할 수 있다. 여섯 가지 통합 교과 이외에 스페인어 수업을 실시하며, 교과 외 수업 시간에는 체육, 미술, 음악과 같은 활동을 학생들이 각자의 기호에 맞게 선택할 수 있다. 상급학교의 경우, 대학입시 준비를 위한 수업도 함께 진행하고 있다.

둘째, 퀘스트 투 런 스쿨에서 진행되는 수업의 틀은 the Institute of the Play의 게임 이론가들과 교육자들이 협업하여 만든 **게임친화학습**(GLL: Game Like Learning)으로 이루어져 있다. 게임친화학습은 이야기를 기반으로 한 구조적이며 상호작용적 특성을 가지며, 문제중심 학습과 프로젝트학습의 성격을 모두 갖고 있다. 게임은 어떤 규칙에 의해 만들어진 인위적인 갈등

상황에 참가하도록 설계되어 있어 지속적으로 학생들의 도전을 자극하게 된다. 퀘스트 투 런 스쿨의 게임친화학습은 한 차시 수업의 일회적인 활동이라기보다는 지속적인 활동이다. 즉 한 학기 혹은 한 해에 걸쳐 진행되는 교육과정으로서, 학생들은 차시별로 학습을 동반하는 미션을 수행하게 되는데, 다음 미션은 이전의 미션과 연계되어 있다. 다음은 게임친화학습의 7가지 원리를 정리한 것이다.

- Everyone is a participant: 모든 사람이 학습 참여자
- Failure is reframed as iteration: 실패는 반복으로 다시 재구성
- Everything is interconnected: 모든 것이 상호 연관되어 기술과 지식을 공유
- Learning happens by doing: 학습은 적극적이고 경험적으로 행함에 의해 발생
- Feedback is immediate and ongoing: 학습 활동에 대한 지속적이고 즉각적인 피드백
- Challenge is constant: 도전을 지속적으로 자극
- Learning feels like play: 학습은 놀이처럼 도전과 매력이 공존

☟ 퀘스트 투 런 스쿨의 수업

6학년 The Way Things Work(과학, 수학) 수업에서는 〈Dr. Smallz〉라는 학습용 게임을 통해 학생들이 설계자, 과학자, 의사, 탐정으로서의 역할을 수행하면서 세포 생물학과 인간의 신체에 대해 탐구한다.

예를 들어 〈Dr. Smallz〉 게임의 일부인 첫 번째 미션에서 학생들은 세포기관을 활용하여 3D 도시를 건설한다. 이 과정 속에서 학생들은 자신들이 선정한 세포가 왜 중요한지를 밝히는 편지 쓰기 활동, 각각의 세포기관을 나타내는 카드들을 활용하여 그들의 역할에 대해 학습하는 활동 등을

퀘스트 투 런 스쿨의 게임기반학습 시간

혁신적 게임기반학습은 학생들의 흥미를 유발하는 한편 자발적인 참여 또한 이끌어내는 데 뚜렷한 효과
를 보이고 있다.

수행한다. 그리고 이를 통해 세포 이론이나 세포 조직, 세포들 간의 관계
등에 대해 학습한다. 이 미션은 총 3주에 걸쳐 진행된다.

이처럼 미국의 퀘스트 투 런 스쿨은 '게임기반학습(GBL: Game Based
Learning)'이라는 혁신적인 교육 체계를 개발하여 현장에 적용함으로써 학
생들의 흥미를 유발하고 자발적인 참여를 이끌어내고 있다. 맘껏 도전해
볼 수 있는 자유로운 수업 분위기, 강력한 흥미를 유발하는 게임친화학습
을 통해 청소년들의 창의성을 길러주는 것이다.

이 사례는 우리나라 교육에 시사하는 바가 적지 않다. 물론 우리나라도
개정 교육과정을 통해 창의융합형 인재 육성을 표방하고 있지만, 실제 현
장에서 체감하기에는 아직 갈 길이 멀기만 하다. 우리 교육에서도 학습자
가 스스로 좋아하는 과목을 선택하고, 자발적 참여를 기반으로 도전해보
는 환경이 좀 더 적극적으로 조성될 때, 학생들도 미래사회를 주도할 창의
융합형 글로벌 인재가 지녀야 할 역량을 제대로 키워갈 수 있을 것이다.

놀면서 배움에 재미와 상상력을 더하는 수업 만들기

지금까지 블렌디드 러닝, 프로젝트학습, 게임학습의 개념과 사례들에 대해 살펴보았다. 이제부터는 놀이수업의 개념과 유형, 그리고 각국의 놀이 교육 과정에 대해 살펴보고자 한다. 여기에서 다루고 있는 놀이수업의 사회성 신장과 인지능력 발달이라는 두 가지 영역으로의 분류 방식은 이 책의 마지막 장에서 소개하는 사회성 신장과 인지능력 발달 놀이수업 사례들로 연결된다.

놀이수업이란 무엇인가?

잘 알려진 것처럼 놀이는 재미 이상의 중요한 교육적 의의를 가진다. 아이들은 놀면서 배운다는 말처럼 놀이는 아이들의 지적, 정의적, 신체적 성장을 돕는 자발적이며 자율적인 활동으로, 자유와 상상의 세계를 제공한다. 다만 학습을 위해 놀이를 활용하고자 하는 경우 교육적 가치 측면에서 더욱 신중하게 접근할 필요가 있다.

놀이의 특성은 자발적 활동, 즐거움과 흥미, 자유 선택, 내적 동기, 과정 지향성 등으로 정리되며, 이는 학습에서 중요시되는 자발성, 흥미, 내적 동기, 과정중심 등과 연결된다. 즉 학습의 흥미 및 자발성을 이끌어내는 놀이의 기능이 교수-학습 방법과 연결지어 이야기되는 것이다. 학생들은 적극적으로 노는 과정에서 지식을 구성하므로 놀이를 학습의 효과적인 수단이자 학생들에게 좀 더 다양한 학습 기회를 제공하는 교육 방법으로 활용할 수 있다. 이러한 점에서 **놀이수업**이란 학생들이 재미있는 활동을 통해 학습 목표를 성취하며, 학습 의욕과 참여 정도를 높이고, 학습이 즐거운 것이라는 인식을 갖게 하는 것을 말한다. 즉 교사에 의해 전달되는 일방적이고 반복적인 연습이나 훈련 등 기계적인 학습이 아니라 학생들 스스로 조작하고 체험하는 활동을 바탕으로 습득한 개념을 활용하는 수업이다. 또한 개념을 확인 및 적용하기 위한 목적으로 놀이 과정을 중시하며, 상황에 따라 적절한 보상과 벌칙이 주어지고, 미래지향적 목적을 가질 때 비로소 의미 있는 놀이수업이 된다.

놀이수업이 효과적으로 이루어지기 위해서는 자유롭고 자발적인 활동과 즐거움, 재미라는 놀이의 기본 특성뿐만 아니라 교육적인 측면이 함께 고려되어야 한다. 학습자 혼자서 시작하고 끝내는 놀이가 아니라 학습자의 놀이를 교육적으로 학습활동과 연결지을 수 있어야 한다. 학교 교육에서 놀이수업은 이와 같은 특성이 고려되어 목적 지향적으로 전개될 필요가 있다.

놀이수업, 어떻게 실천할 것인가?

놀이수업은 학생의 사회·정서적 부분에 초점을 두는가 또는 인지·언어적 부분에 초점을 두는가에 따라 구분할 수 있다. 피아제(1990)는 놀이수업을 사회성 신장 놀이수업과 인지능력 발달 놀이수업으로 구분한다[5].

....
5. 이 책의 3부에서 제안하는 수업놀이도 '사회성'과 '인지능력'으로 구분하였다.

⚲ 사회성 신장 놀이수업

교실에서 학습을 위해 제공되는 놀이는 학습자가 혼자서 놀이하는 경우와
다른 학습자와 팀을 이루어 경쟁 혹은 협동적 형태의 상호작용을 하면서
놀이를 하는 경우로 크게 구별해볼 수 있다. 사회적 참여 형태에 따른 놀이
수업의 유형은 혼자 놀이와 2명 이상의 집단(팀)놀이로 정리할 수 있다.

- 개인활동 - 팀 기여 없음: 학습자가 다른 학습자와 동일한 자료 등을 가
  지고 혼자서 놀이하도록 하는 형태로서 팀에 대한 기여가 없으므로
  인지적 사회적 상호작용이 일어나지 않는다. 예를 들어 그네를 혼자
  서 타보는 형태(이것은 혼자놀이의 범주에 속함), 혹은 널뛰기를 하면서
  단지 '누가 높이 올라가는가' 경쟁하는 형태가 여기에 속한다.
- 개인활동 - 팀 기여: 학습자가 다른 학습자와 동일한 자료 등을 가지고
  개인 활동을 하지만 자신의 활동 결과가 소속 팀에 기여가 가능하므
  로 인지적 사회적 상호작용이 일어난다. 예를 들어 릴레이 형태의 게
  임이 여기에 속한다.
- 팀 협동: 두 명 또는 그 이상의 학습자들이 한 가지 놀잇감이나 자료,
  주제를 가지고 보완적으로 사회적·인지적인 상호작용을 수반하며 놀
  이를 한다. 서로의 역할을 수용하고 평가한다(짝 협동, 집단 협동).
- 팀내 협동 - 팀간 경쟁: 2명 이상이 한 팀을 이루어 한 가지 놀잇감이나
  자료, 주제를 가지고 보완적으로 사회적·인지적 상호작용을 수반하
  며 놀이를 하되 그 결과가 다른 팀과의 승패에 영향을 주어 경쟁을 하
  는 형태이다.

⚲ 인지능력 발달 놀이수업

인지 발달적 관점에 따른 놀이수업 유형은 기능놀이, 구성놀이, 역할놀이,
규칙 있는 게임의 4가지로 구분할 수 있다.

- 기능놀이: 놀잇감 및 자료를 조작하거나, 자신의 신체를 이용하여 새로운 행동을 시도해보고, 그것들을 반복하는 놀이이다.
- 구성놀이: 놀잇감 및 자료를 가지고 새로운 특정한 결과물을 산출하는 놀이이다. 그리기나 만들기 등의 활동을 포함한다. 창의적인 구성 자료(블록이나 점토 등)를 가지고 자유로이 만드는 활동이 대표적이다.
- 역할놀이: 현재 없는 어떤 사람이나 사물을 대체하기 위하여 놀잇감, 사물, 다른 자료 및 언어를 사용하는 놀이이다. 시간, 공간, 역할 및 사물이 실제와 다르게 변형된다.
- 규칙 있는 게임: 서로 합의된 규칙에 따라 자신 혹은 상대방의 이전 기록 등을 경쟁상대로 삼으며 주어진 목표를 쟁취하는 것이다. 여기에는 규칙, 협력과 경쟁, 목적, 기회, 즐거움, 운과 기술, 불확실성과 같은 다양한 요소가 존재한다. 또한 규칙 안에서 행동과 동작을 통제하는 능력을 포함하는 사회적 상호작용이 요구된다.

세계의 놀이 교육과정을 통해 본 놀이수업 사례

놀이는 현대사회에서 다양한 교육적 효과들이 조명되면서 교육기관, 특히 유아교육기관에서 필수적인 교수-학습 원리로 인식되고 있다. 놀이를 통해 아동은 인지적 발달(Piaget, 1972; Vygotsky, 1976), 언어 발달(Bruner, 1983), 문화적 학습(Haight & Black, 2001), 사회성 발달(Sawyer, 2003), 정서 발달(Elias & Berk, 2002), 창의성 발달(Leiberman, 1977; Song, 1998)을 이루어 나간다고 보았다. 놀이의 교육적 효과에 대한 다양한 연구들이 발표되면서 교육 현장에서 놀이에 대한 관심도 높아졌지만, 과거에는 주로 유아교육 현장을 중심으로만 심화되고 확장되어 왔다. 하지만 근래에는 학습자중심 수업, 학생이 즐거운 수업을 만들고자 하는 교육의 흐름과 함

께 초등학교에서도 놀이의 가치가 중요하게 다루어지고 있다. 그러한 점
에서 놀이수업이 체계적으로 정리되어 온 OECD 국가들의 유아교육과정
을 중심으로 놀이수업을 간략히 정리하면 다음 표와 같다.

OECD 국가들의 유아교육과정에서의 놀이수업

	교육 내용	놀이수업
노르웨이 [6]	• 역량(competency) 중심 교육과정 • 7가지 교육 영역 ① 의사소통, 언어, 글 ② 신체, 동작, 건강 ③ 예술, 문화, 창의성 ④ 자연, 환경, 기술 ⑤ 윤리, 종교, 철학 ⑥ 지역공동체와 지역사회 ⑦ 수, 공간, 도형	• 유치원 프로그램은 총체적인 교육철학에 기초해야 하며, 보호, 놀이 및 학습이 활동의 핵심이다. • 유아는 사회적 상호작용, 놀이 및 구조화된 활동에서 일어나는 일상 경험을 통해 기초적이고 적절한 지식과 통찰력을 얻는다. • 유아는 활동 선택의 자유를 크게 가져야 한다. 유아 주도적인 활동과 교사 주도적인 활동 간의 적절한 균형을 찾는 것이 과제이다. • 놀이는 유아가 스스로를 표현할 수 있는 근본적인 생활 방식이 자 학습 방법이다. 유아는 놀이를 통해 복잡한 기술을 학습하고 발달한다. • 놀이, 미적 활동, 유머와 창조성은 서로 연결되어 있는 현상이다. • 학습은 다른 사람들과 지역사회와의 일상적인 상호작용에서 일어나며 놀이, 양육 및 보살핌과 밀접한 관련이 있다. • 교사에 의해 계획된 형식적 환경과 일상 활동, 놀이, 육성 및 기 타 상호작용 중에 발생하는 상황과 밀접하게 관련된 비형식적 환경을 명확하게 구분하는 것은 적절하지 않다. 둘 다 교육학적 인 목적이 있으며, 7가지 학습 영역은 반드시 형식적 및 비형식 적 학습 환경에서 이루어져야 한다.

6. Ministry of Education and Research, 2006, *Framework plan for the content and tasks of kindergartens*. Norway: Ministry of Education and Research.

7. Finnish national agency for education, 2016, *National core curriculum for early childhood education and care*, Helsinki: Finland.

8. National Agency for Education, 2011, *Curriculum for the Preschool Lpfö98. Revised*, 2010. Stockholm: Fritzes.

핀
란
드
7)
	• 포괄적 역량중심 교육과정
	
	• 5가지 교육 영역
	  ① 풍부한 언어 세계
	  ② 표현의 다양한 형태
	  ③ 나와 우리 공동체
	  ④ 내 환경 탐색 및 상호작용
	  ⑤ 나의 성장, 움직임, 발달
		• 학습의 개념은 유아의 적극적인 역할에 대한 관점에 기초한다.
		
		• 학습은 총체적이며 어느 곳에서나 일어난다.
		
		• 유아는 놀이, 움직임, 탐색, 다양한 과제 수행 및 자신에 대한 표현과 더불어 예술에 기초한 활동을 해 학습한다.
		
		• 유아교육과 보육에서는 학습과 유아의 전체적인 성장과 웰빙에 있어서 유아를 위한 놀이의 내재적인 가치뿐만 아니라 놀이의 교육적인 중요성을 이해해야 한다.
		
		• 교육(pedagogy)은 모든 활동에서 강조된다.
		
		• 학습 방법은 성인의 감독을 받는 놀이(supervised play), 자유놀이(free play), 탐색, 신체활동 및 예술적 표현과 경험을 포함한다. 정보통신기술을 활동에서 사용한다.
		
		• 교사는 반드시 (유아의 놀이를) 안내하거나 참여하여 체계적이고 목표 지향적인 방식으로 놀이 발달을 지원해야 한다.

스
웨
덴
8)
	• 규준과 가치
	
	• 발달과 학습
	  ① 사회정서
	  ② 운동 및 건강
	  ③ 의사소통
	  ④ 언어
	  ⑤ 창의력
	  ⑥ 수과학
	  ⑦ 과학기술
	
	• 유아의 영향력
		• 프리스쿨은 유아들에게 안전한 환경을 제공해야 하고, 동시에 유아에게 놀이와 활동(play and activity)을 장려해야 한다.
		
		• 놀이는 유아의 발달과 학습을 위해 중요하다. 유아 개인의 발달과 학습을 촉진하기 위해서 놀이는 항상 프리스쿨 활동 속에 나타나도록 의식적으로 활용해야 한다. 모든 다양한 형태의 학습의 즐거움과 놀이는 상상, 생각, 의사소통 및 상징적 사고 능력 및 협력하고 문제를 해결하는 능력을 자극함. 창의적이고 게슈탈트 놀이(gestalt play: 역할놀이)를 통해 유아는 자신의 경험과 감정을 표현하고 해결하는 기회를 갖게 된다.
		
		• 유아는 놀이, 사회적 상호작용, 탐색 및 창의성과 더불어 관찰, 토론 및 반성을 통해 지식을 찾고 발달해 나간다.
		
		• 프리스쿨은 보호, 사회화 및 학습이 유기적으로 형성되는 교육적인 접근(pedagogical approach)으로 특징지어져야 한다. 활동은 유아의 학습과 발달을 촉진하고 도전이 되도록 제공되어야 한다. 학습 환경은 개방적이고 내용이 풍부하고 매력적이어야 한다. 프리스쿨은 놀이, 창의성 및 학습의 즐거움을 촉진할 뿐 아니라 유아의 학습에 대한 흥미와 새로운 경험, 지식, 기술 습득에 초점을 두고 강화해야 한다.

미국[9]	• 주요 학습영역 ① 놀이를 통한 학습의 접근 ② 언어 및 문해 발달 ③ 수학적 사고 및 표현 ④ 과학적 사고 및 과학기술 ⑤ 사회학습적 사고 ⑥ 창의적 사고 및 표현 ⑦ 건강, 행복 및 신체 발달 ⑧ 사회 및 정서 발달 ⑨ 학습을 위한 파트너쉽	• 놀이를 통한 학습접근(learning through play) - 놀이는 강력한 학습의 도구로서 유아가 성장하게 하고 생애에 걸친 학습을 좋아하게 만듦. - 놀이 활동을 포함한 직접 경험하고 적극적인 학습 경험을 제공해야 함. - 유아들은 의미 있는 놀이와 환경의 적극적 탐색 및 신중하게 계획된 활동들을 통해 지식을 구성할 수 있을 때 가장 잘 배움. - 주요 학습영역 전체에 걸친 놀이와 활동을 통해 신체, 인지, 사회, 정서 발달이 이루어짐. - 교사의 의도적이고 계획된 상호작용 및 개방적 질문은 유아의 사고 및 문제 해결을 위한 비계 설정의 역할을 함.
영국[10]	• 주요 영역(prime areas) ① 인성, 사회성, 정서 발달 ② 신체발달 ③ 의사소통 및 언어 • 구체적 영역(specific areas) ① 문해 ② 수학 ③ 세계에 대한 이해 ④ 표현예술 및 디자인	• 효과적인 교수 학습의 3가지 특성 ① 놀이하기 및 탐색하기 ② 적극적으로 학습하기 ③ 비판적으로 창조하고 생각하기 • 학습과 발달의 각 영역은 목적 있는 놀이, 성인주도와 유아주도의 혼합된 활동으로 실행되어야 한다. • 놀이는 유아의 발달과 탐색하고, 문제를 생각하고, 다른 사람과 관계를 맺는 것을 학습하면서 자신감을 쌓는데 필수적이다. • 유아주도의 활동과 성인주도의 활동이 균형을 이루도록 해야 한다. 유아의 연령 및 발달이 향상되면 초등 교육 준비를 지원하기 위해 이러한 균형이 좀 더 교사주도적인 활동으로 이동하게 된다.
캐나다[11]	• 4가지 학습 영역 ① 소속감: 소속감과 기여 ② 웰빙: 자기조절과 웰빙 ③ 표현: 문해력 및 수학적 행동 ④ 참여: 문제 해결과 혁신	• 교육적인 접근 ① 반응적인 관계 ② 탐색, 놀이, 탐구를 통한 학습 ③ 동료 학습자로서의 교사 ④ 제 3의 교사로서의 환경 ⑤ 교육적인 기록 ⑥ 반영적인 실제 및 협력적 탐구 • 놀이 기반(play-based) 학습의 기본적인 원칙 ① 놀이는 유아의 권리이자 유아의 최적 발달에 필수적이다. ② 모든 유아는 유능하고, 호기심이 있고, 복잡한 사고가 가능하고, 잠재력과 경험이 풍부하다. ③ 자연스러운 호기심과 탐구, 놀이, 탐구 욕구는 유아 학습의 주요 동인(driver)이다. ④ 학습환경은 유아가 무엇을 어떻게 배우는가에 있어 핵심적 역할을 한다. ⑤ 탐구하는 자세의 놀이기반 학습

뉴질랜드[12]	• 학습영역 및 목표 ① 웰빙 ② 소속감 ③ 공헌 ④ 의사소통 ⑤ 탐색	• 유아를 위한 파리키 교육과정은 주로 놀이 기반의(playbased) 풍부한 경험을 제공한다. • 놀이 및 놀이성은 가치가 있고, 교사 주도적 경험은 매력적이고 즐겁다. • 용기와 호기심, 신뢰와 인내, 자신감, 책임감, 상호성, 창의력 등을 키운다 • 유아교육과정은 유아에게 학습하고 성장할 수 있는 힘을 부여한다. • 유아의 학습과 성장의 총체적 방식을 반영한다. • 가족과 공동체라는 더 넓은 세계는 유아교육과정의 필수적인 부분이다. • 유아는 사람, 장소 및 사물과의 반응적이고 상호관계를 통해 학습한다.
호주[13]	• 학습에 대한 기대치 ① 유아는 강한 정체성을 가진다. ② 유아는 자신의 세계와 연결되고 그 세계에 기여한다. ③ 유아는 강한 복지감을 가진다. ④ 유아는 자신감이 있고 몰입하는 학습자이다. ⑤ 유아는 효과적 의사소통자이다.	• 총체적 접근방법 • 놀이를 통한 학습(learning through play) • 목적의식을 가진 교육 • 학습 환경 • 문화적 역량구축 • 학습 및 진입 과정의 연속성 유지 • 학습평가

9. Office of child development and early learning, 2014, *Pennsylvania learning standards for early childhood: Pre-kindergarten*.

10. Department for education, 2017, *Statutory framework for the early years foundation stage: Setting the standards for learning, development and care for children from birth to five*. London: UK.

11. Ontario ministry of education, 2016, *The kindergarten program*. Ontario: Canada.

12. Te Whāriki, 2017, *He whāriki mātauranga mōngāmokopuna o Aotearoa Early childhood curriculum*.

13. Department of Education and Training, 2013, *Early Years Learning Framework(EYLF)*.

코로나19로 블렌디드 러닝이 주목받으면서 프로젝트학습(PBL: Project Based Learning)도 온라인 기반으로 더욱 빠르게 발전하고 있다. 이는 PBL의 수업 방식 자체가 온라인학습의 특성과 장점을 배움에 적극적으로 활용할 수 있는 다양한 잠재력을 지녔기 때문이다. 최근에는 온라인과 모바일 기술의 발달로 다양한 형태의 '블렌디드 PBL(Blended PBL)'이 등장하였다. 여기에서 한 발 더 나아가 게임학습까지 접목한 게이미피케이션 PBL까지 등장하고 있다. 이 장에서는 과거에 비해 한층 더 진화한 형태로 새롭게 시도되고 있는 블렌디드 PBL, 블렌디드 게임기반학습(GBL) PBL, 블렌디드 게이미피케이션(Gamification) PBL의 개념, 설계와 모형, 실천 사례 등을 살펴보려 한다.

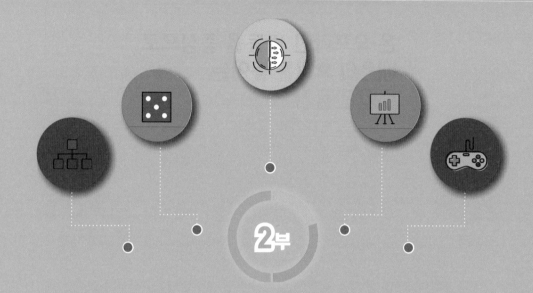

블렌디드 러닝의
실천 방법

온·오프라인 '활동'을 중심으로 배움의 효과를 높이는 수업 만들기

블렌디드 PBL 수업은 특정한 방식이나 절차가 존재한다기보다 교수 설계부터 실행에 이르기까지 교사-학습자 간 상호작용적이며, 교사들이 각자의 실천을 통해 개별적인 교수-학습 설계가 이뤄진다.

블렌디드 PBL이란 무엇인가?

도넬리(2017)[1]는 블렌디드 PBL의 구조를 다음(63쪽 그림 참조)과 같이 제시하고 있다. 하지만 그가 제시하고 있는 오프라인 및 온라인 활동이 모든 상황에서 고정적으로 이뤄진다고 보기 어려우며, 교수-학습 운영 지원 시스템 역시 블렌디드 PBL의 진행 상황에 따라 다변적으로 운영될 수 있다.

....

1. Donelly, R, 2017, Blended problem-based learning in higher education: The intersection of social learning and technology. *Psychosocological Issues in Human Resource Management*, 5(2).

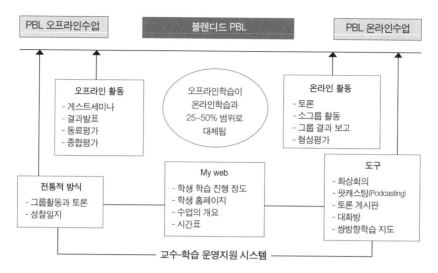

Donelly의 블렌디드 PBL 모듈

블렌디드 PBL을 디자인할 때 오프라인학습과 온라인학습은 25~50%의 범위로 대체된다.

도넬리(2006)[2]는 블렌디드 PBL에서의 학습자 활동의 다음 네 가지 특성을 강조하였다. 즉 학생들은 웹의 정보에 대해 비판적으로 사고하고 (adaptive), 토론과 역할 놀이의 요소를 경험해야 하며(interactive), 토의와 피드백을 통해 학습자 개별적 인식을 공유하고 의미를 창출해야 하고(discursive), 학습 경험에 대한 묘사, 분석, 설명을 포함한 성찰적 활동 (reflective)을 해야 함을 강조하였다.

블렌디드 PBL 설계의 핵심요소는 무엇인가?

블렌디드 PBL 설계는 '학습 내용'보다 '학습 활동'을 중심으로 한 설계가 강조되는 특징이 있다. 이는 학습 내용뿐만 아니라 학습 활동을 뒷받침하는 도구, 자원 그리고 지원 등을 통합적으로 설계해야 함을 의미한다. 따라서 블렌디드 PBL의 설계시 핵심 요소를 학습 과제, 학습 자원, 학습 지원의 세 가지로 다음 표와 같이 범주화할 수 있다.[3]

블렌디드 PBL 설계를 위한 핵심요소

범주	핵심요소	세부 내용
학습 과제 (learning task)	문제	• 현실 기반 맥락과 배경, 시나리오 기반 문제 상황
	온라인, 오프라인 활동	• 온라인 오프라인 활동 분배와 유기적 연계 • 협력적 활동과 개별학습 분배 • 하위 활동 세분화, 활동 시간 설정
	상호작용 촉진 전략	• 그룹 구성, 조직화, 구성원 역할과 책임 분배 • 규칙과 네티켓에 대한 그룹 내 협상 • 온라인 상호작용 도구(채팅방, 피드백, 홈페이지 등)
학습 자원 (learning resources)	교육과정 내용	• 핵심개념, 지식, 정보
	이러닝 자원	• 온라인 도서관 등 교육 관련 사이트 링크 • 웹 검색 관련 사이트 링크 • 디지털 교과서, 이러닝 소프트웨어(EBS, e학습터 등) • 인쇄 가능 자료 탑재(활동지 등) • 선행 수업 참여자 결과물
학습 지원 (learning support)	수업 정보	• 수업 모듈 정보, 활동 프로세스에 대한 이정표 • 시간표 및 일정, 마감일 제시 • 활동 결과물 모델링, 보고서 양식 제공 • 자주하는 질문에 대한 데이터베이스
	온라인 공간 운영과 통제	• 기술적 통제, 온라인 공간의 구성, 온라인 활동 모니터링
	스캐폴딩	• 멘토 모델링, 쌍방향 튜터링, 동료 지원
	평가, 성찰	• 현실을 반영한 평가 • 형성평가와 단원평가 등 절차와 기준 개발 • 전체 활동에 대한 성찰과 반성(자기평가와 동료평가 전략)

2. Donelly, R, 2006, Blended problem-based learning for teacher education: lessons learnt, *Learning, Media and Technology*. 31(2).

3. Oliver, R. & Herrington, J, 2001, *Teaching and learning online: A beginner's guide to e-learning and e-teaching in higher education*, Lawly, Australia: Centre for Research in Information Technology and Communications Edith Cowan University.

블렌디드 PBL로 설계한 수업 디자인

먼저 블렌디드 PBL이 어떤 단계로 이루어지는지 살펴보자. 블렌디드 PBL의 수업 단계도 일반 프로젝트수업과 크게 다르지 않다. 즉 도입, 문제 확인, 문제 탐색, 문제 해결, 결과 발표, 평가 및 성찰 순으로 이루어진다. 다만 이 과정에 온라인과 오프라인 활동의 유기적 배분과 연계, 추출된 핵심요소 등을 적절히 반영하여야 한다. 또한 개별학습과 협력학습의 내용을 구체화하여야 한다.

다음의 그림을 통해 블렌디드 PBL 수업이 이루어지는 온라인과 오프라인 공간상의 구조를 어느 정도 파악할 수 있을 것이다. 또한 다음의 표(66쪽 참조)에서 수업의 단계별 온라인과 오프라인에서 이루어지는 세부 활동을 확인할 수 있을 것이다.[4]

블렌디드 PBL 모형의 단계
블렌디드 PBL에서는 온라인과 오프라인에 걸쳐 수업의 도입과 문제 확인, 문제 탐색, 문제 해결, 결과 발표와 평가 및 성찰 단계를 거치게 된다.

....

4. 박하나, 2020, 〈사회과 블렌디드 PBL 수업모형 설계와 개발: 온라인 프로그램을 활용하는 경제 수업의 구상〉, 《시민교육연구》, 52(2).

블렌디드 PBL 단계 및 세부 활동

단계	주요 활동	세부 활동		학습 지원
		오프라인	온라인	
수업 도입	수업의 개요 학습 목표 확인 그룹 구성	수업 흐름 이해 학습 목표 인지 그룹 구성 및 약속		수업일정표 시간표
문제 확인	문제 제시 학습 내용 추론 학습 계획	문제 이해 활동 조사 계획 수립 역할 분담		역할분담표
문제 탐색	개별활동	-	온라인 강의 지식 및 정보 조사 퀴즈 등 형성평가	디지털 콘텐츠 학습 자원 링크
	협력 활동	그룹 토론 문제 파악 및 명료화 동료 튜터링	-	
문제 해결	개별활동	-	개별 해결안 작성	온라인 토론방 화상회의 채팅방
	협력 활동	그룹 토론 공동 해결안 작성	-	
결과 발표	해결안 발표	그룹 보고서 발표 피드백 및 개선	개인 보고서 발표 피드백 및 개선	온라인 피드백
평가 및 성찰	수업의 마무리	자기평가 및 동료평가 그룹 성찰 성찰일지 작성		평가기준 제시

상황에 따른 다변적 운영을 살린 블렌디드 PBL 실천 사례

앞서도 언급했지만, 블렌디드 PBL의 단계 및 세부 활동은 앞서 제시하고 있는 오프라인 활동과 온라인 활동이 모든 상황에서 고정적으로 이뤄진다고 보기 어려우며, 학습 지원 시스템 역시 블렌디드 PBL의 진행 상황에 따라 다변적으로 운영될 수 있다.

☝ '지속가능한 도시'의 수업 디자인 구성

다음의 표는 블렌디드 PBL인 '지속가능한 도시'를 앞서 제시한 블렌디드 PBL의 설계 모형에 맞게 구성한 것이다.

블렌디드 PBL '지속가능한 도시' 수업 디자인

흐름	단계	주요 활동	세부 활동		학습 지원
			오프라인	온라인	
공감 · 설계	수업 도입	• 주제 도입 - 수업의 개요 - 학습 목표 확인 - 그룹 구성	• 프로젝트학습 들어가기 - 수업 흐름 이해, 학습 목표 인지, 상황 공감 • 수행과제(GRASPS) 및 평가기준(Rubric) 안내		수업일정표 시간표 학습플랫폼 (구글클래스룸, e학습터 등)
	문제 확인	• 핵심질문 제시 • 문제 제시 • 학습 내용 추론 • 학습 계획	• 탐구질문 및 탐구주제 정하기 - 사실적 질문 (낮은 수준) - 개념적 질문 (중간 수준) - 논쟁적 질문 (깊은 수준) • 탐구활동 계획하기 - 조사 계획 수립, 역할 분담		역할분담표 질문 매트릭스 (사실,개념,논쟁)
창의 · 실행	문제 탐색	• 탐구활동 - 개별활동	• 조사 및 탐구학습 - 오프라인 강의 - 지식 및 정보 조사 - 퀴즈 및 형성평가	• 조사 및 탐구학습 - 온라인 강의 - 지식 및 정보 조사 - 퀴즈 등 형성평가	디지털 콘텐츠 학습 자원 링크 화상회의 (구글,줌 등)
		• 탐구활동 - 협력 활동	• 그룹조사 및 탐구학습 - 오프라인 토의토론 - 문제 파악 및 명료화 - 동료 튜터링	• 그룹조사 및 탐구학습 - 온라인 토의토론 - 문제 파악 및 명료화 - 동료 튜터링	
	문제 해결	• 수행과제 해결 - 개별활동	• 개별 해결안 작성	• 개별 해결안 작성	온라인 토론방 화상회의 채팅방
		• 수행과제 해결 - 협력 활동	• 수행과제 해결 - 오프라인 토의토론 - 공동 해결안 작성	• 수행과제 해결 - 온라인 토의토론 - 공동 해결안 작성	
성찰 · 공유	결과 발표	• 발표 및 전시 - 해결안 발표	• 개인 오프라인 발표 • 그룹 오프라인 발표 • 피드백 및 개선	• 개인 온라인 발표 • 그룹 온라인 발표 • 피드백 및 개선	온라인 피드백 (실시간 스트리밍)
	평가 및 성찰	• 평가 및 성찰 - 수업의 마무리	• 평가하기 - 자기평가 및 동료평가, 교사평가 • 성찰하기 • 개인 성찰일지 작성, 학급 프로젝트 성찰하기		평가기준 제시 (GRASPS 및 Rubric) PTC, 포트폴리오

ⓦ '지속가능한 도시'의 수업 실천

'지속가능한 도시' 프로젝트학습을 블렌디드 PBL로 운영하였다. 각 단계
별로 어떻게 수업 실천이 이루어졌는지 정리하면 다음과 같다.

① 수업 도입 단계

수업 도입 단계에서는 교육과정에서 다루고 있는 부분에 대한 소개와 프
로젝트학습에 대한 안내가 중심이 된다. 특히 프로젝트학습을 통해 학생
들에게 어떠한 교육적 변화를 가져오고자 하는지에 대한 명확한 방향 설
정을 위한 '추구 가치'와 '일반화된 지식'이 교사의 설계 단계에서 설정되
어야 한다. 또한 교육과정이 담고 있는 핵심역량과 성취기준을 다룰 수 있
는 '핵심개념'과 '운영목표' 그리고 '수행과제'와 '평가기준' 및 '기타 평가방
법' 등을 안내한다. 안내는 오프라인과 온라인 모두에서 가능하다.

추구가치	지속가능성		
프로젝트	지속가능한 도시 인천		
일반화된 지식	인천의 지리적 특성과 역사적 변화를 통해, 미래 인천이 지속가능한 도시로 나아가기 위한 방향성을 인식한다.		
핵심개념	공간분석(지도의 기본요소), 지역(중심지), 역사의 의미(고장 이야기)		
운영목표	첫째, 인천의 중심지 변화를 통해, 미래 지속가능한 도시로 발전하기 위한 전략을 제시한다. 둘째, 인천의 역사속 문화유산을 조사하고, 인천에 대한 자부심과 시민의식을 함양한다.		
관련교과	사회, 국어, 도덕, 미술, 창체	성취기준	관련 교과별 성취기준 (생략)
운영방향	탐구질문 및 탐구주제 (생략)	운영내용	소주제 1, 소주제 2 (뒤에 제시)

수행과제평가	평가요소	Goals (목표)	Role (역할)	Audience (청중)	Situation (상황)	Product (결과물)	Standard (준거)
		인천의 역사적 흐름과 중심지의 변화에 대해 알고 지속가능한 도시 인천의 전략에 대해 제시하기	미래 지속가능한 도시 인천 플래너	인천시민 (우리 학교 학생, 선생님, 부모님)	인천의 역사적 흐름과 중심지의 변화를 설명하며 그 과정에서 인천이 지닌 역할과 미래 지속가능한 도시로 발전하기 위한 전략을 제시해야 하는 상황	그림, 보고서, 전시물, 책, 신문, 제안서, 그래프, 광고, 저널, 연극 등 자유 선택	① 인천의 역사적 흐름 포함 ② 인천의 과거 현재 중심지 포함 ③ 인천 중심지의 역할과 변화요인 포함 ④ 미래 인천이 나아가야 할 지속가능한 도시로서의 발전 전략 제시

평가 단계	뛰어남	잘함	보통	노력 요함
주제에 대한 지식과 개념의 이해	인천의 과거, 현재의 중심지 역할과 변화에 대해 설명하고, 미래의 지속가능한 도시 인천의 발전방향에 대해 구체적으로 제시함.	인천의 과거, 현재의 중심지 역할과 변화에 대해 설명하고, 미래의 지속가능한 도시 인천의 발전방향에 대해 제시함.	인천의 과거, 현재의 중심지 역할과 변화에 대해 설명할 수 있으나, 미래의 지속가능한 도시 인천의 발전방향에 대해 제시하지 못함.	인천의 과거, 현재의 중심지 역할과 변화에 대해 설명하지 못하며, 미래의 지속가능한 도시 인천의 발전방향에 대해서도 이해하지 못함.
구체적 사실과 정보의 종합 및 설명	인천의 역사적 중심지 변화를 구체적인 자료로 정리하여 설명할 수 있으며, 인천의 지속가능발전을 위한 전략에 대해서도 종합적으로 사고하여 다양한 방식으로 설명함.	인천의 역사적 중심지 변화를 구체적인 자료로 정리하여 설명할 수 있으며, 인천의 지속가능발전을 위한 전략에 대해서 일반적으로 설명함.	인천의 역사적 중심지 변화를 정리하여 설명할 수 있으나, 인천의 지속가능발전을 위한 전략을 논리적으로 설명하지 못함.	인천의 역사적 중심지 변화를 설명하기 어려워 하며, 인천의 지속가능발전을 위한 전략에 대해서도 정리하지 못함.

수행과제평가 · 평가기준

	핵심역량 평가	기타 평가
내용	• 공동체역량 : 역사적인 시기별 공동체를 위해 요구되는 중심지에 대한 판단능력 • 지식정보처리역량 : 자료조사, 정보종합 및 제시능력, 디지털기기 활용능력 • 의사소통역량 : 다양한 시간적, 공간적 상황에 대한 사람들의 인식에 대한 협의능력	- 인천의지리적특징과중심지 - 인천의과거와현재중심지와역할 - 인천의중심지의변화요인 - 세계속지속가능한도시인천의미래발전전략 - 인천의역사적흐름과대표하는문화유산 - 인천의문화유산에담긴의미 - 인천을대표하는역사적인물과본받을점 - 세계시민으로나아가기위한인천시민의자세
방법	• 자기평가(학생) : SOLO 수기호, 자기성찰일지 등 • 상호평가(학생) : 바둑돌, 공깃돌 평가 등 • 관찰평가(교사) : PTC(Progress Tracking Chart), 체크리스트, 포트폴리오, 탐구일지 등	

기타 평가방법

오프라인 안내	온라인 안내

교실 뒷면 프로젝트 안내 게시판	구글 클래스룸 프로젝트 안내 플랫폼

② 문제 확인 단계

프로젝트를 통해 탐구해야 할 핵심적이고 도전적인 문제를 탐구질문 만들기와 탐구주제 정하기 과정을 통해 확인하는 단계이다. 탐구질문은 학습을 한층 더 의미 있게 만들며, 학습에 목적을 부여해준다. 따라서 학생들 스스로 탐구하고 해결해 나갈 수 있는 탐구질문과 주제로 선정하는 것이 좋다. 특히 중요한 것은 프로젝트 탐구의 흐름에 맞게 표면적이고 낮은 수준(사실적)의 탐구질문에서 좀 더 심층적이고 깊이 있는 이해와 사고(개념적·논쟁적)를 요구하는 탐구질문으로 확장되어야 한다. 이러한 탐구질문들은 궁극적으로 프로젝트의 일반화된 지식과 추구하는 가치로 이어지는 운영방향을 이끄는 역할을 지니고 있다. 따라서 선정된 탐구질문들은 프로젝트의 도입 단계부터 평가 및 성찰 단계에 이르기까지 교실 벽면에 붙여두거나 온라인 학습 플랫폼에 게시하여 프로젝트의 방향성과 도전의식을 유지할 수 있도록 한다. 탐구주제와 탐구질문은 2~3개의 소주제로 엮어 PBL로 운영한다.

	탐구질문	탐구주제
운영 방향	㈑-사실적질문, ㉛-개념적질문, ㈖-논쟁적질문 ㈑ 지도와 중심지란? ㈑ 인천의 지리적 특징은? ㈑ 인천의 과거, 현재의 중심지는? ㈑ 인천의 역사적 흐름은? ㈑ 인천의 대표적 문화유산은? ㈑ 인천의 대표적인 역사적 인물은? ㉛ 인천의 지리적 변화모습은? ㉛ 인천의 중심지 변화요인은? ㉛ 인천의 시대별 문화유산에 담긴 의미? ㉛ 인천의 대표적 인물에 본받을 점? ㈖ 지속가능한 도시 인천의 발전 전략은? ㈖ 세계시민으로 나아가기 위한 자세는?	- 인천의 지도와 중심지 알아보기 - 인천의 지리적 특징 알아보기 - 인천의 과거, 현재의 중심지 조사하기 - 인천의 역사적 흐름 알아보기 - 인천을 대표하는 문화유산 선정하기 - 인천의 대표적인 역사적 인물 조사하기 - 인천의 지리적 변화모습 조사하기 - 인천의 중심지 변화요인 탐구하기 - 시대별 문화유산에 담긴 의미 탐구하기 - 인천의 대표적 인물에 대해 알아보기 - 지속가능한 인천의 발전 전략 제시하기 - 세계시민으로서 갖추어야 할 자세 알기

	소주제 1. 인천의 중심지	소주제 2. 인천의 역사
운영 내용	- 인천의 지도와 중심지 알아보기 - 인천의 지리적 특징 알아보기 - 인천의 과거, 현재의 중심지 조사하기 - 인천의 지리적 변화모습 조사하기 - 인천의 중심지 변화요인 탐구하기	- 인천의 역사적 흐름 알아보기 - 인천을 대표하는 문화유산 조사하기 - 인천의 대표적인 역사적 인물 조사하기 - 시대별 문화유산에 담긴 의미 탐구하기 - 인물의 지녔던 가치에 대해 알아보기
	지속가능한 인천의 발전 전략 제시하기 세계시민으로서 갖추어야 할 자세 함양하기	

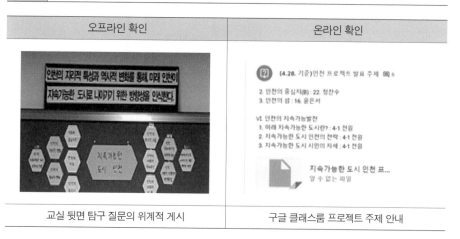

오프라인 확인	온라인 확인
교실 뒷면 탐구 질문의 위계적 게시	구글 클래스룸 프로젝트 주제 안내

③ 문제 탐색 단계

선정된 탐구질문을 탐구해 나가기 위해 학생들은 개인 및 팀 단위로 자신이 선택한 탐구과제에 관련된 학습활동을 전개해 나간다. 〈지속가능한 도시〉 프로젝트에서의 개인 탐구과제와 팀 탐구과제는 다음(72쪽 표 참조)과 같다. 블렌디드 PBL 상황에서 탐구일지는 가정과 학교에서 동시에 작성하며, 온라인과 오프라인으로 모두 탐구 과정을 공유한다.

Ⅰ. 인천의 역사

1. 인천의 유래 : 10. 성현민
2. 인천의 선사~삼국 : 6. 박윤솔
3. 인천의 고려, 조선 : 8. 박채량
4. 인천의 개항기 : 11. 성희원
5. 인천의 일제강점기 : 7. 박지호
6. 인천의 광복~현재 : 21. 전지한

전체 화상수업(구글 미트)

모둠 화상토의방(구글 미트)

Ⅱ. 인천의 인물

1. 인천의 인물(A) : 20. 인예영
2. 인천의 인물(B) : 23. 최지유

인천의 역사(패들렛)

인천의 인물(페들렛)

Ⅲ. 인천의 문화유산

1. 인천의 기록문화유산 : 1. 강민석
2. 인천의 무형문화유산 : 2. 김규린,
   17. 이주원
3. 인천의 유형문화유산 : 3. 김지율,
   9. 성수민
4. 인천의 군사문화유산 : 12. 송하준,
   13. 연수민

유형 문화유산(구글 맵)

무형 문화유산(잼보드)

Ⅳ. 인천의 랜드마크

1. 인천의 최고최초(1) : 4. 김태강
2. 인천의 최고최초(2) : 5. 김홍윤
3. 인천의 건축 : 15. 위예은
4. 인천의 향교 : 18. 이준우,
   19. 이형찬

중심지도(구글 문서)

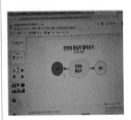

중심지(구글프레젠테이션)

Ⅴ. 인천의 중심지

1. 인천의 중심지(A) : 14. 우윤경
2. 인천의 중심지(B) : 22. 정찬수
3. 인천의 섬 : 16.윤은서, 24.강다윤

④ 문제 해결 단계

학생들이 탐구문제에 대한 도전의식과 목표의식을 갖고 자료를 조사하며 이를 활용하고 해결 방안을 발견하여 삶으로 연결짓는 심층적 탐구 과정이 되도록 지원한다. 특히 학습 경험을 현실 상황과 연결시킴으로써 교육 활동을 한층 더 의미 있게 만들고 배움에 좀 더 가깝게 다가서는 경험을 할 수 있게 한다. 지속가능한 도시 프로젝트에서는 개인 탐구과제와 팀 탐구과제를 온라인과 오프라인으로 접근하여 해결하였다.

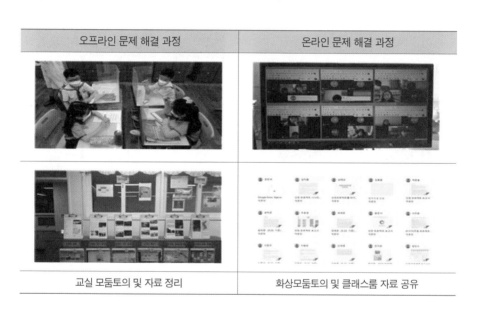

오프라인 문제 해결 과정	온라인 문제 해결 과정
교실 모둠토의 및 자료 정리	화상모둠토의 및 클래스룸 자료 공유

⑤ 결과 발표 단계

프로젝트 수업은 함께 협력하여 결과를 도출하는 수업으로 모든 학생들이 성취감을 맛볼 수 있는 중요한 표현과 공유, 피드백의 과정을 거친다. 발표 및 전시를 준비하는 몇 번의 반복된 과정 속에서 학생들은 자기 자신의 성취 수준을 점검하고 개선할 기회를 갖게 되며, 서로의 성장과 발전을 도모하는 제안을 하면서 비판적 사고력도 성장하게 된다.

오프라인 결과 발표 및 전시	온라인 결과 발표 및 전시

교실 공간에서의 발표 및 전시	화상 공간에서의 발표 및 전시

⑥ 평가 및 성찰 단계

프로젝트 최종 결과물 발표 및 공개를 통해 학생들은 자신들의 학습 과정과 결과에 대한 자부심과 성취감을 갖게 된다. 여기서 중요한 것은 자신감과 성취감을 느끼는 것을 넘어 프로젝트수업의 도입 단계부터 발표회까지의 전 과정에 대한 자기평가, 상호평가, 교사평가의 시간을 갖는 것이다. 성찰의 시간은 소감 발표, 저널(에세이)쓰기, PTC 점검 등을 통해 이루어진다. 또한 성찰의 초점은 탐구질문에 대한 궁금증 해소 확인, 수행과제의 이행 여부, 그리고 핵심개념과 일반화된 지식의 도달을 확인하는 데 있다. 이러한 종합적인 성찰의 과정 속에서 프로젝트수업의 완성도는 물론 학생의 내면적 성장도 한층 심화될 것이다.

오프라인 성찰	온라인 성찰

포트폴리오에 담긴 저널(에세이) 쓰기	온라인 소감 발표 자료

게임학습을 통해
한층 더 진화한
프로젝트수업 만들기

앞에서 우리는 온라인과 오프라인에 걸쳐 이루어지는 블렌디드 PBL 수업 디자인과 그 실천 사례를 살펴보았다. 이제부터는 여기에서 한발 더 나아가 블렌디드 PBL에 게임학습까지 적용한 '블렌디드 GBL PBL' 수업과 '블렌디드 게이미피케이션 PBL' 수업에 관해 이야기할 것이다. 블렌디드 GBL PBL 수업의 경우 〈피스칼 쉽 게임〉을 활용한 외국 수업을 사례로 소개하였으며, 블렌디드 게이미피케이션 PBL 수업은 〈인류의 미래를 구하라!〉는 주제로 이뤄진 국내 사례를 각각의 단계별로 구분하여 살펴볼 것이다.

게임으로 한 걸음 더 나아간 블렌디드 GBL PBL

앞서 1장에서 게임학습의 유형에 관해 이야기하면서 게임기반학습에 관해 간략히 정리한 바 있다(43쪽 참조). 게임기반학습(GBL: Game Based Learning)은 기본적으로 학습자중심의 학습 환경을 추구하는 구성주의 학습법의 방향성과 일치한다. 실제와 유사한 가상현실 속 체험을 통해 학습자의 능동적 학습을 지원하는 것이다. 학습자는 간접적으로나마 상황을 경험하고, 그 상황에서 일어날 가능성이 있는 요인을 분석함으로써 그것을 해결하기 위한 방안을 탐구하여 학습 목표를 달성하는 경험을 하게 된다. 이 과정에서 학습자 자신의 지식을 구성할 수 있다.[5] 또한 게임이 공유하는 주요한 특성인 '자발적인 참여', '상호작용', '몰입' 등의 요소는 교사의 역할인 동기부여, 학습자 참여 촉진의 기능을 도울 수 있다.[6] 이와 관련하여 블렌디드 GBL PBL 수업 사례는 해외 사례로 소개하려 한다.

▷ '피스칼 쉽 게임'의 수업 디자인 구성

미국에서 개발된 '피스칼 쉽 게임(Fiscal ship game)'을 경제와 관련된 수업에 적용한 사례이다. 게임의 옵션으로 현실의 경제 상황을 반영하는 여러 정책들을 제시하고 있으며, 실제 상황과 시나리오를 기반으로 한다. 다양한 정책들을 학생들이 직접 조사하고 탐구하는 과정을 PBL의 문제 탐색 단계에 적합한 활동으로 구성할 수 있고, 정책 선택과 관련한 의사결정은 문제 해결 단계에 적합하다. 이 사례에서 게임의 목적은 정부 예산을 지속 가능하게 운영하는 것이다. 게임의 구성은 '목표 설정, 정책 선택, 정책 선택의 결과'로 이루어져 있다.

첫째, 학생들은 개인별, 그룹별로 지향하는 가치에 따라 **달성해야 하는 목표를 3가지 선택**한다. 각자 지향하는 가치를 기반으로 재정 정책과 통화 정책에 대한 입장을 결정하여 목표 3개를 선택한다.

....

5. Prensky, M, 2003, Digital game based learning, *Computers in Entertainment*, 1(1).

6. McGonigal, J, 2011, *Reality is broken: Why games make us better and how they can change the world*. New York, NY: Penguin Press.

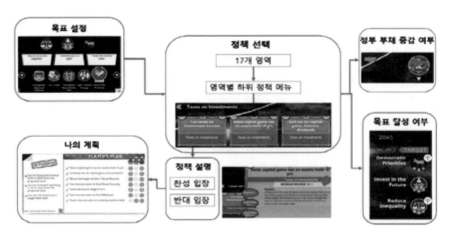

피스칼 쉽 게임의 구성

이 게임은 학생들이 경제 목표를 설정하고, 목표를 달성하기 위해 현 경제 상황을 반영한 다양한 정책들을 선택함으로써 어떤 목표에 이를 수 있는지를 간접체험할 기회를 제공한다.

둘째, 목표를 선택한 이후에는 정책 결정 메뉴로 이동 후 각자 자신이 **설정한 목표를 달성하는 데 필요한 정책들을 선택**한다. 정책의 선택지는 총 17개 영역으로 구성되며 영역별 하위 정책 선택지는 총 171개이다. 학생들은 각 정책의 내용에 대한 설명, 찬성과 반대의 의견을 확인할 수 있다.

셋째, 정책을 선택하면 **정책이 미치는 결과**를 알 수 있다. 즉 정부 부채의 증감 여부와 자신의 목표 달성 여부 등을 확인할 수 있다. 자신의 계획을 통해 학생들은 각자 선택한 정책들이 목표 달성에 미친 긍정적·부정적 영향을 확인할 수 있고, 학습자 간 결과를 비교해볼 수 있다.

▷ '피스칼 쉽 게임'을 활용한 수업 실천

미국 듀크(Duke)대학교의 연구에 담겨 있는 '피스칼 쉽 게임'을 활용한 블렌디드 GBL PBL의 수업 사례를 바탕으로 하여 각 수업 단계별 실천 내용을 간략히 소개하면 다음과 같다.[7]

① 수업 도입 단계

교사와 학생은 교육과정과 연계된 학습 목표를 확인하고 다음의 표와 같이 '문제'를 제시한다. 이 수업을 통해 학생들은 재정 정책, 예산 집행 과정, 세금의 종류 등 정부의 재정 활동과 관련한 핵심개념 및 경제 현상을 이해한다. 예컨대 정부는 소비와 지출을 통해 국민 경제의 안정과 성장을 추구하고, 소득 재분배의 기능을 하며, 사회 여러 영역의 발전을 위해 투자하는 등 개인과 기업의 경제활동과는 다른 목적을 지니고 있음을 이해한다. 또한 긴축재정과 확대재정 정책의 목적과 기능을 이해하고 궁극적으로 국가 경제발전을 위해서는 장기적으로 국가 부채를 줄이고 균형을 이루는 것이 바람직함을 이해하게 된다.

성취기준 및 학습 목표 확인

구분	내용
성취 기준	[12경제01-04] 가계, 기업, 정부 등 각 경제주체가 국가 경제 속에서 수행하는 기본적인 역할을 이해한다. [12경제03-04] 총수요와 총공급을 이용하여 경기 변동을 이해하고, 재정 정책과 통화 정책을 통한 경제 안정화 방안을 모색한다.
학습 목표	• 정부의 재정 활동과 관련한 지식과 현상을 이해한다. • 정부의 재정 정책이 미치는 경제적, 정치적 영향을 분석할 수 있다. • 정부의 조세 및 예산의 집행 과정에 참여할 수 있다.
핵심 개념	• 정부의 재정 정책, 재정 수입, 재정 지출 • 예산의 계획과 집행, 세입 예산, 세출 예산

7. 박하나, 2020, 〈사회과 블렌디드 PBL 수업모형 설계와 개발〉, 《시민교육연구》 52(2)

② 문제 확인 단계

학생은 정부의 수입과 지출의 의사결정에 참여함으로써, 실제 현실에서 쟁점이 되는 경제 정책들을 분석해볼 기회를 가질 수 있다. 정부의 정책이 사회에 미치는 영향을 탐구하는 과정을 통해 정보 활용 능력, 비판적 사고력 등을 폭넓게 기를 수 있다. 예컨대 그룹 토론을 통해 조세와 예산의 의사결정 과정에 참여함으로써 의사소통능력, 협업능력, 문제해결력 등을 기를 수 있다. 궁극적으로 경제주체 및 민주시민으로서 정부의 경제활동을 둘러싼 쟁점에 관심을 기울이고, 나아가 적극적으로 참여하는 태도를 기를 수 있다. 이 게임을 수행하기 위해서는 각 정책에 대한 이해가 바탕이 되어야 한다. 따라서 그룹의 구성원들은 영역별로 조사하여야 할 학습 내용을 추론하고, 탐구 계획을 세워 역할을 분담한다.

이 게임의 목적은 정부 예산을 지속가능하게 운영하는 것입니다. 국내 총생산을 측정해보았을 때, 정부의 부채는 그 어느 때보다 높으며 전례 없는 수준으로 상승할 것이 예상됩니다. 정부의 수입과 지출 사이의 불균형이 지속적으로 증가하는 상황에서 정책 입안자들은 현재의 세금 수입과 정부 지출의 우선순위를 조정해야 하는 어려운 의사결정에 직면해 있습니다. 예를 들어 고령화 사회를 대비하여 노인들에게 연금 및 건강보험 혜택의 수준을 결정해야 하며, 세금 부과의 요건과 과세의 기준을 결정해야 합니다. 오늘날의 세금 수입은 정부의 기본 서비스와 증가하는 정부 지출을 감당하기에 충분하지 못합니다. 따라서 당신의 임무는 향후 25년 동안 정부의 부채를 줄이기 위해, 세금 및 지출과 관련한 정책 선택을 결정하는 것입니다.

③ 문제 탐색 단계

개별활동은 학생들이 각 정책에 대한 조사와 탐구를 하는 활동으로 구성한다. 각자 역할을 분담한 탐구 계획에 따라 개별 학습자는 각 정책의 목적이 무엇인지, 사회에 미치는 영향은 어떠한지 등에 대한 찬성과 반대 각각의 입장을 충분히 이해하도록 한다. 이때 교사는 온라인 공간에 자기 주도적 학습을 위한 다양한 학습 자원을 제공한다. 평가는 핵심개념의 이해를 점검할 수 있는 활동 과정 속에서 진행한다. 이후 오프라인 교실에서 교사는 '가치 선택과 정책/예산 결정, 선거와의 관련성'이라는 주제로 문제 이해를 심화하기 위한 세미나를 주도한다.

CEE(Council for Economic Education)에서는 예산과 정책이 사회가 선택한 가치에 의해 영향을 받는다는 사실을 이해할 수 있도록 하는 활동을 제안하고 있다. 예를 들면, 다음 표와 같이 영역별 정책이 어떠한 사회적 가치와 관련이 있는지 선택하도록 한다.

영역별 정책과 가치 선택 활동의 예

구분	내용	
제시된 가치들	사회보장 혜택 자격 강화, 작은정부 추구, 세금 감소, 국방력 강화, 미래에 대한 가치 투자, 불평등 해소, 사회적 안전망 강화	
영역	정책 선택지	가치 선택의 예
교육	• 학자금 대출 보조금 제거	사회보장 혜택 자격 강화
	• 교육부 제거	작은정부 추구
	• 국공립 대학 학비 인하	불평등 해소
	• 저소득층에 대한 국가상학금 축소	세금 감소
	• 누리과정의 의무교육	미래에 대한 투자
	• 2년제 대학 학비 인하	사회적 안전망 강화

이는 모둠 협력 활동으로도 적합하다. 예컨대 각자 조사하고 탐구한 내용을 공유하며 정책과 관련된 가치를 파악하기 위한 토론을 하면 동료 튜터링을 통해 깊이 있는 지식을 습득할 수 있다. 예를 들어, 정책별로 완전히 동의함(녹색), 동의하지 않음(노란색) 등으로 구분하는 정책 대안 평가 활동을 할 수 있다.

④ 문제 해결 단계

문제 해결 단계의 개별활동은 학습자 개인이 온라인 게임을 수행하는 것이다. 학생은 주어진 10개의 목표 중 개별목표를 3개 설정한다. 자신의 정책 계획을 선택하고 개인 결과물을 온라인으로 제출한다. 이후 오프라인 수업인 협력활동으로 그룹 공동 게임을 수행한다. 그룹 토론을 통해 공동의 목표를 정하고, 모순되는 목표는 없는가? 수입과 지출의 균형을 위한 해결 방안은 무엇인가? 지속 가능한 재정 계획인가? 등을 주제로 토론한다. 공동의 의사결정을 하는 과정에서 학생들은 실제 예산과 정책 결정 과정을 경험할 수 있다. 구성원들의 의견 충돌을 통해 예산과 정책 결정 과정에서 서로 다른 사회적 가치 간의 충돌이 생길 수 있음을 알게 된다. 이렇듯 각 이해관계자의 입장에 따라 다른 가치를 추구하면서 나타나는 갈

협력활동으로써 그룹 토론
'기타 세금' 영역에는 설탕세, 부동산세, 담배세 등의 선택지가 있는데, 증세를 두고 학생들 간에 활발한 토론을 할 수 있다. 예컨대 설탕세의 경우 학생들은 아동과 청소년의 비만을 막고 국민 건강 증진을 위해 탄산음료에 세금을 부과하는 정책에 대한 찬반 토론이 가능하다.

등을 협상과 타협을 통해 해결하는 경험을 할 수 있다. 예를 들어, '기타 세금' 영역에는 설탕세, 부동산세, 담배세 등의 선택지가 있다. 설탕세의 경우 학생들은 아동과 청소년의 비만을 막고 국민 건강 증진을 위해 탄산 음료에 세금을 부과하는 정책에 대한 찬반 토론을 벌일 수 있다.

⑤ 결과 발표 단계

디브리핑(debriefing)[8]은 실제 세계와 게임을 연결하고 게임 내 사건과 실제 사건 사이의 관계를 확보하여 게임의 경험과 의미 있게 연결 짓는 과정으로서, 학습과 경험의 지속성을 위해 매우 중요한 단계이다. 일반적인 PBL의 상황이라면 비평과 개선의 단계로 볼 수 있다. 피스칼 쉽 게임은 수행 결과인 목표 달성 여부와 정책 선택의 영향을 보여주는 결과 보고서가 도출되도록 고안되어 있다. 개인별, 그룹별 다양한 조합의 정책 결정이 도출될 수 있으므로 결과물을 비교하는 활동은 의미가 있다.

⑥ 평가 및 성찰 단계

개인별, 그룹별 활동에 대한 성찰, 확인 질문(check-up question), 되돌아보기 질문(stepping back question)을 한다. 예를 들어, 오프라인에서 이루어지는 그룹 성찰 세미나에서는 다음과 같은 질문을 던질 수 있다. 한편 온라인으로는 잘된 점, 개선 점 등 피드백을 자기 평가지와 동료 평가지 등으로 작성하여 제출할 수 있다.

- 부채 감소 목표를 설정하는 것은 어려웠습니까? 그 이유는 무엇입니까?
- 설정한 목표 중 달성하기 가장 어려운 목표는 무엇이었습니까?

....

8. '디브리핑' 과정은 게임 맥락과 학습 맥락 간 연결관계를 파악하도록 하여 게임 내 성취가 학습 결과로 이어질 수 있도록 유도하는 역할을 한다. 따라서 게임기반학습의 교육적 효과를 높이는 데 필수적이고 중요한 과정이다.

- 게임을 진행하면서 초기 목표를 재검토/수정했습니까?
- 어떤 정책 선택이 재정 목표에 가장 크게/적게 영향을 미쳤습니까?
- 정책 중에 가장 논란이 된 정책은 무엇이었습니까?
- 부채 목표를 달성하는 데 정치적 장애물이 무엇이라고 생각하십니까?
- 선택한 정책들은 저소득층/중산층/고소득층에 어떤 영향을 미칩니까?

이상에서 소개한 미국의 '피스칼 쉽 게임'을 활용한 블렌디드 GBL PBL 수업 사례를 살펴보면서 우리나라에서도 한층 더 다양한 디지털 콘텐츠가 활발히 개발되고 공유될 필요가 있겠다는 생각이 절실히 든다. 특히 교육 전문가와 교수설계자가 협력하여 온라인 프로그램을 개발해야 하고, 장기적으로는 교사들의 디지털 리터러시(digital literacy) 역량을 더욱 강화해야 할 것이다. 블렌디드 러닝 영역의 새로운 가능성을 열어가는 방안도 지속적으로 고민해야 할 것이다. 미래형 디지털 학습 환경을 구축하기 위한 학교 시스템과 제도 개선, 학교의 블렌디드 러닝 활용과 질 관리를 위한 규정 마련, 지식전달이 아닌 상호작용을 위한 디지털 콘텐츠의 개발, 학습관리 및 평가관리 시스템 개발 및 구축 등에 대한 다양한 논의가 이루어져야 할 것이다.

'게이미피케이션 PBL' 설계의 핵심요소는 무엇인가?

게이미피케이션(Gamification)은 '게임'에 '~化(~fication)'를 붙여 만든 말이다. 쉽게 말해 게임의 재미를 결정짓는 요소와 게임적인 사고와 기법을 게임이 아닌 분야에 적용하려는 움직임을 뜻한다. 이미 게임과 무관한 영역에서 사용자의 관심과 흥미, 지속적인 반응을 이끌어내기 위한 전략으로 '게임 메커닉스(Game Mechanics)'가 활용되고 있으며, 다양한 현실 문제에 게임 요소를 반영하여 참여자의 자발성과 생산성을 극대화하기 위한 시도가 이루어지고 있다. 교육에서도 마찬가지로 프로젝트학습(PBL)을 게임화(Gamification)하려는 움직임의 일환으로 등장한 것이 바로 '게이미피케이션 PBL'이다. 다시 말해 **게이미피케이션 PBL**은 일반적으로 게임이 지니는 **조건**[9]과 프로젝트학습이 지니는 **구성요소**[10]를 모두 지니고 있다. 게이미피케이션 PBL에서 학생들은 스스로 목표를 정하고 자신의 흥미에 따라 학습을 자발적으로 수행해 나간다. 이러한 게이미피케이션 PBL이 지니는 핵심적인 필수요소 네 가지는 다음과 같다.[11]

서사적 스토리(Epic Story)

게임은 탄탄한 서사 구조를 지닌 이야기가 기반이 되어 가상의 공간을 만들어낸다. 아무리 현란한 구성 요소를 갖추고 있더라도 정작 이야기가 빈약한 게임이라면 관심 또한 금세 사라질 수밖에 없다. 온라인 게이머들이 오랫동안 열광해온 게임들의 성공 비결을 들여다보면 공통적으로 블록버스터 영화를 능가하는 웅장하고 매력적인 이야기 구조가 비중 있게 자리하고 있다. PBL의 중심에도 상황과 문제, 쟁점, 가치 등의 배경이 되는 다양한 이야기들이 존재한다. 각각의 상황 속에 역사학자, 미래학자, 정책제안자, 기상전문가, 큐레이터 등의 가상 인물이 되어 수행과제를 완수해야 한다. 따라서 게이미피케이션 PBL에는 게임과 프로젝트 전체를 이끌어갈 수 있는 탄탄한 스토리를 필요로 한다.

....

9. Jane McGonigal(2010)은 TED 강의(Gaming can make better world)에서 게임의 4가지 조건을 즉시적 낙관주의(urgent optimism), 사회적 연결망(social fabric), 서사적 의미(epic meaning), 행복한 생산성(blissful produc-tivity)으로 정의하였다.

10. 송영범(2020)은 프로젝트학습의 구성요소를 9가지로 보았으며, 가치 추구, 탐구질문, 심층 탐구, 생활 연계, 학생중심, 과정 공유, 상호 비평, 결과 발표, 성찰 발전으로 정리하였다.

11. 정준환(2016)의 내용을 참고로 재구성하였다.

☜ 도전적 퀘스트(Challenging Quest)

게임 공간에서 '퀘스트'는 가상 세계와 맥락을 함께하는 각종 임무, 과제 등을 일컫는다. 대부분의 게임은 각자의 세계에서 생존하고 고유의 목적을 달성하기 위해 각종 '퀘스트'를 수행하게 되는데, 게임을 자발적으로 플레이하도록 만드는 것도 다양한 형태로 제공되는 '퀘스트' 덕분이다. PBL에서는 퀘스트의 역할을 수행과제가 담당한다. 프로젝트학습의 진행 과정에서 다양한 형태의 수행과제를 완수해야 한다. 따라서 게이미피케이션 PBL에서 퀘스트는 프로젝트학습의 도입 단계부터 성찰 단계까지 안내자 역할과 함께 도전하고 극복해야 할 과제의 성격을 지닌다.

☜ 매력적인 목표(Charming Goals)

게이미피케이션 PBL의 구현은 이야기로 설득력 있는 스토리를 전개하고, 퀘스트를 통해 도전적이고 달성 가능한 과제 수행뿐만 아니라, 이야기와 퀘스트가 학습자의 자발적인 참여를 이끌어낼 만큼 매력적이고 명확한 목표를 제공할 수 있어야 한다. 또한 게이미피케이션 PBL이 미래교육의 주요 교수-학습 방법으로 떠오른 만큼 미래사회에 대한 책무성도 일정 수준 이상 기대되는 바이다. 예컨대 전 세계적 교육 과제인 지속가능발전목표와 세계시민의식은 문제 해결을 통해 인류를 구원하는 영웅적 스토리로 접근한다면 더욱 매력적일 뿐만 아니라, 목표와도 명확히 연결지을 수 있을 것이다.

☜ 명확한 규칙과 신속한 보상(Rules & Rewards)

게이미피케이션을 통해 기존의 PBL과 차별화된 학습환경을 구현하기 위해서는 스토리에 담길 게임의 규칙과 퀘스트를 설계하고, 단계별 목표 달성에 대한 신속하고 풍부한 보상 체계를 반영하는 것이 필요하다. 기본적으로 게임은 참여자에게 즉각적 반응이 일어날 수 있는 신속한 피드백을 제공한다. 도입 단계에서의 게임 규칙과 퀘스트의 제시 및 게시, 레벨, 포인트, 뱃지, 훈장, 랭킹리스트, 리더보드 등의 보상 체계 안내는 게이미피케이션 PBL의 몰입을 유발하고 지속시키는 역할을 한다.

게임요소로 배움을 확장시킨 게이미피케이션 PBL 실천 사례

최근 코로나19로 교육환경이 급격하게 변화하면서 게이미피케이션 PBL이 블렌디드 러닝과 결합한 모습으로 등장하였다. 블렌디드 게이미피케이션 PBL은 게임과 PBL이 절묘하게 섞인 방식에 온라인과 오프라인을 넘나드는 블렌디드 상황까지 결합한 수업을 의미한다. 이러한 게이미피케이션 PBL을 블렌디드 상황에 적용한 수업 사례는 다음과 같다.

ᐟ '인류의 미래를 구하라!'의 수업 디자인 구성

〈인류의 미래를 구하라!〉라는 블렌디드 게이미피케이션 PBL은 초등학교 4학년 2학기 사회과 교육과정 3단원 '사회 변화와 문화 다양성'을 중심으로 구성해본 사례이다. 교육과정에서 다루고 있는 저출산, 고령화, 세계화, 정보화, 다양성 등의 내용요소뿐만 아니라 제4차 산업혁명과 코로나19라는 인류 공동체의 커다란 변화와 위협이라는 현실과의 연계 및 학생들의 공감을 이끌어낼 수 있는 소재를 반영하여 스토리를 구성하였다. 예컨대 제4차 산업혁명으로 인해 어떠한 점에서 삶에 변화가 발생하는지, 무엇을 대비해야 하는지, 날로 심각해져가는 기후위기와 신종 전염병에는 어떻게 대응해야 하는지 등을 포함하였다. 특히, PBL의 추구 가치인 인류가 미래에도 지속가능하기 위해서는 어떠한 공동체를 형성해 나가야 하는지 등을 생각해볼 수 있도록 설계하였다. 새로운 이야기의 지속적인 유입이 게임의 몰입 환경을 극대화시켜주는 것처럼 PBL의 스토리 전개도 단계별로 추가하는 방식을 사용하였다.

블렌디드 게이미피케이션 PBL '인류의 미래를 구하라!' 수업 디자인

흐름	단계		주요 활동	세부 활동		학습 지원
				오프라인	온라인	
공감 · 설계	수업 도입		• 주제 도입 - 수업의 개요 - 학습목표 확인 - 그룹 구성	• 프로젝트학습 들어가기 - 수업 흐름 이해, 학습 목표 인지, 상황 공감 • 수행과제(GRASPS) 및 평가기준(Rubric) 안내		수업일정표 시간표 학습플랫폼 (구글클래스룸, e학습터 등)
	문제 확인		• 핵심질문 제시 - 문제 제시 - 학습내용 추론 - 학습 계획	• 탐구질문 및 탐구주제 정하기 - 사실적 질문 (낮은 수준) - 개념적 질문 (중간 수준) - 논쟁적 질문 (깊은 수준) • 탐구활동 계획하기 - 조사 계획 수립, 역할 분담		역할분담표 질문 매트릭스 (사실,개념,논쟁)
창의 · 실행	퀘스트 ①	문제 탐색	• 탐구활동 - 개별활동 - 협력 활동	• 조사 및 탐구학습 - 오프라인 강의/토의토론 - 문제 파악 및 명료화 - 지식 및 정보 조사	• 조사 및 탐구학습 - 온라인 강의/토의토론 - 문제 파악 및 명료화 - 지식 및 정보 조사	디지털 콘텐츠 학습 자원 링크 화상회의 (구글,줌 등)
		문제 해결	• 수행과제 해결 - 개별활동 - 협력 활동	• 퀘스트 ② 해결 - 오프라인 토의토론 - 개인/공동 해결안 작성	• 퀘스트 ② 해결 - 온라인 토의토론 - 개인/공동 해결안 작성	온라인 토론방 화상회의 채팅방
	퀘스트 ②	문제 탐색	• 탐구활동 - 개별활동 - 협력 활동	• 조사 및 탐구학습 - 오프라인 강의/토의토론 - 문제 파악 및 명료화 - 지식 및 정보 조사	• 조사 및 탐구학습 - 오프라인 강의/토의토론 - 문제 파악 및 명료화 - 지식 및 정보 조사	디지털 콘텐츠 학습 자원 링크 화상회의 (구글,줌 등)

창의 · 실행	퀘스트 ②	문제 해결	• 수행과제 해결 - 개별활동 - 협력 활동	• 퀘스트 ② 해결 - 오프라인 토의토론 - 개인/공동 해결안 작성	• 퀘스트 ② 해결 - 온라인 토의토론 - 개인/공동 해결안 작성	온라인 토론방 화상회의 채팅방
	퀘스트 ③	문제 탐색	• 탐구활동 - 개별활동 - 협력 활동	• 조사 및 탐구학습 - 오프라인 강의/토의토론 - 문제 파악 및 명료화 - 지식 및 정보 조사	• 조사 및 탐구학습 - 온라인 강의/토의토론 - 문제 파악 및 명료화 - 지식 및 정보 조사	디지털 콘텐츠 학습 자원 링크 화상회의 (구글,줌 등)
		문제 해결	• 수행과제 해결 - 개별활동 - 협력 활동	• 퀘스트 ② 해결 - 오프라인 토의토론 - 개인/공동 해결안 작성	• 퀘스트 ② 해결 - 온라인 토의토론 - 개인/공동 해결안 작성	온라인 토론방 화상회의 채팅방
성찰 · 공유	결과 발표		• 발표 및 전시 - 해결안 발표	• 개인 오프라인 발표 • 그룹 오프라인 발표 • 피드백 및 개선	• 개인 온라인 발표 • 그룹 온라인 발표 • 피드백 및 개선	온라인 피드백 (실시간 스트리밍)
	평가 및 성찰		• 평가 및 성찰 -수업의 마무리	• 평가하기 - 자기평가 및 동료평가, 교사평가 • 성찰하기 • 개인 성찰일지 작성, 학급 프로젝트 성찰하기		평가기준 제시 (GRASPS 및 Rubric) PTC, 포트폴리오

🖱 〈인류의 미래를 구하라!〉의 수업 실천

〈인류의 미래를 구하라!〉 프로젝트학습을 블렌디드 게이미피케이션 PBL
로 운영한 수업 사례를 단계별로 정리하면 다음과 같다.

① 수업 도입 단계

수업 도입 단계는 블렌디드 PBL과 마찬가지로 프로젝트학습에 대한 안내
가 중심이 된다. 특히, '추구 가치'와 '일반화된 지식'이 교사의 설계 단계
에서 설정되어야 한다. 또한 교육과정이 담고 있는 핵심역량과 성취기준
을 담아낼 수 있는 핵심개념과 운영 목표 그리고 수행과제와 평가기준 및
기타 평가 방법 등을 안내한다. 블렌디드 러닝의 상황을 살려 오프라인과
온라인을 통해 안내가 이루어진다.

추구가치	지속가능성		
프로젝트	사회변화와 문화 다양성		
일반화된 지식	사회 변화의 특징과 문화 다양성을 알고, 미래사회와 세계 문화를 발전시키려는 의지와 역량을 함양한다.		
핵심개념	현대사회 변동(사회변화), 연구방법(자료 수집·분석·활용), 문화(편견, 차별, 존중, 다양성)		
운영목표	첫째, 급변하는 사회 흐름과 특징적 현상을 확인하고 이에 대비하는 인식을 공유한다. 둘째, 다양성의 가치에 대해 생각하고 다양성을 이해하고 존중하는 태도를 함양한다.		
관련교과	사회, 국어, 도덕, 미술, 창체	성취기준	관련 교과별 성취기준 (생략)
운영방향	탐구질문 및 탐구주제 (생략)	운영내용	퀘스트 ①, ②, ③ (뒤에 제시)

		Goals (목표)	Role (역할)	Audience (청중)	Situation (상황)	Product (결과물)	Standard (준거)
수행과제 평가	평가요소	사회 변화의 특징을 한가지 선택하여 시간적 흐름에 따라 소개하고,미래 사회변화에 대해 전망하고 제시할 수 있다.	사회 변화를 확인하고 미래 변화를 제시하는 미래학자	우리 학교 학생들, 선생님, 부모님	사회 변화의 특징을 전시와 발표회를 통해 소개하고, 사회 변화의 흐름과 예상되는 변화에 대비하려는 인식과 태도를 확산시키려는 상황	작품, 그림, 보고서, 전시물, 책, 신문, 제안서, 광고, 저널, 연극 등 자유 선택	① 사회 변화의 특징 포함 ② 특징의 시간적 변화과정 포함 ③ 예상되는 미래의 변화 모습 포함 ④ 우리들이 지녀야 할 인식과 태도에 대한 제안 포함

단계\평가	뛰어남	잘함	보통	노력요함
주제에 대한 지식과 개념의 이해	사회 변화의 특징을 시간의 흐름에 따라 이해하고 있으며, 이를 바탕으로 미래 사회변화에 대해 예상하고 우리가 지녀야 할 인식과 태도 확산을 위한 의지를 지니고 있음.	사회 변화의 특징을 시간의 흐름에 따라 이해하고 있으며, 이를 바탕으로 미래 사회변화에 대해 예상하고 있으나 우리가 지녀야 할 인식과 태도 확산을 위한 의지는 부족함.	사회 변화의 특징을 시간의 흐름에 따라 이해하고 있으나, 미래 사회변화에 대해 예상하고 제시하는데는 어려움이 있음.	사회 변화의 특징을 시간의 흐름에 따라 정리하는데 어려움이 있으며, 미래 사회변화에 대해 예상하고 제시하는데도 어려움이 있음.
구체적 사실과 정보의 종합 및 설명	사회 변화의 특징 중 한가지를 선택하여 그에 대한 조사 및 탐구, 정리, 종합하는 능력이 우수하며, 미래 지녀야 할 방향에 대해서도 다양한 방식으로 전망하며 소개할 수 있음.	사회 변화의 특징 중 한가지를 선택하여 그에 대한 조사 및 탐구, 정리, 종합하는 능력이 우수하며, 미래 지녀야 할 방향에 대해서도 전망하며 소개할 수 있음.	사회 변화의 특징 중 한가지를 선택하여 그에 대한 조사 및 탐구, 종합할 수 있지만, 미래 지녀야 할 방향에 대해 전망하며 소개하는데는 어려움이 있음.	사회 변화의 특징 중 한가지를 선택하여 그에 대한 조사 및 탐구, 정리, 종합하는데 어려움이 있으며, 미래 지녀야 할 방향에 대해서 전망하며 소개하는데에도 어려움이 있음.

(표 왼쪽 세로: 수행과제평가 / 평가기준)

		핵심역량 평가	기타 평가
기타 평가 방법	내용	• 공동체역량 : 역사적인 시기별 공동체를 위해 요구되는 중심지에 대한 판단능력 • 지식정보처리역량 : 자료조사, 정보종합 및 제시능력, 디지털기기 활용능력 • 의사소통역량 : 다양한 시간적, 공간적 상황에 대한 사람들의 인식에 대한 협의능력	인천의 지리적 특징과 중심지 인천의 과거와 현재 중심지와 역할 인천의 중심지의 변화요인 세계 속 지속가능한 도시 인천의 미래 발전 전략 인천의 역사적 흐름과 대표하는 문화유산 인천의 문화유산에 담긴 의미 인천을 대표하는 역사적 인물과 본받을점 세계시민으로 나아가기 위한 인천시민의 자세
	방법	• 자기평가(학생) : SOLO 수기호, 자기성찰일지 등 • 상호평가(학생) : 바둑돌, 공깃돌 평가 등 • 관찰평가(교사) : PTC(Progress Tracking Chart), 체크리스트, 포트폴리오, 탐구일지 등	

오프라인 안내	온라인 안내

교실 뒷면 프로젝트 안내 게시판	구글 클래스룸 프로젝트 안내 플랫폼

② 문제 확인 단계

프로젝트를 통해 탐구해야 할 핵심적이고 도전적인 문제를 탐구질문 만들기와 탐구주제 정하기 과정으로 확인하는 단계이다. 탐구질문과 탐구주제는 프로젝트학습의 탐구 흐름에 맞게 낮은 수준의 사고에서 높은 수준의 사고로 확장되어야 한다. 또한 이러한 탐구질문과 탐구주제는 궁극적으로 프로젝트의 일반화된 지식과 추구하는 가치로 이어져야 한다. 탐구질문들은 프로젝트의 도입 단계에서부터 평가 및 성찰 단계에 이르기까지 온·오프라인상에 게시하여 프로젝트 방향성을 유지하는 데 활용한다. 게이미피케이션 PBL에서는 탐구주제와 탐구질문을 포괄하는 스토리와 2~3개의 퀘스트로 엮어서 PBL로 운영한다.

	탐구질문	탐구주제
운영 방향	㉕-사실적질문, ㉞-개념적질문, ㉖-논쟁적질문 ㉕ 저출산, 고령화, 세계화, 정보화란? ㉕ 편견, 차별, 존중, 문화, 다양성이란? ㉕ 4차 산업혁명과 기후변화란? ㉞ 사회는 왜·어떻게 변화하는가? ㉞ 사회변화와 우리 삶의 관계는? ㉞ 문화의 공통점과 차이점은? ㉞ 문화의 다양성과 특수성은? ㉖ 우리는 미래 사회를 어떻게 준비해야 하는가? ㉖ 세계문화 발전을 위한 우리의 자세와 역량은?	- 사회 변화의 모습과 특징 확인하기 - 사회변화의 원인과 과정 탐구하기 - 4차 산업혁명과 기후변화에 대해 탐구하기 - 사회변화와 우리 삶의 관계 생각하기 - 문화가 지닌 공통점과 차이점 구분하기 - 문화가 지닌 다양성과 특수성 알아보기 - 미래 사회변화에 대해 생각 나누기 - 다양한 문화를 대하는 자세 생각 나누기
	게이미피케이션	
운영 내용	목표	인류의 미래를 구하기 위한 세 가지 미션 완수하기!
	스토리	지금은 2030년! 당신은 미래학자! 코로나19와 제4차산업혁명이 불러온 급격한 사회변화로 세상은 혼란과 불안에 빠졌다. 일부 지역의 경우 폭동으로 인해 지방정부가 패닉상태에 놓였다. 더욱 심각한 것은 인간은 활동이 제약되는 반면 인공지능은 그 활동과 권한이 더욱 확대되어, 인간이 인공지능에게 의지하고 통제받게 되는 상황에 이르렀다는 점이다. 이에 여러분들은 이러한 상황을 극복하기 위해 세 가지 단계별 미션을 수행하여 인류를 구해내야 한다.

운영 내용	퀘스트	1 인류의 문제를 찾아라!	• 교육과정의 내용요소를 중심으로 PBL에서 설계한대로 문제의 범위를 핵심개념에 초점을 두고 문제에 접근해가기 위한 주제 카드 (A~D)를 제시한다. ex) (A) 저출산, 고령화, (B) 세계화, 정보화, (C) 편견, 차별, (D) 존중, 다양성 • 학생 개인별 주제 카드를 선택하여 카드 주제에 맞는 인류의 문제를 찾아 문제의 현상황에 대해 조사하고 정리하여 발표하는 것이 퀘스트 1의 미션이다.
		2 문제 해결 방법을 찾아라!	• 1번 퀘스트를 통과한 학생들의 경우 카드 주제별로 모둠을 형성하여 문제의 해결을 위한 공동의 접근방법을 찾아가는 단계이다. ex) (A) 인구문제, (B) 산업혁명, (C) 정의사회, (D) 연대공조 등 • 1번 퀘스트를 완료한 학생 개개인의 주제에 맞게 다양한 모둠이 형성될 수 있으며 그에 대한 정리와 해결 방안을 제시하는 것이 퀘스트 2의 미션이다.
		3 인류의 행동백신을 보급하라!	• 2번 퀘스트를 통과한 모둠은 해결 방안을 모듈화하여 미래 인류를 구하기 위한 행동백신을 보급하여 인류를 구하는 단계이다. ex) (A) 인구문제 행동백신, (B) 산업혁명 행동백신, (C) 정의사회 행동백신, (D) 연대공조 행동백신 등 • PBL에서 설계한 수행과제(GRASPS)와 연결지어 행동백신을 보급하는 미션이 수행되도록 하며, 학생들이 창의적이고 열린 방식으로 행동백신을 개발하고 보급하는 체험부스를 운영하는 것이 퀘스트 3의 미션이다.
	규칙과 보상		• 각 퀘스트의 활동 규칙 안내하기 - 모든 학생이 개인별 하나의 주제 카드 선택, 조사, 정리, 발표하기 - 3인 이상의 모둠이 하나의 주제에 대해 해결 방안을 찾아 정리하고 제시하기 - 모둠의 해결 방안을 행동백신 보급 차원에서 창의적이고 열린 방식의 체험부스 운영하기 • 게임화 전략에 따른 보상 안내하기 - 개인별 리더보드(오프라인) 및 퀘스트룸(온라인)에 출석체크 공개하기 - 누적해 온 PTC(오프라인) 및 클래스룸(온라인)을 토대로 레벨 부여하기 - 개인 및 모둠발표(오프라인 및 온라인)를 통해 상호평가 및 교사평가로 뱃지 수여하기

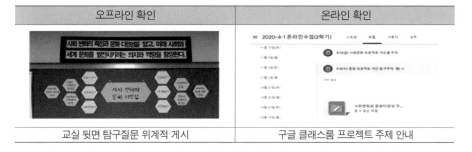

오프라인 확인	온라인 확인
교실 뒷면 탐구질문 위계적 게시	구글 클래스룸 프로젝트 주제 안내

③ 문제 탐색 단계

게이미피케이션의 스토리와 퀘스트에 맞게 문제를 해결해 나가기 위한
탐구활동을 전개해 나간다. 〈인류의 미래를 구하라〉 게이미피케이션 PBL
에서 학생들이 스스로 선택하여 도전한 개인 및 모둠 퀘스트 미션은 다음
과 같다.

퀘스트	① 인류의 문제를 찾아라!	인구	저출산	박채량, 인예영	저출산으로 인한 문제 및 미래 모습
			고령화	성현민	고령화로 인한 문제 및 해결책 찾기
			외국인 근로자	김규린	외국인 근로자 문제와 해결노력
		산업	산업혁명	강다윤	1~4차 산업혁명과 예상되는 5차 산업혁명
			의식주	김지율, 성수민	과거로부터 현재까지 의식주의 변화와 미래
			교통과 통신	성희원, 연수민	과거로부터 현재까지 교통과 통신 수단 변화와 미래
		기후	기후변화	최지유	기후변화의 심각성과 미래 삶의 모습
			멸종위기	우윤경	지구온난화 실태와 멸종위기 동물
			자연재해	윤은서	과거로부터 현재까지 한반도 태풍의 사례
			조상지혜	송하준	과거 자연재해 극복을 위한 조상들의 지혜
			해결 방안	박지호	기후변화에 대응하기 위한 우리들의 자세
		교육	교육	박윤솔, 이주원	과거로부터 현재까지 교육의 발전과 미래 교육 전망
			화폐	강민석,김태강, 김홍윤	화폐의 발생과 발전 그리고 미래 화폐의 모습
		정의	차별	전지한, 이형찬	과거로부터 현재까지 차별의 모습
			법	위예은	법의 발생과 발전의 모습
			경찰	정찬수, 이준우	경찰의 역할과 깨어 있는 시민이 만들어가는 정의로운 사회

④ 문제 해결 단계

학생들은 게임의 목표 달성을 위한 모둠 미션을 해결하기 위해 문제에 대한 온·오프라인상의 토의토론을 통해 모둠 전략회의를 가진다. 문제에 대한 공동의 인식을 바탕으로 자신들의 주제를 해결하기 위해 다양한 해결 방안을 모색하여 다음과 같이 문제 해결 방안을 정리하여 제시하였다.

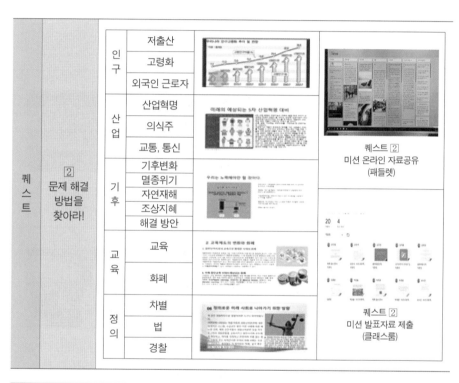

퀘스트	2 문제 해결 방법을 찾아라!	인구	저출산		
			고령화		
			외국인 근로자		
		산업	산업혁명		
			의식주		
			교통, 통신		퀘스트 2 미션 온라인 자료공유 (패들렛)
		기후	기후변화		
			멸종위기		
			자연재해		
			조상지혜		
			해결 방안		
		교육	교육		
			화폐		
		정의	차별		퀘스트 2 미션 발표자료 제출 (클래스룸)
			법		
			경찰		

오프라인 문제 해결 과정	온라인 문제 해결 과정
교실 모둠토의 및 자료 정리	화상 모둠토의 및 자료 공유

⑤ 결과 발표 단계

퀘스트 ②의 미션까지 완수한 모둠은 인류의 미래를 위한 행동백신 보급을 위해 창의적이고 다양한 방식의 체험부스를 운영한다. 마지막 퀘스트 ③의 미션은 PBL의 수행과제와 연결지어 발표회 형식으로 진행하도록 안내한다. 발표회의 방식은 학생들의 필요에 따라 다양한 방식으로 진행할 수 있다. 인류의 미래를 위한 행동백신을 보급하는 퀘스트 ③의 미션 수행 모습은 다음과 같으며, 결과 발표는 오프라인으로 진행하였다.

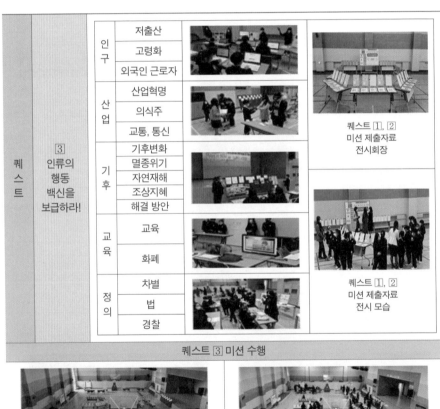

퀘스트	③ 인류의 행동 백신을 보급하라!	인구	저출산		
			고령화		
			외국인 근로자		
		산업	산업혁명		퀘스트 ①, ② 미션 제출자료 전시회장
			의식주		
			교통, 통신		
		기후	기후변화		
			멸종위기		
			자연재해		
			조상지혜		
			해결 방안		
		교육	교육		퀘스트 ①, ② 미션 제출자료 전시 모습
			화폐		
		정의	차별		
			법		
			경찰		

퀘스트 ③ 미션 수행

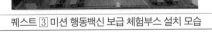

퀘스트 ③ 미션 행동백신 보급 체험부스 설치 모습 | 퀘스트 ③ 미션 행동백신 보급 체험부스 운영 모습

⑥ 평가 및 성찰 단계

프로젝트의 도입에서부터 게이미피케이션을 통한 퀘스트 미션 완수 그리고 최종 결과 발표 및 공개를 통해 학생들은 자신들의 학습 과정과 결과에 대해 커다란 자부심과 성취감을 갖게 된다. 이러한 자부심과 성취감에 대해 객관적으로 평가하고 성찰하는 시간이 꼭 필요하다. 평가 방식은 자기평가, 상호평가, 교사평가로 실시하며, 방법은 SOLO 수기호, 소감 발표, 저널(에세이) 쓰기, PTC, 포트폴리오 점검 등을 통해 실시한다. 성찰의 초점은 탐구질문에 대한 궁금증 해소 및 확인, 수행과제의 이행 여부 그리고 핵심개념과 일반화된 지식의 도달을 확인하는 데 있다. 이러한 성찰 과정은 프로젝트학습의 완성도와 학생의 내면적 성장을 더욱 심화시켜준다. 평가 및 성찰의 과정은 온·오프라인 모두에서 가능하며 상황에 맞게 실시한다.

평가 및 성찰의 모습	

성찰하기 - 자기평가 (SOLO 수기호)	성찰하기 – 모둠평가 (관찰 및 체험)
성찰하기 – 내용적 측면 (정의와 공정의 관계)	성찰하기 – 방법적 측면 (발표 효과 증진 아이디어)
성찰하기 – 교사평가 (GRASPS & Rubric)	성찰하기 – 교사평가 (PTC: 맞춤식 개별화 교육)

이제부터는 블렌디드 러닝 수업에서 적용해볼 만한 재미있는 수업놀이들을 소개하려고 한다. 특히 크게 사회성 신장과 인지능력 발달을 도모하는 놀이로 구분하는 한편 각각은 화상 캠과 앱을 활용한 수업놀이와 화상캠만을 활용한 수업놀이로 각각 분류하였다. 이 책에서 소개하는 놀이들이 최선의 방식은 아니다. 다만 실제 쌍방향 화상수업에서 실천해본 놀이들만을 소개하고 있기 때문에 분명 각자의 수업을 만들어갈 때 의미 있는 아이디어를 떠올릴 수 있을 것이라고 생각한다. 무엇보다 소개된 놀이들을 각자의 수업 상황이나 아이들의 특성에 맞게 응용 및 발전시켜볼 수 있을 것이다. 나아가 놀이 운영 방식을 참고하여 전혀 새로운 놀이를 창조해볼 수도 있을 것이다. 소개된 놀이 활동들을 참고하여 자신만의 개성 있는 블렌디드 놀이 수업을 만들어가기를 바란다.

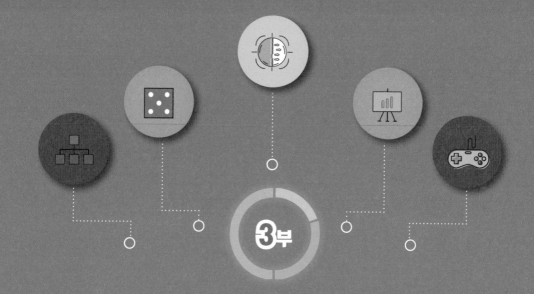

블렌디드 러닝
시대의 수업놀이

온라인수업이 자리잡으면서 가장 많이 제기된 문제 중의 하나는 비대면 상태로 친밀감이나 협동심, 대인관계 등의 사회적 기술을 제대로 키워갈 수 있는지에 관한 의문이었다. 매일 선생님, 친구들과 함께 만나 눈을 맞추고 부대끼며 생활하는 동안 자연스럽게 사회성을 키워가면 좋겠지만, 많은 것이 불확실한 미래사회에서 앞으로 또 어떤 일이 닥칠지 누구도 장담할 수 없다. 이제 비대면 상황에서도 친밀감이나 협동심, 배려, 감정 조절, 대인관계 등 다양한 사회적 기술을 키워갈 수 있는 방안을 고민해야 한다. 여기에서 소개하는 놀이 활동은 모두 실제 온라인 수업에서 실천해본 활동들로 각자의 교실 상황에 맞게 응용하거나 변형하여 학생들과 함께 재미있게 해볼 수 있다. 특히 오프라인수업과 적절히 연계하면 놀이의 재미는 물론 배움의 효과 또한 한층 배가될 것이다.

사회성
SOCIAL SKILLS

마음 항아리의 비밀

- 놀 이 역 량   감정조절, 문제해결
- 놀 이 방 식   화상캠 + 앱활용 수업놀이
- 준 비 물   놀이 설명자료(PPT 또는 안내자료), 구글 잼보드

놀이 소개

교실에서는 언제든 크고 작은 갈등 상황이 벌어질 수 있다. 예컨대 아이들이 교실에서 서로 남 탓을 하거나 화를 낼 때, 분을 참지 못해 크게 소리를 지르며 폭력적인 행동을 하게 되면 자칫 위험한 상황으로까지 이어질 수 있다. 이에 놀이를 통해 학생들에게 분노 상황에서 화를 다스리는 기술을 간접 체험하도록 한다.

놀이를 시작하기 전에

구글 잼보드에 교사가 마음의 항아리를 미리 그려 준비한다. 학생들은 포스트잇에 '나는 어떤 순간에 어떤 것 때문에 화가 나는지' 노란색 포스트잇에 써서 붙인다. '나는 어떤 순간에 어떤 것 때문에 화가 나는지'를 각자 마이크는 끈 상태에서 큰소리로 말하면서 잼보드 마음의 항아리 판에 붙인다.

교사: 여러분, 주로 학교 생활하면서 또는 가정에서 있을 때 화나는 순간들이 있지요? 주로 어떨 때 마음속에 화가 나나요? 지금부터 그 순간들을 잼보드 노란 포스트잇에 써서 항아리 안쪽에 붙여주세요.

1 마음의 항아리가 가득 차면 학생들과 비워내는 방법에 대해 이야기 나눈다. '나는 이것들을 어떻게 비워낼 수 있는지' 그 방법을 다른 색깔의 포스트잇에 적는다.

2 화날 때 붙였던 포스트잇을 떼고, 해결하는 방법 포스트잇을 붙인다(나의 화를 하나 없애고 그 자리에 해결하는 방법을 붙임). 떼어낸 건 항아리 밖에 붙인다.

예: 크게 심호흡을 한다. 혼자 있는 공간에 가서 생각한다. 클래식 음악을 듣는다. 운동을 한다.

3 다양한 해결책들을 하나하나 읽어보며, 이를 어떻게 활용할 수 있을지 생각 해본다.

예: 비슷한 방법끼리 모아 분류하기. 회복공간에 붙여 놓았다가 화가 나는 순간에 뽑아서 그 방법을 실천해보기.

4 활동 후 느낀 점이나 소감 등을 이야기 나눈다.

예: 여기 나온 해결방법 들을 한번 실천해보고 싶어요. 그동안 화를 자주 냈었는데, 이제는 화를 조절할 수 있을 것 같아요. 친구들도 저와 같은 고민을 한다는 것을 알 수 있어서 좋았어요.

▶ **배움을 확장하는 수업놀이 아이디어**

분노 이외의 마음 속 고민 등 다양한 감정으로도 놀이를 확장해본다. '우리 반의 문제점' 과 같은 학급회의 시간 교실에서 일어나는 현실적인 문제들을 해결하는 활동이나, '학교 폭력의 문제점과 해결 방안', '도시 문제 해결 방안' 등 문제 해결 토의토론 수업에도 확 장해볼 수 있다.

저학년　중학년　고학년　전학년

학급 가이드라인 만들기

▷ 놀 이 역 량　협동, 의사결정력, 의사소통, 공동체

▷ 놀 이 방 식　화상캠 + 앱활용 수업놀이

▷ 준 비 물　놀이 설명자료(PPT 또는 안내자료), 구글 잼보드

놀이 소개

구글 잼보드를 활용하여 학급 비전(우리가 바라는 반)과 가이드 라인(학급운영 방향)을 정한다. 교실에서 아이들과 학기 초에 학급 규칙이나 약속을 정할 때 실천하면 유용한 놀이이다. 학급 목표를 세우는 방법에 대해서 학생들과 이야기 나눈 후에 우리 반은 어떤 목표를 가지고 1년을 살면 좋을지 생각해본다. 각자가 생각하는 우리 반을 하나씩 적어본다.

놀이를 시작하기 전에

'우리 반 가이드라인 만들기'라는 제목으로 잼보드를 만들어 채팅방에 링크를 공유한다. 학생들은 이 링크로 들어가 올해 내가 바라는 우리 학급의 모습을 학급 잼보드판에 포스트잇에 써서 붙인다.

교사: '우리 반이 이랬으면 좋겠어요.' 하는 바람을 한 문장으로 또는 한 단어로 적으세요. 어떤 학급이 되었으면 하는지에 나의 바람을 잼보드 포스트잇에 붙이세요.

아이들이 붙인 것을 보고 비슷한 것끼리 분류해본다.

예: 즐겁게 공부하는 반 → 즐거운 반

　　싸우지 않는 반 → 평화로운 반

　　학교폭력이 없는 반 → 평화로운 반

　　잘 들어주는 반 → 존중하는 반

나온 것들을 3~4개 정도로 유목화하여 3~4개의 팀으로 나눈다.

예: 즐거운 반, 존중하는 반, 평화로운 반 등

1 본인이 즐거운 반을 쓴 사람은 즐거운 반 팀으로, 존중하는 반으로 쓴 사람은 존중하는 반 팀으로 각 모둠 화상방으로 이동한다. 교사는 반 이름과 화상회의 코드를 채팅방에 올린다.

예: 모둠화상방 코드

1111 ---> 즐거운 반, 2222 ---> 존중하는 반, 3333 ---> 평화로운 반

2 각 모둠별로 자기 모둠방 잼보드 판에다 '이렇게 말해요'와 '이렇게 행동해요'로 구분해서 포스트잇에 적어 붙인다.

3 많은 내용들 중 '나는 좀 더 이런 내용을 우리 반에서 지켰으면 좋겠다. 이런 행동을 했으면 좋겠다'고 하는 것에 투표하여 하나씩 뽑는다. '나는 지키기가 너무 어려워요' 하는 것에는 빨간 포스트잇으로 색깔을 바꾸어놓는다. 가이드라인에서 중요한 것은 우리 반 모든 구성원의 동의를 받는 것이다. 학생들이 과정에 참여하고 동의를 하게 되면 실천력이 훨씬 높아진다.

4 전체 화상방으로 다시 모여, 위에 나온 3~4가지 주제 학급을 다 종합한 하나의 전체 잼보드 판에 각 모둠에서 이것만은 꼭 지켜줬으면 좋겠다고 가장 많이 나온 포스트잇을 붙인다. 두 번째로 많이 나온 것은 따로 모아두었다가 4월 가이드라인 활동 시 활용한다.

▲ 평화로운 반 잼보드

▲ 즐겁고 존중하고 평화로운
우리 반 잼보드(3월)

(▷) **배움을 확장하는 수업놀이 아이디어**

내가 바라는 학교, 내가 바라는 우리 지역, 내가 바라는 대한민국 등으로 응용하여 활동을 확장해볼 수 있다. 수업이나 놀이 상황에서 일어나는 일상 절차도 함께 정한다. 온라인 수업상황, 특정한 상황(선생님이 없는 상황에 싸움이 발생했을 때, 화장실을 사용할 때 등) 등에 대해서도 마련해두면 좋다. 블렌디드 상황에서는 온라인에서 정한 가이드라인을 출력하여 교실 한 곳에 게시해놓고 보며 스스로를 성찰하는 데 도움이 되도록 한다.

저학년　중학년　고학년　전학년

친구 장점 인터뷰 빙고

- 놀 이 역 량　자존감, 주의집중, 소속감
- 놀 이 방 식　화상캠 + 앱활용 수업놀이
- 준 비 물　A4용지, 펜, 보드판 및 보드마커, 놀이 설명자료(PPT 또는 안내자료), 구글 잼보드

놀이 소개

나의 모든 것은 나의 장점과 연결되어 있다. 자기소개 활동은 나의 장점을 재발견하게 해준다. 내가 생각하는 장점이 다른 사람에게도 그렇게 보이도록 노력해야 함을 일깨워줄 수도 있다. 자기소개 활동 후 친구의 이름과 장점을 빙고판에 적은 후, 빙고 형식의 놀이를 통해 친구에 대해 좀 더 알아가는 한편, 높은 자존감도 키워가는 놀이이다.

놀이를 시작하기 전에

A4용지를 접어 4×4빙고판을 만든다(개수는 변경 가능하다. 각자 화이트보드판에 직접 그리거나 종이에 직접 그려도 무방하다). 활동을 위한 준비가 다 되면 구글 잼보드 링크를 채팅방에 공유한다.

교사: 스스로 생각하기에 본인의 장점은 뭐라고 생각하세요? 나의 장점 딱 2가지만 생각해보세요. 이제 잼보드 링크로 들어가 포스트잇에 각자 자신의 이름과 장점 2가지를 올려주세요.

1 각자 구글 잼보드 링크로 들어가서 포스트잇에 자신의 이름과 자신의 장점 2개를 올린다.

2 학급 전원이 전부 올리면 학생들은 올라온 글을 읽고 자신이 가지고 있는 4×4 빙고종이를 가지고 상대의 이름, 장점 2개를 빈칸 한곳에 적는다. 참여하지 않는 학생이 없도록 학생들을 잘 살핀다.

　　교사: (참여하지 않은 학생들의 장점을 함께 찾아 잼보드 포스트잇에 써준다) 자, 다 적었나요?
　　　　그럼 빙고 놀이를 시작하겠습니다.

3 번호 뽑기를 하여 당첨된 사람이 제일 먼저 시작한다. 첫 번째로 시작하는 사람은 이름을 부르고 장점을 말한다.

　　예: "축구를 좋아하고 마음씨 착한 홍길동"

4 홍길동은 이어서 다른 학생의 이름을 부르고 장점을 말한다. 이때 남자는 여자만, 여자는 남자만 성별 교차 호명하도록 제한을 두면 좋다. 잘 듣고 지워가며 2줄 빙고(줄의 수는 변경 가능)가 되면 "빙고!"라고 외친다.

▷ 배움을 확장하는 수업놀이 아이디어

게임 후 자신의 이름과 장점이 한 번도 호명되지 않은 학생들도 있을 것이다. 따라서 가장 많이 지우지 못한 사람의 빙고판을 보고 거기에 있는 학생들의 장점만 이야기하게 하여 누구인지 알아맞히기 게임을 추가로 하면 좋다. 항상 소외된 학생들이 생기지 않도록 세심하게 배려하는 것이 중요하다. 간혹 포스트잇에 자신의 장점을 모르겠다고 하고 안 올리거나 못 올리는 소극적이거나 쑥스러워하는 학생이 있다면 교사가 다른 친구들과 함께 그 친구의 장점을 찾아줘서 잼보드 포스트잇에 올려 게임 참여를 돕는다.

저학년　중학년　고학년　전학년

왕의 식탁 탈출 게임

🖰 **놀 이 역 량**　의사표현능력, 소속감

🖰 **놀 이 방 식**　화상캠 + 앱활용 수업놀이

🖰 **준 비 물**　놀이 설명자료(PPT 또는 안내자료), 구글 잼보드

놀이 소개

제왕의 선택과 우연에 의해 끝까지 살아남는 즐거움, 개성과 다양성을 뽐낼 수 있는 놀이이다. 왕으로 뽑힌 학생이 자신이 좋아하는 음식 4가지를 말하고, 다른 학생들은 왕의 식성을 요리조리 피해 마지막까지 살아남는 학생이 새로운 왕이 되는 놀이이다.

놀이를 시작하기 전에

▲ 왕이 좋아하는 4개의 음식 잼보드방

먼저 제비뽑기로 왕을 결정한다. 그리고 구글 잼보드 링크 4개의 방을 개설한다. 잼보드 화면 오른쪽 상단 공유버튼으로 들어가 '링크 보기' 설정을 링크가 있는 그룹의 모든 사용자 또는 링크가 있는 모든 사용자로 수정하고 편집자 기능으로 수정해두어야 모든 학생들이 자유롭게 들어가 메모를 남길 수 있다. 왕이 좋아하는 음식을 물어보고 음식 4가지를 각각의 구글 잼보드 방 이름으로 수정해둔다.

1 4개의 구글 잼보드 링크를 채팅방에 띄운다.

예: 떡볶이방, 어묵방, 고기방, 만두방

2 시작하기 전, 왕만 빼고 백성들은 카메라를 모두 끈다. 왕은 눈을 감고 있거나 엎드려 있고, 30초를 셀 동안 백성들은 각자가 선택한 4개의 구글 잼보드 방 중 하나를 선택하여 움직인다. 방에 들어온 표시를 하기 위해 잼보드 포스트 잇에 자기 이름을 써서 올린다.

3 교사가 "폐하, 무엇이 드시고 싶으시옵니까?"라고 물으면 왕은 눈을 감은 채 로 음식을 하나 선택하며 "○○이 먹고 싶구나"라고 말한다. 왕이 말한 음식을 선택한 백성들은 음식이 되어 구글 잼보드 방에서 나와 왕의 식탁(왕이 있는 전 체 화상수업방)으로 들어간다. 왕의 음식이 되어 전체 수업방으로 들어온 학생 들은 카메라를 켠다. 왕의 음식 표현이 다양하면 더 재미있다.

예: "이건 달구나, 짜구나, 맛있구나, 신선하구나" 등

4 다시 반복한다. 왕의 식성을 요리조리 피해 끝까지 살아남은 사람이 새로운 왕이 된다. 구글 잼보드 방을 나와 다른 방으로 옮길 때는 원래 있던 방에 자 기 이름 쓴 포스트잇을 삭제하고 나와야 한다.

▲ 엎드려 있는 왕

▶ **배움을 확장하는 수업놀이 아이디어**

처음 왕을 정할 때 가위바위보 왕 놀이를 하여 승자를 왕으로 정하고 왕의 식탁 놀이로 이어져도 좋다. 놀이 진행 중 남아 있는 사람이 적을 경우(3명 이하), 한 번에 2~3개의 음 식을 선택하게 하면 한층 속도감 있게 놀이를 진행할 수 있다. 왕이 선택한 구역에 사람 이 없을 경우, 패자부활전을 진행할 수도 있다. 패자부활의 방법은 왕과 가위바위보(1:다 수)를 하여 이긴 사람을 모두 부활시키거나 가위바위보 토너먼트 등의 방법을 활용할 수 있다. 왕의 옷장, 왕의 음악, 왕의 책장, 왕의 영화관, 왕의 취미, 왕의 장난감 등으로 주 제를 변형할 수 있다.

▲ 선택한 음식 잼보드방

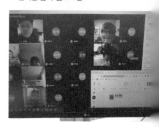

저학년　중학년　고학년　전학년

무엇이 달라졌을까?

- 놀 이 역 량 　관찰력, 창의적 표현력, 친화력
- 놀 이 방 식 　화상캠 수업놀이
- 준 비 물 　놀이 설명자료(PPT 또는 안내자료)

놀이 소개

짝의 생김새를 자세히 관찰하고 각자 자신의 모습을 변화시킬 시간을 준다. 일정 시간이 지난 후
짝의 무엇이 달라졌는지를 알아맞히는 놀이이다. 연극놀이의 일종으로 창의적 표현력을 기를 수 있
으며, 짝과 함께 하는 과정에서 친화력도 키울 수 있다.

놀이를 시작하기 전에

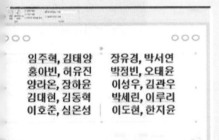

게임 시작 전에 반 학생들을 2명씩 짝을 매칭해준다. 미리 놀이 PPT
에 써놓은 후 복사해서 게임이 시작되면 PPT를 통해 자신의 짝을
확인한다.

1 30초간 카메라 화면으로 보이는 짝의 모습을 자세히 관찰한다.

> 교사: 여러분, 자신의 짝을 모두 확인했나요? 그럼 지금부터 30초 동안 서로 짝을 다정하게 봐주세요~!

2 카메라를 끄고 1~2분 동안 각자의 모습 중 두세 부분을 바꾸도록 한다 (예: 손 목시계 거꾸로 차기, 다른 색의 안경테 쓰기, 앞머리 가르마 방향 바꾸기, 주먹 쥐기 등).

> 교사: 자, 이제 카메라를 끄고 2분 동안 자신의 모습을 2~3군데 변화를 줍니다. 너무 티가 나면 금방 알아맞힐 수 있겠죠? 너무 어렵게 내도 재미가 없습니다. 난이도를 각자 조절하여 자신을 변장시킵니다.

3 2분이 지나면 동시에 카메라를 켜고 짝꿍의 달라진 점을 30초간 찾도록 한다. 동시에 마이크로 말하면 어수선해지므로 아는 사람은 손을 들고 말하거나 채 팅방에 답을 아는 사람은 올리도록 한다.

> 교사: 자, 준비됐나요? 선생님이 하나, 둘, 셋! 하면 카메라를 켜주세요. 달라진 부분을 찾 아낸 사람은 채팅방에 정답을 올립니다.

4 학생들은 서로 자신의 짝꿍을 다시 관찰하면서 바뀐 부분을 찾아내고 찾았으 면 채팅방에 올린다. 채팅방에 짝보다 먼저 답을 올린 학생(알아맞힌 학생)이 이 긴다.

5 바뀐 3가지를 다 맞힌 학생은 친구에게 관심이 많고 관찰력이 좋은 친구라고 칭찬해주고 이어서 짝을 바꿔 다시 진행한다.

▷ **배움을 확장하는 수업놀이 아이디어**

처음에 시작할 때 교사가 먼저 시범을 보인 후, 학생들이 먼저 교사의 바뀐 모습 3가지 를 알아맞히게 하고 시작하면 한층 더 호기심과 흥미를 불러일으킨다. 짝꿍의 바뀐 3가 지를 다 맞힌 학생뿐만 아니라 기발하게 자신의 모습을 바꾼 친구가 있으면 발표하게 하여 더 많은 학생이 칭찬을 받을 수 있는 기회를 제공한다.

저학년　중학년　고학년　전학년

릴레이 스피드 박수치기

⌕ **놀 이 역 량** 협동심, 순발력, 주의집중

⌕ **놀 이 방 식** 화상캠 수업놀이

⌕ **준 비 물** 모둠별 화상방, 타이머, 놀이 설명자료(PPT 또는 안내자료)

놀이 소개

팀별로 박수 전달하기를 하여 최소기록 등의 다양한 미션을 수행하는 놀이이다. 자기 차례에 맞게 끊기지 않고 박수치는 과정에서 협동심, 친교 친화, 단합심을 이끌어내기에 좋다.

놀이를 시작하기 전에

▶ 1번: 김대현　▶ 11번: 이루리　▶ 21번: 홍아빈
▶ 2번: 김동혜　▶ 12번: 이성우　▶ 22번: 알리온
▶ 3번: 김재희　▶ 13번: 이호준　▶ 23번: 김태양
▶ 4번: 김진욱　▶ 14번: 임주혜　▶ 24번: 김권우
▶ 5번: 박서연　▶ 15번: 성유경
▶ 6번: 박채린　▶ 16번: 최희윤
▶ 7번: 박정빈　▶ 17번: 전혜황
▶ 8번: 심은성　▶ 18번: 조예겸
▶ 9번: 오태요　▶ 19번: 한지윤
▶ 10번: 이도현　▶ 20번: 허유진

출석번호 순으로 전체가 한 명씩 박수를 쳐서 우리 반 전체가 박수 치는 데 걸리는 시간을 잰다.

교사: 화면에 보이는 것은 우리 반 출석 번호 순입니다. 번호 순서대로 박수를 한 번씩 쳐볼까요?

학생: (화면에 보이는 출석번호 순으로 자기 차례가 되면 박수를 친다)

교사: (타이머로 시간을 잰 후) 총 3분 47초 걸렸습니다!

1 8명씩 3개팀 정도로 팀을 구성하여 안내한다. 자기가 어느 팀 몇 번째인지 화면으로 확인한다.

2 팀별로 박수 전달하기를 하여 한 바퀴 최소 기록 세우기를 한다. 최소 기록을 세운 모둠이 승리한다. 팀별로 의논하여 자신들이 정한 순서대로 한 사람씩 돌아가면서 박수를 쳐도 좋다. 앞 친구가 박수를 치면 바로 박수를 치는 방식으로 한 바퀴를 도는데, 가장 짧은 시간 내로 박수를 치는 모둠이 승리한다.

3 가장 짧은 시간에 돌아가며 박수를 친 팀이 승리한다.

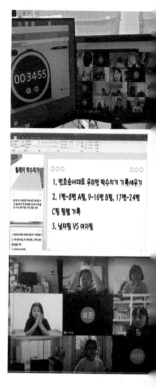

▶ 배움을 확장하는 수업놀이 아이디어

박수 전달 목표시간을 정해놓고 박수 쳐서 정해진 시간에 제일 근접한 모둠이 승리하는 것으로 응용할 수도 있다.

예: 특정시간(10초, 20초, 30초) 등 시간을 정해놓고 정해진 시간에 맞게 박수를 쳐서 시간에 맞추기

화상 연결이 끊기거나 원활하지 않은 경우 팀별로 화상 회의방을 만들어 각각 자기 팀원들만 모인 방에서 연습하고 기록을 잰 후 전체 화상방에서 기록을 비교해도 좋다. 우리 반 박수치기 기록 세우기 도전으로 마무리하며 경쟁 활동에서 반 전체의 단합을 키우는 협동 활동으로 마무리해도 좋을 것이다.

저학년　중학년　고학년　진학년

너의 이름은

- ☞ 놀 이 역 량　친밀감, 기억력, 주의집중, 순발력
- ☞ 놀 이 방 식　화상캠 수업놀이
- ☞ 준 비 물　학생 얼굴 사진 파일(PPT)

놀이 소개

학기 초 친구들의 이름을 외우며 친구들과 친밀감을 쌓을 때 좋은 놀이이다. 화면 속에 자신의 얼굴이 깜짝 등장할 때마다 그리고 친구들이 자신의 이름을 맞힐 때마다 행복감을 느낄 수 있다. 상대방보다 먼저 친구의 얼굴을 보고 이름을 맞혀야 하고, 또 언제 등장할지 모르는 친구들의 사진을 집중해서 기다리고 있다가 맞혀야 하기 때문에 두근두근 긴장감을 느낄 수 있다.

놀이를 시작하기 전에

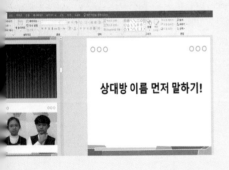

학기 초에 미리 학생들 얼굴 사진을 개인별로 찍어놓는다. 그리고 학생들의 얼굴 사진이 남녀 각각 1명씩 매칭된 PPT 파일을 만든다. 매칭된 얼굴 사진 슬라이드 앞쪽에는 커튼 그림을 삽입해놓는다. 각 팀에서 한 명씩 매칭된 학생들의 얼굴 사진 파일이 담긴 PPT 자료를 구글미트 발표자료로 화면공유한다.

1 A팀, B팀 두 팀(또는 남자팀과 여자팀)으로 나눈다.

2 전체 다 같이 음악에 맞춰 노래를 부른다. 또는 커튼을 배경으로 하는 PPT 슬라이드에 긴장감이 감도는 배경음악을 삽입한다.

3 음악이 멈추면 교사는 PPT 화면을 클릭하여 매칭된 학생 사진을 발표자료 화면에 띄운다.

4 자기 얼굴이 나온 사람만 말할 수 있다. 예를 들어 A팀에 김부설 학생과 B팀에 김부순 학생의 얼굴이 나왔다면 김부설, 김부순 두 학생들만 참여할 수 있다. 김부설과 김부순 두 학생은 서로 상대방의 이름을 먼저 외치면 승리한다. 당일 결석한 학생들이 있다면 같은 팀에 속한 학생 중 아무나 결석한 학생을 대신하여 말해주어도 좋다고 미리 말해주어, 중간에 게임의 흐름이 끊기지 않도록 한다. 띄워진 화면(상대팀 학생 사진)을 보고 친구의 이름을 먼저 말하는 학생이 승리!

5 같은 방식으로 반복한다.

▶ **배움을 확장하는 수업놀이 아이디어**

저학년의 경우 학기초 짝꿍 얼굴 그리기 또는 내 얼굴 그리고 자기 소개하기 등의 활동을 한 후 그린 그림과 자기소개 글을 교실에 게시한다. 게시한 그림을 교사가 사진을 찍어 그 사진을 활용해도 좋다.

고통의 숫자

  📌 **놀 이 역 량**   표현력, 친화력, 창의력

  📌 **놀 이 방 식**   화상캠 수업놀이

  📌 **준 비 물**   놀이 설명자료(PPT 또는 안내자료), 번호뽑기 도구

놀이 소개

자기 마음속으로 정한 숫자가 나왔을 때 카메라 앞에서 쓰러지는 연기를 하며 사라진다. 이때 술래는 빨리 이름을 불러주어 쓰러지는 학생들을 구해주는 액션 게임이다. 교육연극의 일종으로 표현력을 높이고, 친교 및 친화에 좋다.

놀이를 시작하기 전에

먼저 전체 참가자들에게 1~5까지의 숫자 중 하나를 마음속으로 정하도록 한다. 학생들에게 카메라 각도를 자신의 상반신이 보일 수 있도록 조절하라고 말한다. 학생들이 마음속으로 숫자를 다 정했다고 하면, 교사가 번호 뽑기로 학생을 한 명 뽑는다. 뽑힌 학생은 1부터 5 중 자신이 생각한 숫자를 하나 부른다. 처음에 각자 마음속으로 해당하는 숫자를 정했던 사람은 쓰러지며 죽는 제스쳐를 취한다.

뽑힌 학생: 1!

처음에 마음속으로 1을 정했던 학생들: (쓰러지며 죽는 표정을 하며 서서히 카메라 앞에서 사라진다)

1 이때 화면으로 쓰러지는 사람의 몸이 카메라 화면상에서 보이지 않게 되기 전 그 친구의 이름을 부르면 죽지 않고 살게 된다. 구한 사람의 수만큼 점수를 얻는다. 5명이 쓰러지는데, 3명의 이름만 불러 구했으면 30점을 얻는다.

▲ 술래가 숫자(1번이요!)를 말하는 모습

2 이름이 불리지 않아서 구해주지 않아 죽은 사람은 카메라 화면을 끈다.

3 쓰러지는 사람을 도와주려면 어떻게 해야 할까? 다른 사람이 날 잘 돕게 하려면 어떻게 해야 할까? 등에 관해 함께 이야기 나눈다.

> 교사: 쓰러지는 사람은 어떻게 하면 친구들이 나를 구해줄까요?
> 학생들: 표정을 크게 나타냅니다. 최대한 천천히 쓰러집니다.
> 교사: 그럼 쓰러지는 사람을 도와주려면 어떻게 해야 할까요?
> 학생: 화면을 집중해서 관찰합니다. 재빨리 알아차려야 합니다.

▲ 서서히 쓰러지는 학생들

4 함께 이야기 나눈 것을 생각하며 놀이를 다시 반복해본다.

▶ 배움을 확장하는 수업놀이 아이디어

번호뽑기를 하지 않고, 팀별로 1명씩 돌아가며 진행하고 점수를 얻으면 모둠(팀)에게 점수를 부여하는 방식으로 진행할 수도 있다. 쓰러져 사라지는 연기 대신 각자 창의적으로 몸짓을 변형하여 카메라 앞에서 서서히 사라지고 술래는 동작의 변형이 있는 학생들을 관찰하여 찾아내는 활동으로 변형하여 창의적 상상력을 경험해볼 수 있다. 연극놀이 수업과 연계하여 활동한다.

▲ 쓰러져 화면에서 사라진 모습

저학년　중학년　고학년　전학년

내 마음을 맞혀봐

- ☞ 놀 이 역 량　표현력, 추리력, 공감능력
- ☞ 놀 이 방 식　화상캠 수업놀이
- ☞ 준 비 물　감정카드, 놀이 설명자료(PPT 또는 안내자료)

놀이 소개

시나 이야기를 읽고 등장인물의 마음이나 생각을 알아보고, 모둠별로 표정, 몸짓 등 다양한 방식
으로 표현하여 다른 모둠이 그에 해당하는 감정 단어를 알아맞히는 놀이이다. 감정 표현이 익숙치
않고 부끄러워 잘 표현을 못하는 학생들이 있다. 감정을 꽁꽁 숨기기보다 솔직하게 표현하는 방법
을 연습해볼 수 있다. 또한 자신의 감정을 표현하게 되면서 타인의 표정이나 감정에도 민감하게
반응하고 공감 능력을 높일 수 있다.

놀이를 시작하기 전에

조마조마하다	미워하다	놀라다	긴장되다
자랑스럽다	슬프다	설레다	서운하다
기쁘다	억울하다	신나다	황당하다
괴롭다	짜증나다	후회되다	어렵다
만족스럽다	지루하다	외롭다	감동적이다
가엽다	서운하다	홀가분하다	두렵다
어색하다	아쉽다	화나다	무섭다
뿌듯하다	즐겁다	불쌍하다	든든하다
귀찮다	창피하다	통쾌하다	우울하다
편안하다	불쾌하다	미안하다	멋지다

먼저 감정카드를 활용하여 다양한 감정을 나타내는 단어들에 대해
알아본다. 모둠 구성 조직과 회의코드를 안내하고 모둠별 화상방에
모인다. 모둠별로 상의하여 감정카드 단어 중 한 단어를 고른다. 모
둠별로 그 감정을 나타내는 상황극 대본을 꾸민다. 등장인물 한 명
당 짧은 대사를 한 문장씩 만든다. 대사가 불필요하거나 등장인물이
더 이상 필요 없는 경우에는 효과음이나 소품을 맡을 사람을 두어도
좋다.

예: 1모둠: 1111, 2모둠: 2222, 3모둠: 3333, 4모둠: 4444

1 모둠별로 만든 대본으로 상황극을 연습한다. 이때 대사가 너무 길거나 많지 않도록 한다. 만드는 시간은 5~10분 정도 준다.

2 준비가 다 되었으면 다시 전체 화상방으로 모인다. 모둠별로 돌아가며 자기 차례에 자기 대사와 표정, 몸짓 등을 활용하여 상황극을 발표하고 다른 모둠은 대사를 잘 듣고 주인공이나 등장인물의 감정을 나타내는 단어가 무엇인지를 맞힌다.

3 전체방에서 모둠별로 발표할 때에는 모둠원들이 누구누구인지 다른 학생들이 모를 수 있으므로 교사가 모둠원을 차례로 안내해준다. 또는 한 개의 발표 모둠방을 만들어 회의코드를 공유하고 발표 모둠만 모둠방에 들어와 발표한다. 교사는 모둠방을 발표자료 화면공유로 다른 학생들에게 공유한다.

교사: 1모둠 발표하겠습니다. 1모둠은 김○○, 이○○, 최○○, 박○○입니다. 이 4명의 친구들을 화면으로 잘 살펴봐 주세요.

▲ 모둠별 모둠방에 모여
상황극을 꾸미는 모습

4 정답을 맞힌 팀이 없으면 힌트를 준다. 만약 힌트를 듣고도 못 맞힐 경우 초성 힌트 제시어를 준다. 먼저 문제를 낸 팀에게 보너스 점수를 준다고 하여 발표하기를 부끄러워하거나 망설이는 팀이 있으면 독려한다.

초성힌트의 예: 뿌듯하다 ---> ㅃㄷㅎㄷ

5 정답을 맞히면 문제를 낸 팀이 표현을 잘한 것이므로 맞힌 팀과 문제를 낸 팀 모두가 10점씩 받도록 한다. 힌트 문제에서 맞히면 5점, 초성 힌트에서 맞힐 경우 3점을 줄 수 있다. 힌트 문제에서 맞힌 경우 정답을 맞힌 팀만 점수를 받도록 제한을 둘 수 있다.

6 모둠 순서대로 돌아가며 상황극 문제를 내고 맞히기를 한다. 가장 많은 점수를 얻은 팀이 승리한다.

▶ **배움을 확장하는 수업놀이 아이디어**

저학년의 경우 그림책을 활용할 수 있다. 《악어가 온다》, 《걱정 상자》, 《귀신이 온다》 등의 그림책을 읽고 두려움과 용기에 대해 알아보는 시간을 가진다. 두려운 상황에서 우리 몸은 어떻게 반응하지요? 등의 질문을 하며 감정을 표정과 몸짓으로 표현해본 후 다양한 감정에 대해 알아본다. 고학년의 경우 역사 수업에서 역사 속 인물의 상황과 처지를 살펴본 후 인물의 마음 알아맞히기를 활용해볼 수 있다. 정지장면, 핫시팅 등의 교육연극 수업 시간과 연계하여 놀이를 진행해볼 수도 있다.

너도나도 공감 BEST

- ▷ 놀 이 역 량　공감능력, 친화력, 어휘력
- ▷ 놀 이 방 식　화상캠 수업놀이
- ▷ 준 비 물　감정카드, 화이트보드, 마커펜, 놀이 설명자료(PPT 또는 안내자료)

놀이 소개

다른 사람과 내 마음이 얼마나 잘 통하는지 알아보는 놀이이다. 같은 감정이라도 서로가 느끼는 생각이나 경험에 따라 다른 낱말을 쓸 수도 있다. 또 같은 낱말을 쓴 사람들끼리는 감정에 대해 공감하는 부분이 같을 것이다. 손을 든 숫자만큼 공감 점수를 받게 된다. 반면 공감 점수를 가장 적게 받은 사람의 경우도 그만큼 독창적인 생각을 했다는 것에 대해 함께 격려해준다.

놀이를 시작하기 전에

먼저 교사가 감정카드들 중에서 감정을 나타내는 단어를 하나 골라서 제시어로 제시한다.

교사: 선생님이 고른 감정카드는 '슬프다'입니다. '슬프다'라는 낱말과 관련하여 떠오르는 낱말들을 3~5개 적어보세요.

1 교사가 제시한 제시어와 관련하여 연상되는 낱말을 3~5개 적는다.

2 순서대로 돌아가면서 자신이 쓴 낱말을 읽는다. 발표자와 같은 낱말을 쓴 사람들은 손을 든다.

3 나와 똑같은 낱말을 쓴 사람이 5명이면 5점을 받는다. 2명이 같은 내용을 썼다면 2점을 받고, 나만 썼다면 0점을 받는다.

4 다음 차례에서는 앞사람이 이미 말한 낱말을 빼고 말한다. 말할 낱말이 없으면 최종 점수만 말하고 다음 사람으로 넘어간다.

5 서로 점수를 확인해보고 소감을 나눈다.

▶ 배움을 확장하는 수업놀이 아이디어

교실놀이나 친교놀이로 우리 반의 장점 5가지, 가장 기억에 남는 우리 반 추억 5가지 등을 적는다. 돌아가면서 자신이 적은 낱말을 말하고 같은 낱말을 적은 학생은 손을 들어서 공감 점수를 나누는 활동을 할 수도 있다. 공감 점수가 높은 학생은 친구들의 마음을 잘 알고 자신이 하는 말이 큰 공감을 받을 수 있음을 알게 된다. 반대로 공감 점수가 낮은 학생들에게는 친구들과 다른 독창적인 생각을 한 점이 좋다는 격려를 해준다.

슬프다.
1. 눈물(7점)
2. 이별(10점)
3. 싸움(5점)
4. 시험점수(0점)
5. 야단 맞다.(3점)
총점(공감점수): 25점

저학년　중학년　고학년　전학년

계단 박수

- ☞ 놀 이 역 량　집중력, 협동심, 순발력
- ☞ 놀 이 방 식　화상캠 수업놀이
- ☞ 준 비 물　타이머, 놀이 설명자료(PPT 또는 안내자료)

놀이 소개

몸도 풀고 잠도 깨우기! 아이들의 성취감도 상승시키는 놀이!
계단을 올라갔다가 내려오듯이 박수를 쳐 나가는 놀이이다. 말하지 않고 친구들과 눈치껏 리듬감을 흐트러뜨리지 않고 하는 과정에서 재미를 느낄 수 있다.

놀이를 시작하기 전에

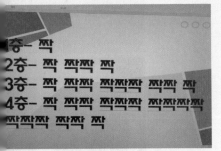

먼저 학생들에게 계단 박수 놀이 방법을 설명한다.

-1층-짝

-2층-짝 짝짝 짝

-3층-짝 짝짝 짝짝짝 짝짝 짝

-4층-짝 짝짝 짝짝짝 짝짝짝짝 짝짝짝 짝짝 짝

1 미리 익힌 계단 박수를 층별로 복습해본다.

교사: 계단 박수 2층 준비!

학생: 얍!

교사: 시~작!

학생: 짝 짝짝 짝!

2 2층~4층 등 학생들이 성공할 수 있는 층수를 제안하며 함께 연습한다.

3 팀을 구성한다. 팀 단위로 층수 미션을 주며 참여시킨다. 팀별 층수는 랜덤뽑기로 정한다.

4 팀 단위 계단 박수 전 준비 자세에 팀 구호나 기합을 넣어 재미를 더할 수 있다.

교사: A팀 7층 박수 시작!

A팀: 팀원이 순서를 정하여 전략을 짜도록 하고, 준비가 되면 시작한다.

▷ **배움을 확장하는 수업놀이 아이디어**

10층 이상은 넘어가지 않도록 한다. 팀 단위 서바이벌 형식으로 진행하면 한층 흥미진진해진다. 팀 대표선수를 선발하여 동시에 진행하면 긴장감으로 쉬운 층도 실수하기도 하면서 웃음을 유발시켜 분위기를 한층 좋게 한다. 미션에 성공한 팀에게는 작은 형태라도 포상을 제공한다.

▲ 모둠방에서 팀별로 박수치는 모습

릴레이 계단 박수

- 🖱 **놀 이 역 량**　주의집중, 협동심, 친화력
- 🖱 **놀 이 방 식**　화상캠 수업놀이
- 🖱 **준 비 물**　타이머, 놀이 설명자료(PPT 또는 안내자료)

놀이 소개

계단 박수는 제시된 숫자만큼 계단식으로 더해가며 박수를 치는 간단한 방식으로 짧은 시간에 주의집중을 이끌어내는 재미있는 놀이이다. 끊기지 않고 자연스럽게 가장 빨리 치는 팀이 이기는 방식이다. 협동심과 친화력, 집중력 등을 기르는 데 좋다.

놀이를 시작하기 전에

교사가 계단박수에 대한 간단한 소개를 한 후 시범을 보인다. 2층, 4층 등 학생들이 성공할 수 있는 박수를 제안하며 층별로 계단 박수를 여러 번 연습을 한다.

교사: 3층을 올라가려면 1층부터 가야겠죠? 그 다음 2층, 3층 그리고 다시 내려오는 겁니다. 2층, 1층 순으로. 지금부터 시작합니다. 3층 올라갑니다. 짝(1층)-짝짝(2층)-짝짝짝(3층)-짝짝(2층)-짝(1층)

자기 번호가 1로 끝나면 1층, 2로 끝나면 2층(11번은 1층, 23번은 3층..) 등으로 박수를 반 전체가 함께 연습한다.

교사: 우리 반 전체 다같이 10층박수 쳐볼까요? 시작!

학급: 1번으로 끝나는 학생들: 짝(1)

　　　2번으로 끝나는 학생들: 짝짝(2)

　　　3번으로 끝나는 학생들: 짝짝짝(3) ....

　　　0번으로 끝나는 학생들: 짝짝짝짝짝짝짝짝짝짝(10)

1 팀별 대항을 한다. 그리드 화면상 첫 번째 줄이 A팀, 두 번째줄이 B팀, 세 번째 줄이 C팀, 네 번째 줄이 D팀이 되어 박수가 중간에 끊기지 않게 리듬에 맞춰 빠른 시간 안에 성공한 팀이 승리한다. 자기 팀에서 자기가 몇 번째로 박수를 쳐야 하는지(자기가 몇 층인지) 헷갈리지 않도록 게임 전에 확인하고 시작한다. 예를 들어 5명씩 네 팀이면

> 교사: A팀부터 하겠습니다. 하기 전에 A팀원 5명 각자 자기 층수를 말해주세요.
> A팀: 김**(1층), 이**(2층), 심**(3층), 박**(4층), 최**(5층)입니다.
> 교사: 그럼 지금부터 선생님이 시간을 재보록 하겠습니다. 준비, 시작!
> A팀: (학생들 순서대로 5층 계단 박수를 친다.)
> 교사: (초시계 확인) 23초 46'걸렸습니다. 다음은 B팀 준비해주세요.

2 끊기지 않고 자연스럽게 가장 빨리 계단 박수를 친 팀이 이긴다.

3 심화활동으로 난도를 높여서 익숙해지면 계단 박수를 칠 때, 특정 층수는 박수를 치지 않고 박수 헛치기 등의 옵션을 더해본다. 특정 층수(짝수층 또는 홀수층) 등은 뛰어넘어 박수치기도 해본다.

> 교사: 자, 지금부터 업그레이드하겠습니다. 짝수 부분에서는 박수를 치지 않고
> 입으로 "짝"이라고 말하면 됩니다.

▲ A팀의 3층 학생이 치는 모습

4 화상수업방을 나갔다 들어오면 그리드(Grid)상의 학생들 위치가 바뀌므로 유의점을 미리 안내한다. 그리드(Grid) 화면을 발표자료 화면공유하여 함께 보며 놀이한다. 만약 그리드(Grid)가 불편하다면 모둠(팀)을 정해주어 모둠원들만 카메라를 켜고 나머지는 모두 카메라를 끈 후에 모둠별 릴레이 박수치기를 해도 좋다.

▶ **배움을 확장하는 수업놀이 아이디어**

학생 수가 많을수록 숫자가 커지므로 계단 층수를 제한한다(10층까지 가면 다시 9층, 8층, 7층...이런 식으로 다시 내려오는 것으로 한다). 계단 박수를 응용하여 특정한 패턴을 가진 박자를 만들어보거나 연극 놀이에서 효과음이나 동작 넣기 등으로 활용할 수 있을 것이다.

저학년 　중학년　 고학년 　전학년

기억하며 말하기

⌕ 놀 이 역 량　주의집중, 기억력, 친화력

⌕ 놀 이 방 식　화상캠 수업놀이

⌕ 준 비 물　놀이 설명자료(PPT 또는 안내자료)

놀이 소개

서로에 대해 알고 싶은 것 중 주제를 정해 반 전체가 이야기 나눈 후 모두가 서로 이야기한 것을 기억해내어 말하면 미션을 완수하는 놀이이다. 나와 친구의 관계를 확인하고, 친구의 생각을 알아봄으로써 친구에 대한 한층 깊은 이해를 도모하는 한편, 주의력과 기억력을 필요로 한다.

놀이를 시작하기 전에

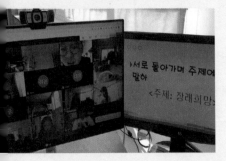

각자 돌아가며 주제에 대해 이야기한 후 친구가 말한 것을 기억하여 돌아가며 한 명씩 다 말하게 되면 성공하는 학급 전체 성공 미션 게임이라고 설명한다. 놀이 과정에서 총 패스 3번, 힌트 3번을 사용할 수 있음을 안내한다. 서로에 대해 알고 싶은 것(예: 별칭, 취미, 생년월일, 결혼하고 싶은 나이, 내가 살고 싶은 나이, 작년 학번, 장래희망, 사는 곳 등)을 말해보게 한다.

교사: 우리 반 친구들에 대해 알아보고 싶은 것이 있나요? 예를 들면 친구의 취미나 주말에 한 일, 장래 희망 등 친구들에 대해 알아보고 싶은 것이나 이야기 나누고 싶은 것이 있다면 이야기해 봅시다.

학생: 친구들의 취미에 대해 알아보고 싶어요.

각자 돌아가며 취미를 소개한다. 친구들이 이야기할 때 경청하고 기억해야 잘할 수 있다고 미리 안내한다. 단, 절대 메모하면 안 되고, 오직 듣고 기억해야 한다고 설명한다. 돌아가며 자신의 취미에 대해 말하기가 끝나면 참가 학생들의 순번이 적힌 PPT를 발표자료 화면으로 띄운다.

1 PPT에 자신의 이름이 나온 학생은 우리 반 친구들의 취미 중 기억나는 취미를 하나 말한다. 예를 들어, PPT에 3. '김부설'이 나왔으면 김부설 학생은 '게임을 좋아하는 김부순'이라고 말한다. 그리고 같은 방식으로 다음 순서로 자기 이름이 PPT에 나온 학생은 자기가 기억한 우리 반 친구 한 명의 취미를 말한다. 단 앞사람이 이야기한 학생의 취미는 제외하고 나오지 않은 나머지 친구들의 취미 중에서 골라야 한다.

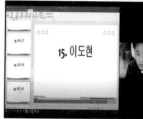

2 PPT에 나오는 이름 순서대로 말하고 앞 사람과 중복하여 말하지 않는다. 예를 들어 아래 PPT 사진의 경우 김진욱→장유경→김태양 학생 순으로 기억한 것을 말하고, 장유경 학생은 김진욱 학생이 말한 것을, 김태양 학생은 김진욱, 장유경 학생이 말한 것을 제외한 나머지 학생들의 취미를 말해야 한다.

3 뒤에 호명된 학생들일수록 앞에서 말한 내용을 제외하고 나머지 학생들의 취미를 기억해서 말해야 하므로 어려울 거라고 말해준다. 그래야 서로 기억하지 못했다고 비난하지 않고, 참여자의 부담감도 낮출 수 있다. 또한 기억이 안날 경우 패스를 3번까지 사용할 수 있고, 더 이상 패스를 못쓰면 힌트 찬스를 쓸 수 있다. 힌트는 지금까지 친구들이 자기의 취미를 한 사람도 말해주지 않은 당사자가 손을 들어 마이크를 끄고 자신의 취미를 입모양으로만 알려주거나, 다른 친구들 중 기억하는 친구가 있다면 해당 학생에게 마이크로 힌트를 설명할 수 있다.

힌트를 주는 학생: 김○○의 취미는 도서관에 가면 우리가 하는 것 있지?

게임 참여자: 아… 책읽기?

게임 참여자: 김○○의 취미는 책읽기입니다.

교사: 성공입니다!

4 우리 반 학생 모두가 패스 3번, 힌트 3번 찬스를 이용하여 모두가 서로의 취미를 기억해내어 말했으면 미션 성공!

▶ 배움을 확장하는 수업놀이 아이디어

맞으면 칭찬, 틀리면 다시 해볼 기회를 주자. 최대한 패스 3번, 힌트 3번의 기회를 이용하여 실패하지 않고 반 전체가 성공 경험을 갖도록 돕는 것이 중요하다. 말하기를 꺼리는 학생들에게는 말할 수 있는 기회, 친구들을 이해할 수 있는 기회, 서로 친해지는 기회가 될 수 있도록 승패보다는 서로 이해하며 놀이할 수 있는 시간이 되도록 교사가 조절하며 운영한다. 학생들은 반 전체가 성공해야 하는 놀이이기 때문에 열심히 친구들이 맞힐 수 있도록 힌트도 주고 도와주는 모습을 보여준다. 또한 친구들이 자신이 말한 것(장래희망, 좋아하는 것…)을 기억해내어 맞혀줄 때 행복감을 느끼고, 맞힌 사람도 뿌듯해하는 등 좋은 학급 분위기를 만들 수 있다.

저학년 중학년 고학년 전학년

브랜드 주제어 게임

- ▷ **놀 이 역 량** 순발력, 주의집중, 어휘력, 기억력
- ▷ **놀 이 방 식** 화상캠 + 앱활용 수업놀이
- ▷ **준 비 물** 주제 카드, 모둠 화상방, 놀이 설명자료(PPT 또는 안내자료)

놀이 소개

모둠 내에서 정한 순서대로 주제에 해당하는 7가지의 키워드를 겹치지 않게 순발력 있게 말하는 놀이이다. 필요에 맞게 지식과 정보를 떠올리는 한편, 자신감 있게 말하는 태도를 길러주는 데 좋은 놀이이다. 예상치 못한 주제어가 나왔을 때, 자신이 하려던 말을 앞사람이 했을 때 순간 당황하며 웃음을 터뜨리기도 한다.

놀이를 시작하기 전에

4명을 하나의 모둠으로 구성한다. 모둠 내에서 모둠원들끼리 게임할 순서를 정한다. 모둠별로 의논해서 순서를 정하라고 해도 좋고 처음에는 먼저 교사가 번호를 정해주고 게임 방법을 익힌 후에 자기들끼리 의논하여 순서를 정하라고 해도 좋다. 모둠별로 제비뽑기를 하여 모둠별 게임 순서를 정하고 먼저 뽑힌 순서대로 시작한다. 게임 시작 전에 교사는 한 개의 게임 참여방을 별도로 만들어놓고, 회의코드를 알려주어 자신의 모둠 차례가 되면 게임 참여방으로 들어오라고 안내한다. 다른 친구들은 발표자료 공유화면으로 게임 참여방을 공유시킨다. 다른 학생들은 게임에 참여하는 학생들을 발표 화면으로 보게 된다.

교사: 모둠뽑기를 하겠습니다. 6-3-1-5-4-2 모둠 순으로 진행하겠습니다. 6모둠 박**, 김**, 김**, 김** 4명의 학생은 다음 수업코드로 들어오세요.

1 게임 시작 전에 각자 자기 순번이 몇 번인지 확인하고 시작한다. 교사가 주제어를 제시하고 게임에 참여하는 모둠원들은 관련된 단어를 순서대로 말한다. 1-2-3-4-3-2-1 순

교사: 1번 손들어보세요. 2번?, 3번?, 4번?. 네. 자기 차례를 다 알았죠?. 선생님이 주제어를 제시하면 1번-2번-3번-4번-3번-2번-1번 순으로 관련된 단어를 순서대로 말하는 것입니다. 시작하겠습니다. 주제어는 '라면'입니다.

2 3초 안에 말하지 못하거나 앞사람이 대답한 것을 다시 이야기하면 실패. 순서를 바꿔서 다시 도전할 수 있다(작전시간). 모둠 내에서 대답할 순서를 정한 후 "도전"이라고 외치고 다시 시작한다.

예: (주제어가 라면일 경우) 신라면-진라면-진짬뽕-오징어짬뽕-안성탕면-육개장-짜파게티

3 모둠에서 정한 순서대로 7가지를 모두 말하면 성공. 게임이 끝나면 놀이에 참여했던 모둠은 게임 참여방에서 나가고, 다음 모둠이 게임 참여방으로 들어와 같은 방식으로 진행한다. 대기 중인 다른 모둠에서 3초를 함께 세어주면 놀이가 더욱 즐거워진다.

▲ 게임에 참여하는 게임 참여방 학생들

▷ 배움을 확장하는 수업놀이 아이디어

게임 시작 전에 학생들이 이해하지 못할 경우 먼저 과일, 라면, 아이스크림의 종류 말해보기 등으로 간단히 연습해본 후 학생들 전체가 이해되면 시작한다. 과일의 종류, 스포츠의 종류, 역사 인물 등 다양한 주제로도 할 수 있다. 만약 수업시간에 활용할 경우 국어 시간에 배운 속담이나 관용표현, 인천의 인물, 인천의 문화유산, 공공기관의 종류, 편견과 차별의 종류 등 교과나 프로젝트학습에서 배운 내용 중 골라서 해볼 수 있다.

예: (인천의 인물일 경우) 비류-강재구-심혁성-이규보-박두성-연개소문-맥아더장군.

▲ 게임에 참여방과 개별 모둠방을 동시에 켜놓고 활동하는 모습

저학년 중학년 고학년 전학년

머리·어깨·무릎·발

🖰 **놀 이 역 량**   주의집중, 친화력

🖰 **놀 이 방 식**   화상캠 수업놀이

🖰 **준 비 물**   놀이 설명자료(PPT 또는 안내자료)

놀이 소개

〈머리·어깨·무릎·발〉 노래와 손동작을 익힌 후에 특정 단어에서는 말을 하지 않고 동작만 취하는 놀이이다. 실수가 발생함과 동시에 함께 깔깔 웃으며 긴장을 완화하고, 감정을 가라앉히는 데 좋은 놀이이다.

놀이를 시작하기 전에

먼저 학생들과 함께 동요 〈머리·어깨·무릎·발·무릎·발〉 노래와 손동작을 확인하며 익힌다.

1 본격적인 놀이 전 연습으로 노래 중간에 있는 가사(단어) 하나는 말을 하지 않고 동작만 하며 부른다.

교사: 어깨 부분에서는 어깨를 말하지 않고 어깨 짚는 동작만 하며 노래를 불러볼까요?

2 특정 부분 가사는 말하지 않고 동작만 하며 노래를 부른다.

교사: 이번에는 머리와 무릎 부분에서 말하지 않고 동작만 하며 노래를 불러볼까요?

3 틀린 사람도 탈락시키지 말고 계속 따라할 수 있게끔 한다.

4 어느 정도 익숙해지고 분위기가 오르면 머리, 어깨, 무릎을 부를 땐 짚지 않고 신나게 자유롭게 몸 흔들기를 하고, 나머지 부분만 가사와 동작을 맞춰 부른다. 아이들이 놀이에 집중할수록 평소 쑥스러움이 많던 아이들도 자연스럽게 춤을 추며 신나게 따라한다. 이 과정에서 긴장감이 풀리며 스트레스 해소에도 좋다.

▶ **배움을 확장하는 수업놀이 아이디어**

많이 알려진 놀이인 것 같지만, 의외로 '머리·어깨·무릎·발' 노래와 동작을 잘 모르는 학생들이 많았다. 천천히 기본 동작과 노래를 어느 정도 연습하고 익숙해진 뒤 시작하며, 혹시 틀려도 허용적인 분위기를 조성해야 한다. 신체활동이 부족해지는 때에 가정에서의 몸풀기 활동으로도 활용 가능하며 손가락을 이용해서 점점 작은 소리로 활동하면 차분한 분위기를 유도할 수도 있다.

예: 머리는 집게손가락, 어깨는 중지, 무릎은 약지, 발은 새끼손가락으로 부르며 손가락이 약지로 갈수록 점점 작게 부른다.

저학년 중학년 고학년 전학년

가라시대 집중

- ▷ **놀 이 역 량** 주의집중, 친밀감
- ▷ **놀 이 방 식** 화상캠 수업놀이
- ▷ **준 비 물** 놀이 설명자료(PPT 또는 안내자료)

놀이 소개

교사가 '가라사대'라는 말을 했을 때만 지시어를 따라하는 놀이이다. 학생들의 집중력을 키우는 데 좋은 놀이이다.

놀이를 시작하기 전에

교사가 '가라사대'라는 말을 했을 때만 따라서 하는 연습을 한다. 예를 들어

교사: 가라사대 오른손 올리세요.

학생들: (오른손 올린다.)

교사: 내리세요.

학생들: (내리지 않고 그대로 있는다.)

1 몇 번 시범 후 활동한다. '가라사대'라는 말이 없으면 따라하지 않는다.

2 진행하는 속도를 조절해가면서 약간 더 혼란스럽게 만든다.

교사: 가라사대 왼손 올리세요. 이제 내리세요. 가라사대 귀 만져 보세요. 손 머리 위로 올리
세요. 가라사대 엎드리세요. 고개 드세요. 천정을 바라보세요. 가라사대 손머리 하세
요. 손 내리세요. 가라사대 주먹 쥐세요. 가라사대 주먹 펴세요.

3 난도를 높여 2~3문장을 연결하여 말하면 더 쉽게 걸린다.

교사: 가라사대 오른손 올리세요. 수고했습니다. 이제 내리세요. 등.

4 탈락한 학생은 잠시 자신의 카메라는 꺼둔 채 남은 학생들이 잘 하는지 지켜
보자고 한다. 최후에 남은 학생은 '가라사대 왕'이 된다.

▷ 배움을 확장하는 수업놀이 아이디어

영어 시간 신체표현을 배운 후 영어 놀이 〈사이먼 세이즈(SIMON SAYS)〉로 진행해
볼 수도 있다. SIMON SAYS… 를 붙이고 이야기 하는 경우에는 하라는 대로 하면 된
다. SIMON SAYS… 를 붙이지 않고 그냥 이야기하는 경우에는 동작을 하면 안 된
다. "SIMON SAYS TOUCH YOUR NOSE."(사이먼이 말하길, 코에 손을 대세요.) "TOUCH
YOUR NOSE."(코에 손을 대면 실패) 일반 수업에서 모두가 알아야 할 중요한 내용을 말하
기 전에 경청할 수 있게 가라사대 집중놀이를 응용하여 활용할 수 있다.

교사: 가라사대 집중하세요~ 여기를 보세요.

▲ 살아남은 학생(카메라 온)과
탈락한 학생(카메라 오프)

저학년 중학년 고학년 전학년

집어! 빼!

- ☞ **놀 이 역 량**   주의집중, 판단력, 민첩성
- ☞ **놀 이 방 식**   화상캠 수업놀이
- ☞ **준 비 물**   놀이 설명자료(PPT 또는 안내자료), 주변 사물(손으로 집을 수 있는 물건)

놀이 소개

헷갈리는 단어를 사용하여 물건을 집을지 말지 집중하게 하는 놀이이다. 지시어를 집중해서 잘 듣고 재빨리 물건을 집거나 내려놓아야 하기 때문에 판단력과 민첩성 등도 키울 수 있는 놀이이다.

놀이를 시작하기 전에

집어! 빼!

먼저 각자 자신의 앞에 집을 물건을 준비한다(지우개, 연필 등). 자신의 책상 위에 놓은 물건과 상반신이 잘 보이게끔 각자 카메라의 각도를 조절한다.

교사: 책상 위에 집을 수 있는 물건 지우개나 연필 등 아무거나 하나 준비해주세요.

1 교사가 "집어!"라는 말을 할 때만 물건을 집을 수 있다. 물건은 가위나 뾰족하고 날카로운 물건은 사용하지 않도록 미리 안내한다.

> 교사: 선생님이 '집어'라는 말을 할 때만 물건을 집을 수 있습니다. 순식간에 집어서 카메라 앞에 보여주어야 합니다. 만약 '집어'라고 했는데 물건을 집어 보여주지 않으면 탈락이고, 집지 말아야 하는 상황에서 집어도 탈락입니다. 탈락한 사람은 카메라를 꺼주기 바랍니다. 준비, 시작하겠습니다.

2 '집어! / 집지마! / 집중! / 집에가! / 집었니? / 집자!' 처럼 발음이 헷갈리는 단어를 사용하여 물건을 집을지 말지 집중하도록 만들면 더 재미있다.

3 이번엔 빼! 빼지마! 놀이로 이어서 한다.

4 카메라 앞에 집은 물건이 보이도록 자세를 취한다.

> 교사: 이번에는 빼! 빼지마! 놀이입니다. 먼저 카메라 앞에 집은 물건을 보이도록 자세를 취해주세요. 선생님이 '빼'라고 하면 집은 물건을 카메라에서 안 보이게 빼주면 되고, '빼지마'라고 하면 그대로 있으면 됩니다. 준비, 시작하겠습니다.

5 교사가 빼! 라는 말을 하면 카메라에서 집은 물건이 안 보이도록 뺀다.

6 "빼! / 빼지마! / 빼빼로! / 빼앗어! / 빼기!"와 같이 헷갈리는 단어를 사용하여 주먹을 뺄지 안 뺄지 집중하여 참여하도록 한다.

▶ **배움을 확장하는 수업놀이 아이디어**

교실 대면 놀이에서는 모둠에서 가운데 물건을 두고 먼저 집는 사람부터 한 명씩 제외되고 마지막 남은 사람이 술래가 된다. 모두 손은 무릎 위에 올려두고 시작한다. 먼저 집는 사람은 먼저 집에 가기 등의 깜짝 이벤트를 추가하면 훨씬 열렬한 참여를 이끌어낼수 있다. 단, 날카롭거나 뾰족한 물건(가위나 칼) 등 다칠 위험이 있는 물건은 집지 않도록 미리 안내한다.

저학년 중학년 고학년 전학년

친구 이름 빙고 놀이

▷ **놀 이 역 량** 주의집중, 공동체, 친밀감
▷ **놀 이 방 식** 화상캠 수업놀이
▷ **준 비 물** A4 용지 또는 빙고판, 펜, 놀이 설명자료(PPT 또는 안내자료)

놀이 소개

학기 초 친구들의 이름을 빨리 익히는 데 도움을 줄 수 있다. 일종의 변형된 빙고 놀이로 자신의
이름이 불려도 좋고, 안 불려도 좋은 게임이다. 평소 조용하고 눈에 띄지 않던 친구들에게 오히려
힘을 줄 수 있는 놀이이다.

놀이를 시작하기 전에

먼저 A4용지를 접어 16칸 빙고판을 만들거나 각자 개인 빙고판에
자기 이름 포함하여 16명의 이름 적는다(4*4 빙고판).

1 다 적으면 교사가 먼저 제비뽑기로 한 학생을 뽑고 그 학생의 이름을 부른 후 그 이름을 적은 사람은 손을 들게 한다.

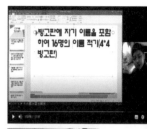

2 손을 든 숫자만큼 "100점 – (손든 사람 수×10)"으로 점수 계산하여 점수를 친구 이름 밑에 적고 지워나간다.

3 이름이 불린 사람이 이어 다른 이름을 부르고 점수 적기를 반복한다.

4 빙고 형식으로 4줄 빙고(줄 수는 변경 가능)를 외친 사람은 추가점수(상황에 맞게 부여)를 부여한다. 아무도 부르지 않은 이름에 대해서도 이름별 추가점수를 준다.

5 점수를 가장 많이 받은 사람이 이긴다.

▶ 배움을 확장하는 수업놀이 아이디어

수업시간에 이름 대신 배운 내용을 정리할 때 키워드 적기 활동으로 응용해볼 수 있다. 이때는 점수 계산은 손든 사람 수×10으로 하면 된다.

저학년　중학년　고학년　전학년

눈치코치 숫자세기

- ▷ 놀 이 역 량　친밀감, 배려심, 협동심
- ▷ 놀 이 방 식　화상캠 수업놀이
- ▷ 준 비 물　놀이 설명자료(PPT 또는 안내자료)

놀이 소개

모둠에서 서로 눈치를 보면서 여러 사람이 동시에 외치지 않고 차례대로 돌아가며 한 명씩 번호를 말하면 성공하는 놀이이다. 서로 눈치를 보며 미션을 수행하는 동안 친밀감, 배려심, 협동심이 자라고, 학생들의 적극성 정도를 파악해볼 수 있다. 동시에 친구와 함께 외치는 순간 단순하지만 큰 웃음을 터뜨릴 수 있는 놀이이다.

놀이를 시작하기 전에

PPT로 모둠(팀) 구성 명단을 공개한다. 모둠을 화상에서 학생들끼리 알아서 정하라고 하면 시간이 너무 오래 걸릴 수 있다. 따라서 랜덤 뽑기나 다양한 모둠 구성의 방법을 활용하여 게임마다 모둠을 조직해주는 것이 좋다.

1 한 모둠 8~10명 정도로 구성하고 게임을 시작하기에 앞서 학생들이 참여할 준비가 되었는지, 게임 방법을 다 이해했는지 확인하고 시작한다. 참가자들만 마이크를 켜고 나머지는 모두 마이크를 끈다.

> 교사: 그럼 3모둠 시작하겠습니다. 먼저 3모둠 참가자 호명하겠습니다. 한○○, 박○○, 손○○, 김○○, 이○○, 최○○, 권○○. 그럼 준비됐나요? 준비된 사람은 마이크를 켜주세요. 참여하지 않는 다른 사람들은 마이크를 모두 꺼주세요.

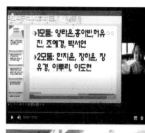

2 선생님이 '시작!'하면 손을 들며(카메라에 보이게) 1부터 현재 인원수까지 차례대로 외친다(인원수×배수로 부르는 것도 가능!). 예를 들면 8명 참여일 경우 1부터 16번까지 동시에 외치지 않고 차례대로 부르면 성공!

3 동시에 말하면 실패한다. 끝까지 이어지면 성공! 또는 마지막에 남은 사람을 술래로 정하는 것으로 한다. 마지막에 남은 사람을 술래로 정한다고 하면 서로 머뭇거리거나 말을 안 하고 가만히 있는 학생을 줄일 수 있다.

▶ **배움을 확장하는 수업놀이 아이디어**

실패할 경우 벌칙 뽑기를 만들고(단, 벌칙은 부정적인 내용이 아닌 웃음을 줄 수 있는 내용 또는 긍정적인 행동을 포함하는 것으로 정함), 랜덤 벌칙 뽑기 수행하기로 하면 재미를 줄 수 있다.

저학년 | 중학년 | 고학년 | 전학년

계란 한 판

- ☞ **놀 이 역 량**   자아효능감, 집중력, 친밀감
- ☞ **놀 이 방 식**   화상캠 수업놀이
- ☞ **준 비 물**   계란판, 탁구공 5개, 타이머, 놀이 설명자료(PPT 또는 안내자료)

놀이 소개

계란판과 탁구공 5개로 하는 놀이이다. 탁구공을 공중에 띄워 계란판 첫 줄에서 끝줄로 5개를 모두 옮기는 놀이이다. 자신의 숨은 잠재력을 발견하여 자아효능감을 높여준다.

놀이를 시작하기 전에

먼저 아이들과 놀이에 관해 나누고 싶은 이야기를 하며 워밍업을 한다.

교사: 여러분, 계란 한 판이 몇 개인 줄 아세요?

학생: 10개요. (또는 15개요, 40개요 등등)

교사: (계란판을 보여주며) 선생님 손에 들고 있는 게 계란판인데요. 예: 5*6=30개입니다. 이번 시간에는 계란 한 판 놀이를 해보겠습니다.

학생들에게 계란판을 보여주며 5개가 있는 줄에 탁구공 5개를 놓는다.

교사: 선생님이 계란판에 탁구공을 올려놓았어요.

계란판의 첫 줄에서 마지막 줄까지 탁구공을 옮기는 놀이임을 설명한다. 탁구공에 손을 대면 절대로 안 되고 키로 콩을 까불리 듯 계란판에 있는 탁구공을 공중에 띄워 계란판 첫 줄에서 자신의 몸쪽 줄로 옮기는 시범을 보인다.

교사: 맨 윗줄에 있는 탁구공 5개를 자기 몸쪽에 있는 라인으로 옮기는 겁니다. 선생님이 한번 해볼게요. 자, 보세요(탁구공을 까불려 이동시키는 시범 보여주기). 이렇게 하면 미션 성공입니다. 키로 콩을 까불리듯 계란판에 있는 탁구공을 공중에 띄워 계란판 첫 줄에서 자신의 몸쪽 줄로 옮기면 되는 놀이죠. 주의! 탁구공에 손을 대면 안 됩니다. 까불리다가 탁구공이 바닥에 떨어지면 비어 있는 줄의 맨 앞에 놓고 다시 까불려 마지막 줄까지 옮기면 돼요. 또 한 줄씩 옮기지 않고 한 번에 여러 줄을 옮겨도 됩니다. 마지막 줄까지 탁구공을 옮기는 것을 목표로 하겠습니다.

1 까불리다가 탁구공이 바닥에 떨어지면 떨어진 탁구공은 첫 줄에 놓고 다시 까불려야 한다. 한 줄씩 옮기지 않고 한 번에 여러 줄을 옮겨도 된다.

2 모둠별로 연습을 시작한다. 모둠 친구들이 돌아가며 연습하게 하고, 모둠원끼리 순서를 정한다. 연습할 때 친구가 끝까지 완성할 수 있도록 지켜보라고 일러준다.

> 교사: 지금부터 모둠별 화상방에 모여 연습을 하고, 누가 먼저 1번 주자로 할 것인지, 마지막 주자는 누가 할 것인지 모둠원끼리 순서를 정해두세요. 릴레이 경기를 해볼게요. 모둠별 화상방에서 연습하다가 10분 뒤에 전체방으로 모이겠습니다.

3 교사는 모둠별로 학생들이 연습하는 화상방에 들어가 학생들의 연습 과정을 지켜보면서 선생님한테 질문하고 싶은 것이 있는지 물어본다.

> 교사: 혹시 연습 과정에서 선생님한테 질문하고 싶은 것이 있나요?
> 학생: 선생님, 탁구공이 떨어지면 탁구공을 어디에 놓는 거예요?
> 교사: 탁구공이 없는 선의 맨 윗줄에 놓고 마지막 선까지 이동합니다.

4 모둠별 연습이 끝난 뒤 전체 화상방에 모인다. 모둠 릴레이 놀이를 하면서 교사는 학생들의 기록을 타이머로 잰다. 놀이를 마친 후 소감을 나누고 학생들을 격려한다.

> 교사: 모둠원 1번이 다 끝나면 '성공!'이라고 외치고 2번이 시작, 2번이 끝나면 2번도 '성공!'이라고 외치고 3번, 4번까지 릴레이로 한다음 마지막 4번 주자는 끝나면 '계란 한판!'이라고 외쳐주세요. 지금부터 모둠별 기록재기를 해보겠습니다. 끝까지 최선을 다해준 ○○ 친구가 참 잘한 것 같아요.

▷ 배움을 확장하는 수업놀이 아이디어

목표 시간을 정해놓고 그 시간에 가장 가깝게 끝난 팀이 이기는 것으로 변형하여 진행해도 좋다. 먼저 전체 수업방에서 기록 재기를 하며, 연습을 한 후 모둠방에 모여 모둠 대항으로 해도 좋다. 대면수업 때 교실에서 여러 번 해본다면 화상수업 때 훨씬 더 수월하게 진행할 수 있다. 모둠 대항이 어려운 경우 전체 수업방에서 각자 기록 재기를 한 후 특정 시간에 가장 근접한 사람(정확이), 제일 빨리 미션 완수한 사람(날쌘이) 등 다양한 왕을 뽑아도 좋다.

저학년　중학년　고학년　전학년

스피드 컵 쌓기

　🖰　**놀 이 역 량**　주의집중, 협동심, 자아효능감
　🖰　**놀 이 방 식**　화상캠 수업놀이
　🖰　**준 비 물**　스피드컵, 타이머, 놀이 설명자료(PPT 또는 안내자료)

놀이 소개

스피드스택스 12개의 컵을 다양한 방법으로 쌓고 내리면서 시간을 겨루는 놀이이다. 성공하기 위해 집중하는 과정에서 고도의 집중력과 협동심을 이끌어내는 동시에 성취감도 느끼게 해주어 자존감 향상에 좋다. 지나친 경쟁을 피하고 성취감, 모둠 협력을 이끄는 방향으로 놀이를 실천해본다.

놀이를 시작하기 전에

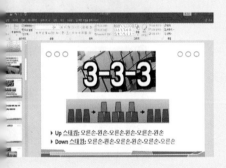

먼저 스피드 컵쌓기의 기본 원칙을 익히도록 한다. 3-3-3, 3-6-3, 사이클 등 다양한 방법들을 알아본다. 먼저 3-3-3부터 시작한다. 놀이 방법을 알아보고, 선생님의 시범을 본 후, 각자 해보기의 방법으로 차근차근 진행한다.

- 왼쪽에 있는 스택스부터 조작 후 오른쪽으로
- 오른손-왼손-오른손-왼손 번갈아가면서
- Up스태킹→Down 스태킹

1 정해진 시간(타이머)을 주고 연습한다. 3-6-3, 사이클도 같은 방법으로 연습한다. 아이들 수준에 따라 너무 어려워하면 3-3-3, 3-6-3까지만 반복한다.

2 모둠별로 모둠방에 모인다. 모둠방에서 이끔이가 "준비, 시작!" 하여 제일 스피드가 빠른 사람(모둠 대표)을 뽑는다.

3 전체 수업방에서 모둠 릴레이 방식으로 진행한다. 모둠 1번부터 4번까지 릴레이로 하여 최종 끝난 시간으로 순위를 정한다. 예를 들어 교사가 "준비, 시작!" 함과 동시에 타이머를 재고 학생들은 모둠 1번부터 3-3-3을 완료한다. 1번이 완료하면 "끝!"이라고 외치면 다음 2번이 3-3-3을 완료한다. 2번이 완료 후 "끝!"이라고 외치고 다음 3번이 완료, 마지막 4번은 완료 후 "끝!"이라고 외치면 경기는 끝나고, 최종 종료 시점의 시간을 잰다. 가장 빨리 끝난 모둠을 뽑는다. 화상이라 아이들이 자기 차례가 오는 걸 몰라서 시작을 못할 때가 있으므로 교사가 1번 ○○○ 시작하세요! 2번 ○○○ 시작하세요! 라고 중간에 말해주도록 한다.

4 이번엔 모둠 대표(모둠에서 가장 빠른 사람)끼리 시작한다. 다른 학생들은 우리 모둠의 대표 학생이 잘할 수 있도록 응원한다.

5 모둠 대항을 생략하고 개인 기록 재기, 정해진 시간(예: 30초에 도전하기)을 주고 그 시간 안에 미션 완료한 사람 수를 세어 통과된 사람이 많은 팀이 이기는 것으로 경기 규칙을 바꿔도 좋다. 예를 들어 1모둠에 속한 사람 중 통과된 사람이 3명이고, 2모둠에 속한 사람 중 통과된 사람이 1명이고, 3모둠에 속한 사람 중 통과된 사람이 5명이라면 3모둠 승리.

▶ 배움을 확장하는 수업놀이 아이디어

컵 쌓기가 익숙해지면 음악에 맞추어 컵으로 하는 난타, 즉 컵타를 해볼 수 있다. 다양한 컵타 놀이는 유튜브 등 동영상을 참고할 수 있다. 누가누가 컵을 높이 쌓을지 컵 쌓기 대결을 해보는 것도 색다른 재미를 줄 수 있다. 학년이 낮을수록 컵쌓기를 어려워하거나 잘 안되는 학생들은 쉽게 포기하거나 짜증을 내기도 한다. 차근차근 단계적으로 설명하고 연습하여 충분히 모두가 컵 쌓기가 익숙해졌을 때 놀이나 게임식으로 진행하는 것이 좋다.

저학년　중학년　고학년　전학년

진진가 모둠 대결

☞ 놀 이 역 량　주의집중, 추리력, 창의력

☞ 놀 이 방 식　화상캠 수업놀이

☞ 준 비 물　놀이 설명자료(PPT 또는 안내자료), 화이트보드, 보드마커

놀이 소개

상대방이 하는 말 중에서 거짓말을 찾는 놀이이다. 거짓말을 찾기 위해서는 잘 듣고 추리를 해야 하는 활동이다. 학기 초 서로를 알아가기 위해, 친구에 대한 이해를 돕기 위해 하는 친교 친화 놀이 활동으로 좋다.

놀이를 시작하기 전에

모둠 구성 조직을 안내한다. 모둠은 나중에 모둠원의 점수를 합쳐 승부를 가르기 위한 것임을 안내한다(예: 3모둠에서 김부설(15점), 김부순(10점), 홍길동(5점), 성춘향(5점)를 받았다면 3모둠의 점수는 35점). 먼저 '나에 대한 진실과 거짓', '방학 중에 한 일과 하지 못한 일' 등 각자 주제에 맞게 진짜 문장 3개와 가짜 문장 1개를 만든다.

〈나에 대한 진실과 거짓〉

1. 나는 학원에 다닌다.

2. 나는 동생이 2명이 있다.

3. 나는 그림그리기를 좋아한다.

4. 내 생일은 7월 3일이다.

1 무작위로 번호뽑기를 하여 뽑힌 사람이 자기가 만든 문제를 낸다. 문제를 낼 때는 마이크를 켜고 이야기한 후 쓴 것을 카메라에 보이도록 해야 한다. 그래야 맞히는 학생들이 못 듣거나 기억이 안 나 정답을 쓰지 못하는 일이 없다. 화이트보드에 문제를 적지 못하고 마이크로만 말하는 학생이 있으면 교사가 발표자료 공유화면에 PPT를 켜고 대신 써줘도 좋다.

2 나머지 사람들은 문제를 잘 듣고 거짓에 해당하는 문장을 각자 화이트보드에 쓴다.

3 교사가 '하나둘셋' 하면 동시에 화이트보드를 든다. 손가락으로 표시해도 된다. 늦게 들면 오답 처리함을 미리 안내한다. 맞히면 1점을 얻고, 틀리면 1점을 감점한다.

4 자신의 점수를 채팅방에 올린다. 모둠원끼리 모여 자신이 얻은 점수를 더하고 제일 많은 점수를 얻은 모둠이 이긴다.

▶ **배움을 확장하는 수업놀이 아이디어**

독서활동 후 읽은 책의 내용 중에서 문제를 만들어 진진가 놀이로 응용할 수 있다. 수업 시간에 단원이나 프로젝트에서 배운 내용으로 문제를 만들어 수업놀이로 응용할 수도 있다. 틀렸다고 해도 왜 틀렸는지 찾아보는 과정에서 학습 효과를 높일 수 있다. 또한 문제를 만드는 과정에서 메타인지를 키울 수도 있다.

가위바위보 축구

- ▷ 놀 이 역 량   협동심, 친화력
- ▷ 놀 이 방 식   화상캠 수업놀이
- ▷ 준 비 물   놀이 설명자료(PPT 또는 안내자료), 가위바위보 그림이 각각 그려진 카드

놀이 소개

공격팀 중 한 명이 수비팀 중 한 명을 골라 '가위바위보'를 해서 이기면 다른 수비팀과 다시 '가위바위보'를 하고, 마지막에 골키퍼와 만나 '가위바위보'를 해서 이기면 점수를 얻는 놀이이다. 운동에 재능이 없는 친구도 쉽고 재미있게 축구를 즐길 수 있다. 특히 자신의 얼굴 사진이 축구장에서 이리저리 옮겨다니는 것을 보며 즐거워하는 학생들의 모습을 볼 수 있다.

놀이를 시작하기 전에

먼저 전체를 두 팀으로 나누고, 다시 공격과 수비로 나눈다. 각 팀원은 선수 번호(넘버)를 부여한다. 출석번호 또는, 희망하는 번호가 있는 학생은 자신이 원하는 번호로 한다. 화이트보드에 미리 경기장을 그려 준비해놓고, 팀에 따라 학생들 얼굴과 이름이 적힌 그림을 경기장에 배치시킨다. 먼저 교사가 임의로 정렬해놓고 팀원에서 상의할 시간을 준 후 위치를 바꿔 달라는 요청이 있으면 바꿔준다. 팀 인원수에 따라 수비 단계를 나누어 배치할 수 있다. 공격팀 중 한 명이 첫 번째 줄에 있는 수비팀 한 명과 가위바위보를 하여 승부를 낸다.

1 가위바위보 상대자는 공격자가 정한다. 지면 다시 수비 위치로 가고 수비 위치에 있던 한 명이 나와 같은 방법으로 계속한다. 이기면 두 번째 줄에 있는 수비팀 한 명을 지명하여 그 사람과 가위바위보를 하고, 역시 지면 자기 자리로, 이기면 세 번째 줄 수비팀 한 명을 지명하여 그 사람과 가위바위보를 한다.

2 교사는 PPT로 경기장과 선수 얼굴사진을 띄워놓고 해당 학생의 움직임을 마우스로 움직이며 실제로 경기하는 것처럼 사진 위치를 이동시킨다.

> 교사: 남자팀 첫 번째 줄에 있는 선수 중 1번 선수 김○○ 학생 상대팀 첫 번째 줄에 있는 선수 중 한 명을 선택해주세요.
>
> 김○○: 이○○과 하겠습니다.
>
> 교사: 김○○, 이○○학생은 하나둘셋 하면 동시에 카메라에 보이게 가위바위보를 해주세요. 하나둘셋!
>
> 김○○, 이○○: (서로 카메라를 향하여 가위바위보를 한다.)
>
> 교사: 김○○ 이 이겼으므로 두 번째 줄에 있는 4명의 선수 중 한 명을 선택해주세요(이○○이 이겼으므로 김○○은 원래 자리로 돌아가고) 이○○ 나와서 상대팀 첫 번째 줄에 있는 선수 중 한 명을 선택해주세요.

3 세 번째 수비팀 한 명과 가위바위보를 해서 이긴 경우(연속 3번) 골키퍼와 가위바위보를 하고 골키퍼를 상대로 이기면 1점을 얻는다. 카메라 화면에서 하나, 둘, 셋과 동시에 가위바위보를 한다. 카메라가 작동이 안 되는 학생이 있다면 채팅창에 자신이 낼 가위바위보를 미리 채팅창에 적어놓게 한 후 하나, 둘, 셋과 동시에 채팅창에 올려서 진행한다. 가위바위보의 다른 방법으로는 가위바위보 그림이 각각 그려진 3개의 카드를 사전에 학생들에게 나눠준 후 화면에 한 가지 카드를 골라 하나둘셋과 동시에 보여주며 진행할 수도 있다.

4 정해진 시간 동안 시합을 하여 다득점한 팀이 승리한다. 교사는 점수를 빠짐없이 기록한다.

> **▶ 배움을 확장하는 수업놀이 아이디어**
>
> 선수 한 명을 지목하는 방식보다는 팀내 번호 순서대로 한 명씩 출발하여 수비팀 한 명과 가위바위보를 해야 선수들이 골고루 가위바위보에 참여할 수 있다. 공격팀에게 5분간 공격 기회를 주고, 5분이 지나면 이번엔 수비팀이 공격팀이 되어 5분간 공격할 수 있는 시간을 주는 방식으로 운영해도 좋다.

저학년　중학년　고학년　전학년

색으로 말해요

▷ **놀 이 역 량**　주의집중, 표현력, 다양성 존중

▷ **놀 이 방 식**　화상캠 수업놀이

▷ **준 비 물**　개인별 색종이 묶음 1세트씩, 놀이 설명자료(PPT 또는 안내자료)

놀이 소개

색종이 중 자신의 생각과 어울리는 색종이를 고른 후, 같은 색을 고른 사람들끼리 만나서 이야기
한다. 같은 색을 골랐어도 저마다 다른 생각을 하는 것을 느끼며 다양성을 체험해볼 수 있다. 머릿
속에 있는 다양한 생각들과 수많은 느낌들을 밖으로 꺼내서 표현하는 데 서툰 학생들의 참여를 이
끌어내기에 좋다.

놀이를 시작하기 전에

먼저 학생들과 나누고 싶은 이야기에 관해 질문하는 시간을 갖는다.

교사: 지난 주말을 어떻게 보냈는지 함께 이야기 나누겠습니다. 각자 생각을
　　　떠올려 주세요. 2020년 코로나와 관련해서 가장 기억에 남는 일을 떠올려
　　　주세요.

질문에 대한 생각과 가장 잘 어울리는 색종이를 선택하기(30초), 색
종이를 등교수업일에 미리 나누어준다. 색종이가 없는 학생들은 집
안에서 비슷한 색깔의 물건을 골라서 보여줘도 된다고 말해준다.

교사: 자신의 생각과 가장 잘 어울리는 색종이를 하나 선택해주세요.

선생님이 "하나, 둘, 셋!" 하면 동시에 고른 색종이를 카메라에 들어
올려 보여주면 된다. 같은 색의 색종이를 고른 학생들끼리 호명한다.

1 같은 색의 색종이를 고른 사람들끼리 한 모둠이 되어 모둠별 화상방으로 이동한다. 교사는 채팅방에 팀별로 화상코드를 알려준다. 이때 색을 고른 학생이 혼자이거나 숫자가 너무 적으면 다른 색을 고른 학생들과 같은 모둠을 지어 최소 3~5명 정도의 아이들이 함께 이야기할 수 있도록 조정한다.

> 교사: 같이 모인 친구들끼리 자신의 생각을 이야기하면서 동시에 왜 이 색깔을 선택했는지 함께 이야기해주세요. 그럼 이야기를 나눠볼까요?

2 모둠방에서 같은 색의 종이를 선택한 친구들과 자신의 생각을 나눈다. 자신의 생각을 말할 때에는 색을 고른 이유를 함께 말한다.

> 김○○: 코로나19로 학교에 못가고 집에만 있다 보니 너무 심심했어요. 학교에 오고 싶었어요. 그래서 우울한 색깔인 회색을 선택했어요.
>
> 박○○: 외식을 할 수 없어서 가족들과 집에서 삼겹살을 먹었어요. 정말 맛있었어요. 그래서 자꾸만 생각이 나요. 저는 잘 구워진 고기 색깔인 갈색을 골랐어요.

3 모둠별로 돌아가며 이야기가 끝나면 반에서 함께 들었으면 하는 이야기들을 모둠별로 1~2명 뽑고 전체방으로 다시 모인다. 모둠에서 전체 발표를 하고 싶은 아이들이 많으면 전체 기회를 준다. 전체 화상방에 모여 모둠별로 뽑힌 학생들의 이야기를 들어본다.

> 교사: 모둠 내에서 참 좋은 이야기인데, 우리만 듣기 아까운 이야기들이 있으면 1~2명씩 이야기를 들어보겠습니다.

▷ 배움을 확장하는 수업놀이 아이디어

이 놀이에서 질문은 아이들의 다양한 생각을 들어볼 수 있는 발산형 질문이 좋다.

> 예: 좋은 책이나 영상, 음악에 대한 소감/ 과거에 있었던 경험에 대한 생각/ 앞으로 있을 미래에 대한 예상/ 배움 소감

색종이 이외에도 다양한 숫자, 이미지 카드를 활용해도 좋다. 같은 색끼리 모이는 이유는 서로의 이야기에 대한 공감도를 높여주기 위함이다. 반 전체의 아이들이 한꺼번에 이야기를 나누면 말하는 시간에 비해 듣는 시간이 너무 길어져 분위기가 산만해지므로 모둠별로 모여 이야기를 나눈다.

저학년 중학년 고학년 전학년

프라이팬 놀이

- ☞ **놀 이 역 량** 주의집중, 기억력, 박자감
- ☞ **놀 이 방 식** 화상캠 수업놀이
- ☞ **준 비 물** 놀이 설명자료(PPT 또는 안내자료)

놀이 소개

'아이엠그라운드' 박자에 맞춰 동작을 한 후 친구들의 이름을 돌아가며 부르는 놀이이다. 학기 초 친구들의 이름도 자연스럽게 외울 수 있다. 박자를 틀리거나 타이밍을 놓칠 때 웃음을 터트리며 즐거운 분위기를 연출할 수 있다.

놀이를 시작하기 전에

모두 돌아가며 자신의 이름을 말하는 시간을 갖는다. '아이엠그라운 드' 박자에 맞춰서 박자와 동작 연습을 한다. 처음엔 아주 단순하다 생각하는 것도 학생들은 어려워할 수 있다. 처음엔 천천히 하나하나 교사를 따라 함께 불러보도록 한다. 한 개/두 개/세 개/네 개 할 때의 엇박, 동작과 언제 이름을 외쳐야 하는지 익숙해질 수 있도록 한다.

두손으로 무릎치기	손뼉 한 번 치기	오른쪽 엄지 한번	왼쪽 엄지 한번
아이(하나)	엠(둘)	그라(셋)	운드(넷)
두손으로 무릎치기	손뼉 한 번 치기	오른쪽 엄지 한번	왼쪽 엄지 한번
자기(하나)	소개(둘)	하(셋)	기(넷)

1 본격적으로 게임을 시작하기 전 인트로 노래로 분위기를 끌어올린다. 학생들은 마이크를 다 켜놓고, 교실에서는 학생들과 다 같이 시작하면 좋지만, 인트로는 교사 혼자 시작해야 잡음이 생기거나 시끄러워 술래가 하는 말을 못 듣는 경우를 방지할 수 있다. 인트로와 함께 교사가 학생 한 명을 호명한다.

교사: 팅 팅팅팅 ~ 탱 탱탱탱 ~ 팅팅탱탱 프라이팬 놀이!
　　(책상 치기), (손뼉 치기) '부설'넷!

2 술래(부설이)가 아무나 한 명의 이름과 하나, 둘, 셋, 넷 중에 숫자를 말한다.

술래(부설이): 부설, 부설, 부설, 부설! (책상 치기), (손뼉 치기), '경화'넷!

3 이름이 불린 사람은 본인 이름을 말하고 상대 이름을 부른 후 숫자를 부른다. 이때 동작은 '경화' 넷이면 책상, 손뼉, 오른손 엄지, 왼손 엄지 펼 때 각각 '경화' 네 번을 외쳐야 한다.

술래: 부설, 부설, 부설, 부설! (책상 치기), (손뼉 치기), '경화' 넷!
경화: 경화 경화 경화 경화! (책상 치기), (손뼉 치기), 영범 둘!
영범: (책상 치기), (손뼉 치기), 영범, 영범! (책상 치기), (손뼉 치기), '부설 셋!
부설: (책상 치기), 부설, 부설, 부설!

▲ 게임에 호명되어 참여하는 학생

4 반복해서 진행하다 박자를 틀리거나 타이밍을 놓치는 사람이 지는 게임이다. 세 번 이상 걸려 술래를 3번 한 사람이 벌칙을 수행한다. 벌칙은 '장기자랑'도 좋고, 학급에서 간단히 정한 것으로 한다.

5 모둠별로 모둠 화상방에 모여 모둠끼리 진행해도 좋다(4개의 모둠, 한 모둠 6명 정도). 모둠방에서 같은 방법으로 놀이한다.

▶ **배움을 확장하는 수업놀이 아이디어**

놀이를 어려워한다면 대면 수업 때 교실에서 먼저 해본 후, 화상수업에서 다시 해보는 것도 좋다. 이름 대신 별칭 부르기로 응용해볼 수도 있다. 별칭 부르기는 평소에 불리고 싶었던 별칭으로 한다. 어느 정도 익숙해지면 속도를 점점 빠르게 하여 긴장감 넘치게 진행한다. 익숙해지면 난도를 높여 어깨와 목을 까딱거리는 동작을 추가하여 8박자로 맞춘 활동도 가능하다.

저학년 　중학년　 고학년　 전학년

릴레이 이름 외우기

- ▷ 놀 이 역 량 　주의집중, 기억력, 자아효능감, 친화력
- ▷ 놀 이 방 식 　화상캠 수업놀이
- ▷ 준 비 물 　놀이 설명자료(PPT 또는 안내자료)

놀이 소개

학기 초 친구들의 이름도 외우고, 친구들을 이해하고 서로 친해지는 데 도움이 되는 놀이이다. 학생들이 서로에게 마음을 활짝 열고, 즐거운 도전 속에서 성공 경험을 쌓으며 자아효능감도 키울 수 있다.

놀이를 시작하기 전에

먼저 학생들에게 자신의 이름에 담긴 글자를 활용하여 형용사를 만들어 자기소개를 하도록 한다.

홍길동: 길가에 핀 예쁜 꽃처럼 아름다운 길동이

김부설: 부지런한 부설이

1 두 번째 학생은 첫 번째 학생이 소개한 말을 그대로 말한 후 자신을 소개하고 세 번째 학생은 첫 번째, 두 번째 학생 소개 후 자신을 소개한다.

> 학생: 길가에 핀 예쁜 꽃처럼 아름다운 길동이 다음에 부지런한 부설이 다음에 라임처럼 상큼발랄한 라온이입니다.

2 참가자 전원이 도전하고, 모두 성공하면 학급 전체 미션 성공으로 학급온도계나 보상 점수를 준다고 안내한다. 그리드(Grid)상에 나온 순서대로 하거나 번호 대로 하는 등 순서를 정해도 좋고, 학생들과 의논하여 순서를 정해도 좋다. 서로 뒤에 하는 것을 꺼리거나 의외로 자신감이 있거나 우리 반 미션 성공을 위해 자기가 맨 마지막으로 하고 싶다고 하는 학생들이 있다. 2~3분 정도 학생들끼리 의논하여 순서를 정한 다음 시작해도 좋다.

▲ 도전 순서 명단 안내

3 미리 종이에 써놓고 읽지 않도록 하고, 카메라 정면을 보고 말해야 한다고 한다.

4 중간에 까먹거나 틀린 학생들이 있다. 한 번에 "실패!"라고 말하면 도전한 학생은 마음의 상처를 받거나 위축되어 앞으로 친구들 앞에 나서는 것을 꺼리게 될 수 있다. 교사가 힌트 찬스를 쓸 수 있다고 하며 힌트를 주어 맞힐 수 있도록 하고 모두가 성공하는 즐거움을 주어 친목 친교의 시간이 되는 것에 중점을 둔다(예: 힌트 찬스- 친구 입 모양 보기, 초성 힌트 주기, 비슷한 단어 주기 등).

▲ 입모양으로 친구에게 힌트를 주는 모습

▶ **배움을 확장하는 수업놀이 아이디어**

자기 이름 두 자를 이용한 이행시 짓기로 소개해볼 수도 있다. 마지막에는 교사가 하여 마무리하면 학생들은 선생님도 우리 반의 구성원임을 느껴 즐거워한다. 규칙은 정확히 안내해주고, 모두에게 공정한 게임이 되도록 진행하되, 성공과 실패에 집중하기보다는 친목과 화합의 시간이 될 수 있도록 조화로운 진행이 중요하다.

저학년　중학년　고학년　전학년

나이 서른에 우린

▷ **놀 이 역 량**　자존감, 표현력, 친밀감

▷ **놀 이 방 식**　화상캠 수업놀이

▷ **준 비 물**　노래(음원파일 또는 유튜브 주소), 놀이 설명자료(PPT 또는 안내자료)

놀이 소개

연극놀이의 일종으로 진로 활동 시간에 자신의 미래에 대해 생각해보는 수업에 적용해보면 좋다. 자신이 미래에 되고 싶은 모습을 상상하며 노래에 맞게 기본동작을 하며 부르다가 맨 마지막 부분에서 자신이 꿈꾸는 서른 살의 모습을 정지 동작으로 나타낸다. 노래가 끝나면 친구들끼리 서로의 모습을 살펴보다가 서로 어떤 동작인지 맞힌다.

놀이를 시작하기 전에

활동 전 '나이 서른에 우린'이라는 노래를 준비한다. 이 노래는 서른이 되었을 때 꿈을 꾸는, 목표를 세우도록 동기부여를 해주는 노래 가사로 되어 있다. 노래를 들을 수 있는 유튜브 주소는 다음과 같다.

https://youtu.be/UtF8dmS9Jhg

1 본인이 서른 살에 어떤 직업과 모습으로 있고 싶은지 생각해보라고 한다. 2년, 5년, 10년, 20년 후의 모습을 생각해보고, 상상의 나래를 맘껏 펼쳐보게 한다. 그리고 그것을 나타낼 동작까지 생각해두라고 안내한다. 꼭 직업이 아니어도 된다. 미래 자신이 되고 싶은 모습을 생각해서 표현해도 좋다.

2 기본동작(무릎 2번, 손뼉 2번)에 맞춰 노래를 부른다.

3 각자 자신이 꿈꾸는 서른 살의 모습을 상상하며 기본동작에 맞춰 노래를 부른다.

4 노래 중간 '어느 곳에 어떤 얼굴로 서 있을까'라는 가사에서는 각자 자신이 꿈 꾸는 서른 살의 모습을 행동으로 표현한다.

5 노래 마지막 부분 '어느 곳에 어떤 얼굴로 서 있을까' 구절에서는 정지 동작으로 나타내며 친구들의 모습을 서로 살펴본다.

6 정지 동작 상태에서 서로 어떤 동작인지 맞힌다.

▶ **배움을 확장하는 수업놀이 아이디어**

무엇을 표현해야 할지 잘 떠오르지 않았던 학생들도 놀이를 하면서 친구들의 동작을 보며 아이디어를 얻기도 한다. 가사를 음미하며 노래를 다같이 불러본 후 미래 나의 모습을 정지 동작으로 구상하고 표현하며 놀이를 반복하면서 그때마다 다양한 동작으로 바꿔서 표현해도 좋다. 놀이가 끝난 후 진로교육, 직업탐구, 동아리활동과 연계하여 30년 후의 이력서 꾸미기, 명함 만들기 등의 진로활동이나 북아트 꾸미기 등으로 확장해보면 좋을 것이다.

저학년　중학년　고학년　전학년

쁘띠 바크

- ⌕ **놀 이 역 량**　주의집중, 유창성, 협동심
- ⌕ **놀 이 방 식**　화상캠 수업놀이
- ⌕ **준 비 물**　놀이 설명자료(PPT 또는 안내자료), 쁘띠바크 활동지

놀이 소개

모둠 세우기, 친교 친화 활동, 아이스 브레이크, 두뇌 게임 등의 활동으로 좋다. Petit (쁘띠)는 '자다', Bac (바크)는 '시험'이라는 프랑스어인데, 직역하면 '작은 시험'이라는 뜻이다. 프랑스 국민 게임으로, 지정된 자음이나 초성으로 시작되는 단어를 7가지 주제에 대해서 말하는 두뇌 게임이다.

놀이를 시작하기 전에

먼저 모둠 구성 조직을 안내하고 모둠별 모둠 화상방에 모인다. 모둠별로 활동지 또는 활동지 화면(발표자료 화면공유)의 선택된 자음으로 시작하는 단어를 7가지 주제어에 맞게 하나씩 적는다. 만약 교사가 한글자음 'ㄱ'이라고 외치면 그 라운드에 7가지 종류를 다 'ㄱ'이 들어가는 단어들로 시작한다. 각 모둠원들은 선택된 자음으로 시작된 단어들을 의논한 후, 흰 종이(쁘띠바크 활동지)에 적는다.

라운드	주제 자음	음식	식물	동물	학교	책	인물	영화	총점
1	ㄱ	갈비	고사리	고양이	강당	고양이가 좋아해요	강감찬	국제 시장	
2	ㄴ								
3	ㄷ								
4	ㄹ								

1 자음별로 7개의 단어를 가장 먼저 적은 모둠이 "쁘띠 바크!"라고 외치면 모두 단어 쓰기를 멈추고 전체방으로 모인다.

2 틀린 답을 말한 경우 이전까지 불렀던 단어는 모두 무효처리 되기 때문에 단어는 신중하고 정확하게 써야 한다고 미리 말해준다. 네이버나 사전에서 그 단어가 있는지 미리 찾아보게 하면 좋다.

▲ 모둠별로 모여 의논하며 활동지를 해결하는 모습

라운드	주제 자음	음식	식물	동물	우리 학교	책	인물	음악 영화	총점
1	ㄱ	갈비	고사리	고양이	강당	고양이가 조아해요			

3 가장 먼저 단어를 쓴 모둠부터 대표가 하나씩 말하는데, 단어 하나당 1점으로 간주한다. 이때 다른 누군가(모둠)가 같은 답을 썼다면 해당 단어는 점수로 인정할 수 없다. 오히려 같은 답을 쓴 다른 모둠(들)이 1점을 획득한다(똑같은 단어를 쓴 모둠이 1점, 먼저 말한 모둠은 점수 없음). 어려운 단어 또는 쉬운 단어를 쓰는 게 좋을지, 어떤 게 유리한지 등에 대해 생각해보라고 한다.

4 만약 조건에 안 맞는 엉뚱한 대답을 했다면 이전까지 말한 모든 단어가 0점이 되고, 다음 모둠으로 기회가 넘어간다. 다음 모둠은 가위바위보 또는 제비뽑기로 결정하고, 이전 모둠이 답하지 못한 것에 이어서 다시 시작한다.

5 각 라운드마다 교사가 한글 자음을 제시하여 학생 수준이나 상황에 따라 3라운드~7라운드까지 라운드 수를 조절하여 운영한다.

6 라운드가 끝날 때마다 오른쪽에 합산 점수를 쓰고, 모든 라운드가 끝나면 총 점수를 합산한다. 각 라운드 점수를 합산하여 가장 높은 점수를 가진 모둠이 이긴다.

▶ **배움을 확장하는 수업놀이 아이디어**

개인, 모둠 활동 다 좋다. 개인 게임일 경우 개인당 1장, 모둠일 경우 모둠당 1장으로 한다. 모둠의 경우 첫 만남 첫 시간 직접적인 소개보다 게임을 통해 정서적으로 가까워질 수 있다. 수업 시작 아이스 브레이크로 사용해도 좋다. 학생들의 어휘력, 순발력이 돋보인다. 각 교과별로도 수업에 응용할 수 있다. 영어시간 어휘 활동, 국어시간 본문을 읽고 그 철자로 시작하는 단어 찾기 등으로 응용할 수 있다.

저학년 중학년 고학년 전학년

생활 장면 타블로

- 놀 이 역 량 주의집중, 표현력, 친화력
- 놀 이 방 식 화상캠 수업놀이
- 준 비 물 놀이 설명자료(PPT 또는 안내자료)

놀이 소개

정지 동작 만들기(타블로 기법, 사진기법) 놀이이다. 특정 텍스트나 장면을 보고 모둠별로 이야기를 나눈 후 느낌이나 떠오르는 장면을 선정하여 하나의 정지 동작으로 표현한다. 주말 또는 방학에 있었던 일 중 기억나는 일들을 신호에 맞추어 정지 동작으로 표현한다. 순서대로 한 사람씩 알아 맞히기를 하고, 맞히기가 끝나면 터치(호명)된 사람은 간단한 말이나 움직임으로 표현한다. 장면 풀기를 하여 자신들이 표현하려고 했던 장면과 의미를 설명한다.

놀이를 시작하기 전에

먼저 교사가 주제를 제시한다. 예컨대 주말 또는 방학 동안 있었던 좋은 일, 나쁜 일, 기억에 남는 일등 다양한 주제로 제시해볼 수 있다.

1 주제에 대한 정지 동작을 취하고 서로 친구들의 동작을 살펴본다.

2 교사가 제비뽑기를 하여 한 사람을 호명한다. 호명된 사람은 5초간 정지 동작을 한다.

3 무슨 장면을 표현한 것인지 알아맞힐 수 있는 사람은 손을 들고 발표한다.

4 오답인 경우 계속 정지 상태로, 정답을 말하면 정지 동작을 녹이고 움직임 동작을 표현한다. 그리고 자신이 표현하려고 했던 장면과 의미를 설명한다.

5 제비뽑기로 계속해서 발표하고 맞힌다.

6 맞히면 문제를 낸 사람, 정답을 맞힌 사람 모두 10점씩 점수 방식으로 운영해도 좋다.

▶ 배움을 확장하는 수업놀이 아이디어

보통 긴 연휴나 방학 때 있었던 일을 발표하는 시간을 가져보면 대부분의 학생은 "그냥 놀았어요.", "그냥 집에 있었어요" 등으로 표현을 잘하지 않는다. 또한 자신에게 있었던 생활을 친구들에게 말하기를 꺼리는 학생들도 꽤 많다. 하지만 놀이를 통해 자발적으로 말할 수 있는 상황을 재미있게 조성할 수 있다. 후속활동으로 4인 1조의 한 모둠을 만들고 서로 연휴, 방학 때 있었던 일들(좋았던, 기억에 남는, 좋지 않은)에 관해 이야기를 나눈다. 나누었던 이야기 중 하나를 고르거나, 혹은 몇 가지를 연결하여 즉흥극을 만들어 발표하고 알아맞히기로 이어가도 좋다. 학생들이 많이 부담스러워할 수 있으므로 발표 제한 시간을 정해주면 좋다. 단 발표 시간이 다소 초과되는 것은 허용한다. 시간제한은 오로지 과정에서의 학생들의 부담을 덜어주기 위한 것이기 때문이다.

저학년　중학년　고학년　전학년

친구 얼굴 그리기

▷ 놀 이 역 량　　주의집중, 친밀감, 친화력, 소통능력

▷ 놀 이 방 식　　화상캠 수업놀이

▷ 준 비 물　　A4 종이나 화이트보드, 마커펜, 사인펜이나 매직, 놀이 설명자료(PPT 또는 안내자료)

놀이 소개

학급 행사 활동 시간에 짝과 함께 하는 활동으로 좋다. 종이에 펜을 올린 후 상대방의 눈을 바라보고 1분간 최대한 비슷하게 그리고, 친구에게 해주고 싶은 긍정의 말과 그 친구에게 듣고 싶은 말을 적고 이야기를 나누면서 친구의 마음을 느낄 수 있는 시간을 가져본다.

놀이를 시작하기 전에

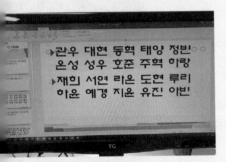

학생들은 A4 용지를 한 장씩 준비하고, 교사는 채팅방 또는 PPT로 2명씩 짝을 매칭하여 올려준다. 자신의 짝이 누군지 확인한 후 화상 카메라에서 자신의 짝꿍을 찾는다. 사인펜 등으로 A4종이나 화이트보드에 상대방의 얼굴을 그린다. 이때 종이를 내려다보면 안 되고, 1분 동안 상대방의 눈만 보면서 그린다. 최대한 비슷하게 그리려고 노력한다.

1 완성하고 나서 귀 근처에 말풍선을 그리고 그 친구에게 해주고 싶은 긍정의 말을 쓴다.

2 입 근처에 말풍선을 그리고 그 친구에게서 듣고 싶은 말을 쓴다.

3 2인 1팀씩 동시에 '하나, 둘, 셋!' 하면 카메라에 자기가 그린 그림을 보여준다. 한 명씩 상대방에게 해주고 싶은 말, 듣고 싶은 말을 발표한다.

4 상대방 학생은 그 친구가 듣고 싶어하는 말을 말해준다.

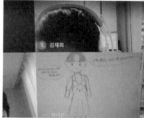

5 돌아가며 2인 1팀씩 발표한다. 간혹 나는 발표하고 상대방은 발표를 안해줘서 서운해 하는 학생이 있다. 쑥스러워서, 그림을 못 그려서, 시간이 없어 그림을 완성하지 못해서, 카메라가 안 돼서 등 여러 가지 이유로 자신의 그림을 보여줄 수 없는 학생은 수업이 끝나고 자기가 그린 그림을 사진을 찍어 선생님께 문자로 전송하면 선생님이 그 친구에게 대신 전송해준다고 함으로써 모두가 그림을 서로가 나눌 수 있도록 한다.

6 함께 소감을 나눈다. 친구가 그려준 얼굴에서 가장 마음에 드는 부분을 학급 전체에게 소개할 수 있다.

▷ 배움을 확장하는 수업놀이 아이디어

아이들은 종이를 보지 말고 그리라는 말에 크게 당황한다. '잘 그리는 것'에 대한 부담 때문이다. 다들 처음엔 잘 그려야 한다는 압박감에 조금씩 곁눈질을 해서 그리지만 이내 친구의 그림을 보며 깔깔거리는 동안 자연스럽게 규칙에 적응하게 된다. 그림을 그린 후 하고 싶은 말, 듣고 싶은 말 이외에 친구에게 궁금한 질문 하나씩을 하고 답을 얻는 활동도 할 수 있다. 자유롭게 질문하게 하되, 다만 외모와 관련되거나 불쾌함을 유발할 수 있는 질문은 하지 않도록 미리 안내한다.

저학년 중학년 고학년 전학년

아름다운 직업

    🔖 **놀 이 역 량**   협동심, 친화력, 표현력, 추리력

    🔖 **놀 이 방 식**   화상캠 수업놀이

    🔖 **준 비 물**   놀이 설명자료(PPT 또는 안내자료), 구글 미트 모둠 화상방(2개)

놀이 소개

모둠끼리 의논을 하여 직업 하나를 정하고 그 직업을 나타낼 수 있는 정지 동작을 표현하면 다른 모둠이 맞추는 놀이이다. 정지 동작 놀이는 역할극이나 즉흥극 수업에 도움이 되며, 학생들끼리 의사소통하는 과정에서 공동체역량, 직업을 어떻게 표현할지를 생각하고 그것을 나타내는 과정에서 창의적 사고역량 등을 기를 수 있다. 진로활동 시간에 직업 알아맞히기 놀이로도 활용해볼 수 있다.

놀이를 시작하기 전에

▲ A팀

▲ B팀

반 전체를 여러 모둠으로 나눈다. 그리고 모둠별로 각각 모둠 화상방에 모여 어떤 직업을 나타낼지 의논하고 하나씩 정한다. 직업을 정했으면 각자 그 직업을 정지 동작으로 어떻게 표현하면 좋을지 생각한다. 전체 화상방으로 다시 모인다.

예: A팀-경찰, B팀-의사

1 먼저 제비뽑기로 문제를 낼 모둠을 정한다. 문제를 내는 모둠 학생들만 카메라를 켜고, 나머지는 모두 카메라를 끈다. 화면에 문제를 내는 학생들만 보이면 정지 동작을 관찰하기 쉽고, 맞히는 데 혼선을 피할 수 있다.

2 다음 대사를 하며 시작한다. 교사는 학생들이 대사를 보면서 할 수 있게 화면에 발표자료 대사를 공유한다.

A(질문 학생들): 안녕하세요.

B(발표 학생들): 안녕하세요.

A: 어디서 오셨어요?

B: 아름다운 곳이요.

A: 무슨 일을 하시나요?

B: 아름다운 일이요.

A: 보여주세요!!

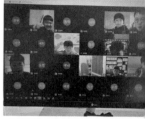

▲ 문제를 내는 모둠 학생만 카메라를 켠 모습

3 B모둠(발표하는 모둠)이 직업을 정지 동작으로 보여준다.

4 A모둠(질문하는 모둠)이 30초간 잘 관찰한 후 자신이 생각한 정답을 화이트보드판에 쓴다. 교사의 '하나, 둘, 셋!'에 맞춰 동시에 정답을 카메라 앞으로 들어올린다.

5 정답을 맞힌 학생 수만큼 점수를 얻는다. 정답을 쓴 학생이 6명이면 60점! 맞히는 것만큼 문제를 내는 것도 중요하므로 문제를 상대팀이 맞출 경우 문제를 낸 팀도 점수를 얻을 수 있다고 안내한다.

▶️ **배움을 확장하는 수업놀이 아이디어**

직업 이외에 장소, 색깔, 감정, 동화 속 장면 등을 표현하고 맞히는 놀이로도 운영해볼 수 있다. 맞힌 사람 수만큼 점수를 주는 방식 이외에 다섯고개 놀이 형식으로 상대방의 정지 동작을 보고 '예, 아니오'로만 답할 수 있는 5가지 질문을 하고 5번의 기회 안에 정답을 맞히는 놀이로도 진행할 수 있다. 한 번에 맞히면 50점, 두 번에 맞히면 30점, 마지막 다섯 번에 맞히면 10점을 준다.

저학년　중학년　고학년　전학년

우리 집에 왜 왔니?

　🖱　놀 이 역 량　표현력, 창의력, 의사소통

　🖱　놀 이 방 식　화상캠 수업놀이

　🖱　준 비 물　놀이 설명자료(PPT 또는 안내자료), 모둠별 화상방, 보드판, 보드마커

놀이 소개

연극 놀이의 일종으로 팀별로 표현할 주제를 정하고, 각자 주제(대상)의 특징을 잘 살려 몸으로 표현한다. 상대방은 주제(대상)가 무엇인지 알아맞히는 놀이이다. 표현하는 과정에서의 창의적 사고역량, 팀별로 의논하고 구상하는 과정에서 공동체역량 등을 기를 수 있다.

놀이를 시작하기 전에

다 함께 '우리 집에 왜 왔니' 노래를 원곡대로 불러본다. 원래 가사인 '꽃 찾으러 왔단다'를 '보여주러 왔단다'로도 바꾸어 부르며 연습한다.

교사: 자, 놀이 방식은 같은데 '꽃 찾으러 왔단다.' 대신에 '보여주러 왔단다.'를 넣는 거예요. 그 노래가 끝나면 하나, 둘, 셋하고 보여주려 했던 것을 보여주면 됩니다. 우선 모둠끼리 무엇을 보여줄 것인지 결정하세요. 1분 정도 드리겠습니다.

교사가 주제를 공개하면 팀별로 모둠 화상방에 모여 주제에 대해 표현할 것을 정한다. 이때 주제에 대해 표현할 것만 정하고, 어떻게 몸으로 표현할 것인지는 통일하지 않는다. 각자 창의적으로 주제를 표현할 수 있도록 하는 것이 좋다.

교사: 이번 주제는 '장소'입니다. 모둠별로 다양한 장소들 중 우리 팀이 표현할 장소를 한곳 정합니다. 시간은 3분 주겠습니다.

학생: (모둠 화상방에 모여 의논한다. 교사가 제시한 주제가 동물이라고 하면 모둠별로 어떤 동물을 표현할 것인지 정한다. 코끼리, 말, 원숭이, 여우 등, 또는 주제가 장소일 경우 도서관, 미술관, 시장, 마트, 교회, 병원 등 어떤 장소를 표현할 것인지 정한다)

1 다시 전체방으로 모인다. 제비뽑기로 먼저 보여줄 팀을 정한다.

교사: A팀이 먼저 보여주겠습니다. 함께 노래 불러볼까요?

학생: (함께 노래를 부른다) 우리 집에 왜 왔니, 왜 왔니 왜 왔니. 보여주러 왔단다. 왔단다. 왔단다. 무엇을 보여주러 왔느냐, 왔느냐. 이것을 보여주러 왔단다. 왔단다.

다함께: 하나, 둘, 셋! (보여주기)

2 A팀은 놀이 시작 전 모둠별로 의논해서 결정한 단어를 몸으로 표현한다. 예를 들어 도서관이라고 정했다면 각자 도서관을 나타낼 수 있는 동작을 표현한다.

3 맞는 답이 나오면 박수를 쳐준다. 답이 틀린 경우 정해진 벌칙을 수행한다. 점수로 할 경우 맞은 인원수×10점 등으로 계산해도 좋다. 상대팀이 맞혔을 경우 문제를 낸 팀도 잘한 것이므로 점수를 준다.

▲ 팀별로 모둠방에서 의논하는 모습

4 A모둠(질문하는 모둠)이 30초간 잘 관찰한 후 자신이 생각한 정답을 화이트보드판에 쓴다. 교사의 '하나, 둘, 셋!'에 맞춰 동시에 정답을 카메라 앞으로 들어올린다.

5 놀이 후 상대 팀에서 특징을 가장 잘 살려 표현한 사람을 뽑고 칭찬한다.

교사: 상대편 모둠에서 대상의 특징을 가장 잘 살려 표현한 사람은 누구인가요?

▲ 횟집 표현

▶ **배움을 확장하는 수업놀이 아이디어**

동물, 직업, 장소 등 무엇을 보여줄 것인가를 교사가 그때그때 융통성 있게 정한다. 예를 들어 교사가 장소라고 지정해주면 각 모둠은 어떤 장소를 보여줄 것인지 모여 의논하고 약속한다. 장소를 보여주는 경우 장소와 관련있는 사물을 표현하는 것도 허용한다. 무엇을 보여줄 것인지 모둠끼리 의논할 때 서로 역할을 정하는 등의 자세한 약속은 삼간다. 단순한 표현에도 용케 정답을 맞히는 모습을 보며 학생들의 기발함과 순발력, 친구의 관점과 다른 사고를 느낄 수 있어 재미있다.

▲ PC방 표현

온라인 축구 퀴즈

- ☞ 놀 이 역 량　친밀감, 주의집중, 협동심, 경청
- ☞ 놀 이 방 식　화상캠 수업놀이
- ☞ 준 비 물　자기소개 활동지, 축구 경기장 및 놀이 설명자료(PPT 또는 안내자료)

놀이 소개

자기소개를 한 후 자기에 관한 질문(슈팅, 숏패스, 롱패스)을 만들고 그 질문을 알아맞히면 축구의 상대팀 방향으로 공을 이동시켜 골을 넣어 점수를 얻을 수 있는 재미있는 놀이이다. 놀이 과정에서 친구에 대해 알아가는 한편, 다른 사람과 관계 맺는 능력 및 경청능력도 기를 수 있다.

놀이를 시작하기 전에

▲ 화이트보드로 경기를 진행하는 모습

먼저 지난 시간에 활동지를 활용하여 내가 좋아하는 것, 싫어하는 것, 나의 꿈, 올해 나의 목표 등 자기소개 활동을 충분히 한다. 소개한 내용으로 질문 3개를 만든다. 이 질문들로 축구 경기가 진행되므로 친구들이 자기소개를 할 때 잘 들어야 문제를 잘 맞힐 수 있다고 미리 안내한다. 질문의 유형(숏패스, 롱패스, 슈팅 문제)을 예를 들어, 김부설 학생이 "나의 좋은 점은 (친구들을 잘 도와준다)이다."라고 썼다면, 각각 다음과 같이 쉬운 문제와 어려운 문제로 정해볼 수 있다.

-숏패스(저난도) 문제: 나의 좋은 점은 친구들을 잘 도와준다라고 한 사람은 김부설이다 맞으면 O, 틀리면 X

-롱패스(고난도) 문제: 김부설 학생은 나의 좋은 점은 무엇이라고 했나요?

아이들이 만든 질문은 미리 교사가 받아 모아놓는다. 바구니에 모아서 마이크로 읽어줘도 되고, 시간이 되면 PPT에 문제를 정리해서 발표자료 화면으로 공유해줘도 좋으나, 축구 경기장을 발표자료로 공유해야 하므로 문제는 바구니에 모아 교사가 마이크로 읽어주는 방식으로 하였다. 축구 경기장을 화이트보드(또는 PPT)에 그리고 나서 진행한다. 축구 경기장을 PPT로 만들어 발표자료 화면으로 공유할 때에는 교사는 PPT상에서 직접 축구공 그림을 마우스로 이동시키며 진행할 수 있다.

1 처음 시작할 때 제비뽑기로 공격권을 정한다. 제비뽑기로 뽑힌 학생이 있는 팀이 공격팀이다.

2 바구니에서 질문을 하나 뽑아 문제를 낸다. 뽑은 문제가 숏패스 문제라면 그 문제를 맞히면 축구공을 골키퍼에서 경기장 중앙으로 옮기고, 또다시 문제를 뽑는다. 뽑은 문제가 다시 숏패스 문제이면 상대팀 경기장으로 옮긴다.

3 롱패스 문제를 맞히면 바로 상대팀 경기장으로 옮겨서 슈팅 문제를 풀 수 있는 기회가 주어진다.

◄ 숏패스 문제를 맞췄을 경우 2번 맞춰야 이어 슈팅 문제를 풀 수 있다.

◄ 롱패스 문제를 맞췄을 경우 한번에 상대 지역으로 이동하고 바로 슈팅 문제를 풀 수 있다.

▲ PPT 슬라이드에 경기장을 나타낼 경우

4 상대팀 지역으로 공을 옮기면 슈팅 문제를 풀 수 있다. 슈팅 문제는 상대팀 골키퍼가 문제를 같이 푼다. 골키퍼는 팀에서 협의하여 1명을 정한다. 공격팀에서는 사전에 누가 슈팅 문제를 누가 풀지 정하여 수비팀 골키퍼와 1:1 대결한다. 답은 동시에 교사가 "하나둘셋" 하면 외치도록 하고, 늦게 말하면 지는 것으로 한다. 만약 양쪽이 모두 맞히면 수비팀에서 골을 막은 것이다. 그리고 다시 슈팅 문제를 푼다. 이때 공격팀만 맞혔으면 1점을 얻는다. 반대로 골키퍼만 맞혔다면 공격팀은 공격권을 빼앗기게 된다.

5 정해진 시간 동안 문제를 풀어서 더 많은 골을 넣은 팀이 승리한다. 전후반 각 15분 간 풀어도 좋다. 문제를 풀 때 자기가 낸 문제가 나오면 출제자는 참여하지 않도록 규칙을 정한다. 자기가 낸 문제가 나오면 답을 말하거나 게임을 방해할 경우 옐로카드(레드카드)를 적용한다고 미리 안내한다.

▶ **배움을 확장하는 수업놀이 아이디어**

축구 퀴즈를 중계할 중계자 역할을 추가하면 한층 더 재미있는 수업놀이로 만들어갈 수 있다. 또한 문제의 내용을 자기소개뿐만 아니라 다양한 교과학습 내용으로 접근한다면 원하는 학습 효과도 이끌어낼 수 있을 것이다.

학생들이 살아갈 사회는 수많은 정보와 창의적 지식이 융합된 복잡한 사회이다. 이런 사회일수록 단편적인 지식과 사실, 정보의 결합을 통해 의미를 구성하고, 개념을 적용, 전이시키는 과정에서 고차원적 인지능력이 요구된다. 여기에서 소개하는 활동들은 종합적인 문제해결능력을 기르는 데 도움이 될 만한 인지 놀이들로 실제 수업에서 실천해본 것들이다. 앞선 사회성 놀이들과 마찬가지로 오프라인수업과 연계하면 재미는 물론 배움의 효과 또한 배가될 것이다.

인지능력
COGNITIVE SKILLS

저학년 중학년 고학년 전학년

질문 이어달리기

🖰 **놀 이 역 량** 창의력, 순발력

🖰 **놀 이 방 식** 화상캠 + 앱활용 수업놀이

🖰 **준 비 물** 모둠별 화상방, 구글잼보드, 타이머

놀이 소개

프로젝트 시작이나 단원 도입 단계, 또는 읽기자료나 자료를 수집한 내용에 대해 질문을 이어갈 때 하면 좋다. 처음 생긴 질문에 대해 두 번째 질문을 만들고, 두 번째 질문에 대해 다시 세 번째, 네 번째 질문을 만들어가면서 질문을 이어가는 놀이이다. 질문에 대해 생각하는 태도와 질문을 많이 생성하는 과정에서 핵심질문을 이끌어낼 수 있다.

놀이를 시작하기 전에

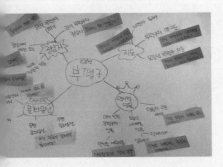

프로젝트(단원)를 시작하며 각자 배움공책에 주제망 짜기를 한다. 주제망의 중앙 키워드(또는 질문 초점)를 제시하고, 핵심개념 중심으로 주제망을 만든다. 질문 초점을 생각하며 5가지 이상 질문을 만든다. 주제망 위에 굵은 줄기 가지마다 하나씩 만들어도 좋고, 한 가지 핵심개념에 5가지를 다 만들어도 좋다. 제한을 두지 않으며 자유롭게 떠오르는 질문을 포스트잇에 쓴다. 질문을 쓴 포스트잇을 해당하는 곳에 붙인다. 우선순위 질문을 각자 미리 생각해둔다.

1 교사는 미리 만들어둔 모둠별 '질문 이어달리기 방' 잼보드 링크주소를 채팅창에 공유한다. 학생들은 모둠별로 링크(질문 이어달리기 ○모둠)로 들어가 잼보드방에 모인다.

▲ 모둠별 잼보드방

2 모둠원 중 한 명이 먼저 자신이 만든 질문을 붙인다. 그 질문과 관련되어 생각나는 질문을 이어 붙인다. 질문이 끊기면 다른 학생이 자신이 만든 질문을 붙이고 또 질문을 이어나간다.

3 정해진 시간 동안 시작 질문에 대해 가장 많은 질문을 이어붙인 사람(모둠)을 '질문 이어달리기 왕'으로 뽑는다.

▲ 질문 이어달리기 잼보드 활동 모습

4 가장 재미있고 기발한 질문을 뽑아 그 질문을 한 사람(모둠)도 '질문왕'으로 뽑는다.

▶ 배움을 확장하는 수업놀이 아이디어

순서를 바꾸어 먼저 질문 이어달리기 활동을 한 후 후속 활동으로 주제망 짜기 활동으로 연결해도 좋다. 질문 이어달리기에서 친구들과 놀이를 하며 나온 질문들을 바탕으로 내가 만든 주제망에 해당되는 질문을 골라 관련되는 낱말 위에 포스트잇(질문)을 붙인다.

저학년　중학년　고학년　전학년

질문 꼬리 달기

- 놀 이 역 량　문제해결, 의사소통, 논리적 사고
- 놀 이 방 식　화상캠 + 앱활용 수업놀이
- 준 비 물　모둠별 화상방, 구글잼보드, 타이머

놀이 소개

주제어와 관련된 질문을 만들고, 답변하고 싶은 질문에 답변(꼬리)를 달아 가장 많은 꼬리가 달린 질문을 뽑는 놀이이다. 답변(꼬리)이 많이 달린 질문은 그만큼 확산적 사고를 요하는 질문이므로 확산적 질문을 만드는 데 도움이 된다. 또한 문제점 및 해결 방법을 이끌어내는 토의 수업에서 활용할 수 있다. 우리 모둠의 생각뿐만 아니라 다른 모둠의 생각도 들어볼 수 있어 질문을 주고받으며 활발한 소통활동으로 적용해볼 수 있다. 자유롭게 해결 방안(질문에 대한 답)을 붙이게 한 후 나중에 가장 많은 답이 달린 질문을 뽑아 최고의 '질문왕'으로 선택하여 게임의 흥미와 참여를 높이는 것도 좋다.

놀이를 시작하기 전에

예를 들어 '정보화 사회의 문제점'에 대해 함께 이야기 나눈다. 그리고 나온 내용들을 각자 메모해보도록 한다. 예컨대 악성댓글, 개인정보 유출, 저작권 침해, 스마트폰 인터넷 중독 등 이야기 중에 나온 내용 하나를 골라 질문 형식으로 적는다.

- 악성댓글로 고통받은 사람들에는 누가 있을까?
- 개인정보유출은 왜 일어날까?
- 저작권을 침해하는 경우에는 어떤 것들이 있을까?
- 스마트폰에 중독이 되지 않으려면 어떻게 해야할까? 등등

같은 주제를 고른 사람들끼리 모둠을 구성하고, 모둠별 회의코드를 채팅방에 올린다.

- 1모둠: 악성댓글
- 3모둠: 저작권 침해
- 2모둠: 개인정보 유출
- 4모둠: 스마트폰 인터넷 중독

1 모둠별로 모둠 화상방에 모여 자신이 쓴 질문을 모둠 잼보드에 올린다. 각 질문에 해당하는 해결방안을 모둠원끼리 토의하고 나온 내용을 다른 색깔의 포스트잇에 적어 해당 질문 포스트잇 옆에 이어 붙인다. 돌아가며 번호순서대로 골고루 토의한다(모둠별 10분).

인터넷 중독이 발생하면 어떻게 해야 할까 -김관우-	답변1: 스마트폰 사용을 줄여야 한다.	인터넷을 사용하는 시간을 줄인다	인터넷 사용 시간을 정하고 그 시간에만 사용한다	밖에서는 스마트폰 사용을 줄인다
인터넷, 스마트폰 중독은 왜 되는 걸까? 루리	스마트폰은 우리에게 어떤 도움을 줄까?	스마트폰을 많이 해서	날씨, 태풍 등 뉴스를 안봐도 스마트폰으로 알 수 있다.	여행이나 숙박을 쉽고 간편하게 할 수 있다.

▲ 4모둠: 스마트폰 인터넷 중독 질문 꼬리달기 예시

2 전체 화상방에 모인다. 모둠별 잼보드를 띄우고(발표자료 공유) 발표한다.

3 정해진 시간에 다른 모둠의 잼보드를 잘 보고, 질문에 대해 더 추가할 답변이 있는지 생각한 후에 추가할 게 있으면 발표한다. 타이머를 사용하여 모둠당 3분 또는 5분의 시간제한을 두어 다른 모둠의 질문에 답변할 시간을 준다. 이때 추가로 나온 해결방안을 교사가 잼보드에 이어 붙여준다(채팅 글쓰기로 올리면 복사해서 붙여도 됨).

4 모둠별로 다 돌아가면서 다른 모둠의 잼보드를 살펴보고 답변(꼬리) 달기를 한 후 가장 많은 답(질문 꼬리)이 달린 질문을 한 친구를 우리반 '질문왕'으로 선정한다. 또 가장 많은 답변을 올린 사람은 '꼬리왕', 가장 기발한 답, 명쾌한 답을 올린 사람은 우리반 '답변왕'으로 선정한다.

5 질문 꼬리가 가장 길게 붙은 질문 외에도 재미있는 질문, 의미 있는 질문, 가장 많이 나온 질문 등을 뽑아서 반 전체 친구들과 이야기를 나눈다.

▶ **배움을 확장하는 수업놀이 아이디어**

처음엔 모둠별로 질문답변 꼬리달기를 한 후 교사가 한 모둠씩 발표화면(잼보드)을 띄워 전체가 함께 질문에 대해 생각할 시간을 가지며 질문 꼬리달기 연습을 한다. 활동이 익숙해지면 교사는 모둠활동이 끝난 후, 각 모둠의 잼보드 링크를 채팅창에 공유하고 학생들은 다른 모둠의 링크를 자유롭게 선택해서 들어가 답변을 남기고 싶은 질문을 골라 답변을 남기게 하고, 일정 시간이 지나면 전체방에 모여 질문왕, 꼬리왕, 답변왕을 뽑아도 좋다. 잼보드는 아이들이 장난치거나 삭제할 경우 놀이의 재미가 흐트러질 수 있다. 충분히 사전 주의를 주고, 안내한 후 시작하며 교사가 수시로 활동체크를 하며 화면 캡처(또는 녹화)를 해두는 것도 도움이 된다.

저학년 중학년 고학년 전학년

질문 달리기

🖰 **놀 이 역 량** 문제해결, 유창성, 탐구력
🖰 **놀 이 방 식** 화상캠 + 앱활용 수업놀이
🖰 **준 비 물** 모둠별 화상방, 구글잼보드, 타이머

놀이 소개

질문을 만드는 연습을 하거나, 궁금한 점을 질문으로 만드는 방법을 익히기에 좋은 놀이이다. 모둠
별로 주제에 대해 떠오르는 질문들을 정해진 시간에 가장 많이 만들어낸 모둠이 이기는 놀이이다.

놀이를 시작하기 전에

먼저 교사가 '~다.'로 끝나는 문장을 하나 예시로 제시한다.

예) 정보화 시대 여러 가지 문제점들이 생겨나고 있다.

친구들과 '~다'를 '~까?'로 바꾸는 연습을 한다.

- 정보화 시대 여러 가지 문제점들이 생겨나고 있습니까?
- 정보화 시대 여러 가지 문제점들이 생겼을까?

의문사(누가, 언제, 어디서, 무엇을, 어떻게, 왜)를 사용하여 평서문을 의
문문으로 만든다.

- 정보화 시대 여러 가지 문제점들이 어떻게 생겨나고 있습니까?
- 왜 정보화 시대에 여러 가지 문제점들이 생겼나요?

또 다른 평서문을 의문문으로 바꾸면서 질문을 만드는 방법을 연습
해본다.

1 프로젝트 읽기자료를 제시한다.

2 읽은 글에서 핵심문장을 뽑아낸다. 고른 문장을 의문문으로 바꿀 수 있을지 생각해본다.

3 모둠별 잼보드에 입장한다. 잼보드에 자신이 고른 문장들을 의문문으로 바꿔 포스트잇에 써서 올린다. 포스트잇에 붙일 때는 앞선 친구가 붙인 것 바로 옆에 이어붙이도록 한다. 5분 타이머를 재고, 시간이 종료되면 잼보드 달리기를 종료한다.

4 상대팀이 만든 질문을 살펴보고 질문을 바르게 만들었는지 점검한다. 고른 문장의 내용과 상관없는 질문, 의문문으로 완결되지 않은 질문, 알아볼 수 없는 문장 등은 이어진 줄에서 뺀다. 중복된 질문도 이어진 질문에서 뺀다.

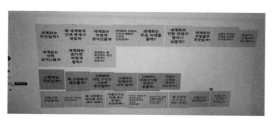

5 빠진 질문 자리에 질문을 채워 넣어 재경기를 펼친다. 5분 타이머를 재고 5분 후 가장 많은 포스트잇을 이어붙인 팀이 이긴다.

질문 이어달리기가 앞사람의 질문에 이어지는(연결되는) 질문을 많이 만들어내는 놀이라면 질문 달리기는 앞사람의 질문 내용에 상관없이 정해진 시간에 주제와 관련된 질문을 많이 만들어내는 것이 핵심이다. 게임이 끝난 후 모둠별로 만든 질문을 서로 비교해보고, 만든 질문에 대한 답을 함께 생각해보는 시간을 갖는다. 활동 후 알게 된 점이나 느낀 점에 대한 이야기를 나눈다.

뒤죽박죽 낱말 맞히기

- ▷ **놀 이 역 량**　연상능력, 문제해결, 순발력
- ▷ **놀 이 방 식**　화상캠 + 앱활용 수업놀이
- ▷ **준 비 물**　구글잼보드, 놀이 설명자료(PPT 또는 안내자료)

놀이 소개

관련된 단원이나 프로젝트의 핵심 낱말의 음절을 뒤죽박죽 섞은 후 알아맞히면서 공부하는 놀이이다. 단원의 핵심개념을 오래 기억하는 데 도움이 된다.

놀이를 시작하기 전에

먼저 모둠 화상방에 모둠별로 모여 읽기자료(배운 내용) 중에서 중요한 핵심낱말 3~4개를 찾는 시간을 갖는다. 모둠별 구글잼보드 링크에 들어가 포스트잇 한 장에 한 글자씩 써서 순서를 다르게 하여 배치한다. 여러 가지 문제를 한꺼번에 잼보드에 붙여서 해당 낱말을 찾게 함으로써 난도를 더 올릴 수 있다. 학생들의 수준에 따라 조정한다(저학년의 경우 낱말 한두 개, 고학년일수록 낱말의 개수를 많이 섞음).

1 모둠별 잼보드를 순서대로 전체에 공개하고, 정답을 아는 사람은 손을 들거나 이름을 말하고 정답을 말한다. 손들기 기능을 이용하여 손들기 순서대로 지명해도 된다.

교사: 1모둠의 문제를 보겠습니다. 문제를 보고 정답을 찾은 학생들은 손을 들어주세요.
학생: 세계화입니다.

2 저학년이나 문제를 어려워하는 경우에는 순서를 바꾸지 말고, 낱말의 한 칸을 비워두고 채워넣는 형태로 진행해도 좋다.

3 많이 맞춘 사람(모둠)이 이긴다.

▲ 손들기 기능으로 손을 든 모습

▶ **배움을 확장하는 수업놀이 아이디어**

활동이 끝난 후 놀이에서 나온 낱말(핵심 개념)을 가지고 주제망 짜기, 브레인스토밍 등으로 이어가면 좋다. 또한 뒤죽박죽 낱말 맞히기는 수업놀이가 아닌 친교놀이 시간에도 가능하다. 예를 들어 주제(음식, 운동, 노래, 장소 등)를 제시하고, 모둠별로 주제에 알맞은 문제(단어)를 만든 후 알아맞히기 게임을 해봐도 좋다.

▲ 모둠별 만든 문제를 화면공유한 모습

저학년　중학년　고학년　전학년

KWLM 도입 빙고

- 놀 이 역 량　문제해결, 탐구력
- 놀 이 방 식　화상캠 + 앱활용 수업놀이
- 준 비 물　A4용지, 색연필 또는 형광펜, 놀이 설명자료(PPT 또는 안내자료), 모둠별 구글잼보드방

놀이 소개

프로젝트의 도입 단계에서 활용하면 좋은 놀이이다. 프로젝트를 시작할 때 또는 교과서의 단원을 도입할 때 새로 배울 중요한 단어를 미리 눈으로 훑어 읽으며 공부할 수 있도록 도와주는 수업놀이이다. KWLM 토의활동과 연결시켜 적용해보면 더 좋다.

놀이를 시작하기 전에

먼저 KWLM 프로젝트(단원) 도입용 빙고학습지를 PPT로 제시한다. 발표자료 PPT 화면에 초성과 힌트가 제시된 화면을 제시하고, 학생들은 배움공책에 정답을 쓴다. 교과서 쪽수 범위의 내용을 읽으면서 학습지에 있는 초성 힌트를 참고하여 단어들을 찾는다. 이때 모둠별로 정답을 같이 찾아도 되고, 시간이 오래 걸리면 교사와 학생이 함께 찾아도 좋다. 단어를 찾은 후에는 교과서에도 연필로 밑줄을 긋는다. 그리고 학습지의 빈칸을 다 채워 넣는다.

ㅅㅎㅂㅎ ( ) 힌트(109쪽)	예: 교과서 109쪽에서 초성이 ㅅㅎㅂㅎ인 낱말을 찾아 적는다.

모든 단어들을 다 찾은 후에는 A4용지를 접어 16칸의 빙고판에 내가 제일 중요하다고 생각되는 낱말이나 더 알아보고 싶은 관심이 가는 낱말을 골라 적도록 한다.

1 모든 학생들이 단원 도입 빙고 학습지 작성을 마친 후에 먼저 선생님부터 가장 중요한 단어를 부른다. 이때 선생님이 부른 단어가 16개의 빙고 칸 안에 있으면, 빙고 칸에 ○표를 그린다.

2 빙고판에 있는 단어가 있는 학생들이 손을 들면, 선생님이 다음 학생을 릴레이로 지명한다. 지명받은 학생은 다음 단어를 부르면 된다. 이렇게 친구가 부른 단어가 빙고판에 있는 학생들이 손을 들고 그 학생들 중 한 명을 릴레이 지명하여 계속 진행한다(남학생은 여학생을, 여학생은 남학생을 골고루 릴레이 지명하도록 한다).

▲ 손을 든 학생들 중에 지명하는 학생 모습

3 가로, 세로, 대각선 3줄 빙고 또는 상황에 따라 1줄, 2줄 빙고로 하고 마친다. 완성된 빙고판을 자신의 카메라에 가까이 보여준다.

4 빙고가 끝나면 빙고판을 가지고 모둠방에 모여 KWLM 토의를 한다. 모둠방 채팅창에 KWLM 토의를 할 수 있는 구글잼보드 링크를 올린다. KWLM 토의 진행이나 방법은 발표자료 화면 PPT로 제시하고, 모둠별로 모여 프로젝트(단원) 시작전 자신이 이미 알고 있는 것(Know), 알고 싶은 것(Want to Know)에 대해 돌아가며 토의한다.

5 토의한 내용을 모둠별 구글잼보드 방에 정리한다.

▶ **배움을 확장하는 수업놀이 아이디어**

공정하고 정직한 게임 참여를 위해 빙고칸에 ○표를 할 때에는 되도록 형광펜이나 빨간펜을 사용한다. 연필로 ○표를 하면 잘 보이지 않을 수 있고, 화상수업 카메라로는 확인하기가 어려울 수도 있다.

저학년 　중학년　 고학년　 전학년

문장 퍼즐 맞히기

- 　놀 이 역 량　 연상능력, 문제해결, 추리력
- 　놀 이 방 식　 화상캠 + 앱활용 수업놀이
- 　준 비 물　 모둠별 구글잼보드, 모둠별 화상수업방, 놀이 설명자료(PPT 또는 안내자료)

놀이 소개

모둠별로 20자 내외의 문장을 만들어 한 글자씩 잼보드 포스트잇에 써서 퍼즐을 섞듯 섞은 후 원래의 문장이 무엇인지 맞히는 놀이이다. 프로젝트나 단원 학습 내용을 함께 정리할 때 적용하면 좋은 놀이이다.

놀이를 시작하기 전에

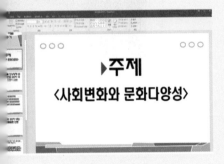

먼저 교사가 프로젝트 주제나 단원의 단원명을 제시하고 배운 내용 중 주제와 관련된 것이면 무엇이든 20자 내외의 문장을 만들라고 한다. 모둠(팀)을 구성하고 모둠별 화상수업 코드를 제시하여 모둠별로 모이게 한다. 모둠별로 주제와 관련된 20자 내외의 문장을 만든다. 《사회변화와 문화다양성》 프로젝트, 《과학 2단원. 물의 상태변화》라면 다음과 같이 말해본다.

교사: 우리가 배운 《사회변화와 문화다양성》 프로젝트에서 주제와 관련된 핵심 문장을 만들어보세요. 다만 20자 내외여야 합니다.

교사: 우리가 배운 《2단원. 물의 상태변화》에서 중요하다고 생각되는 내용으로 20자 내외의 문장을 만들어보세요.

1 교사가 모둠별 화상방 채팅창에 구글잼보드 링크를 올리면 학생들은 링크로 들어가서 모여 토의한 후 핵심문장 하나를 정하고, 포스트잇 한 장에 한 글자씩 적는다.

2 포스트잇을 종이 퍼즐 섞듯 섞는다.

3 모둠별 잼보드를 순서대로 전체에 공개하고 정답을 아는 사람은 손을 들거나 이름을 말하고 정답을 말하면 되고, 많이 맞힌 사람(모둠)이 이긴다.

4 문장 퍼즐을 맞힌 후, 그 문장의 뜻을 설명하거나 문장에 대해 알게 된 내용을 돌아가며 말하면서 배움을 공유하는 시간을 갖는다.

▷ 배움을 확장하는 수업놀이 아이디어

문장이 너무 길면 알아맞히기가 어렵다. 따라서 20자 내외로 만드는 것을 원칙으로 세우면 좋다. 문제를 잘 내는 것도 중요하므로, 답을 맞히게 되면 답을 맞힌 팀과 문제를 낸 팀 모두에게 각각 100점씩 점수를 줘도 좋다. 시간을 정해놓고 하면 좀 더 흥미진진하게 진행할 수 있다. 정답을 확인한 후 학습게시판에 게시해두고 학생들이 만든 핵심문장을 수시로 볼 수 있게 하면 좋다.

저학년　중학년　고학년　전학년

N행시 장원급제

- ▷ **놀 이 역 량**　문장구성력, 창의력, 지식정보처리
- ▷ **놀 이 방 식**　화상캠 + 앱활용 수업놀이
- ▷ **준 비 물**　패들렛, 메모지, 놀이 설명자료(PPT 또는 안내자료)

놀이 소개

수업시간에 배운 내용과 관련지어 짧은 글짓기를 해보는 활동이다. 배운 내용 중 핵심어를 찾고, 핵심어의 글자수에 따라 최고의 2행시, 3행시, 4행시, 5행시 등으로 작성하고, 가장 많은 공감 댓글을 받은 학생이 장원급제로 선발되는 옛날 과거시험 형식을 응용한 놀이이다.

놀이를 시작하기 전에

먼저 배운 단원이나 프로젝트 중 중요하다고 생각되는 핵심어를 하나 고르도록 한다. 핵심어가 2글자이면 2행시, 3글자이면 3행시, 4글자이면 4행시, 5글자이면 5행시를 만든다. 먼저 각자 메모지에 써보고 연습하는 시간을 갖는다. 교사는 미리 N행시 장원급제 패들렛방을 만들어둔다. 교사는 미리 만들어둔 N행시 장원급제 패들렛방 주소를 채팅창에 안내하고, 준비가 다 된 학생들은 패들렛방에 모이도록 한다.

1 교사가 미리 준비한 핵심어를 공개하며 다음과 같은 식으로 말해준다.

교사: 오늘 N행시 장원급제 문제를 공개합니다. 제시어는 '저출산'입니다.

2 핵심어와 관련된 내용을 포함해서 만들어야 한다. 내용과 관련이 없는 시는 탈락함을 학생들에게 미리 안내한다.

3 일정 시간이 지나면 활동 종료를 알린다.

4 다른 친구들의 글을 읽어보고 맘에 드는 N행시에 공감 댓글이나 하트를 달아 주라고 안내한다. 교사는 패들렛 설정에서 댓글 허용, 공감을 하트로 나타내기 등의 설정을 미리 해둔다.

5 가장 많은 공감 댓글과 하트를 받은 사람을 N행시 장원급제로 임명한다.

6 활동 후 함께 소감을 나눈다.

▶ **배움을 확장하는 수업놀이 아이디어**

수학, 과학, 사회, 프로젝트 등 새로운 단원(프로젝트)을 마치고 배운 내용을 정리하면서 적용하면 좋다. 배움과 동떨어진 너무 장난스러운 글이 나오지 않도록 놀이를 하기 전에 먼저 내용과 관련 없는 시는 탈락이라고 안내한다. 수업이 끝난 후 1일간, 또는 시간 등 일정 기간을 정해주고 정해진 기간 내 가장 많은 공감 댓글을 받은 학생을 뽑는 방식으로 해도 좋다.

저학년　중학년　고학년　전학년

모둠 협동 골든벨

- ▷ **놀 이 역 량**　의사소통, 문제해결, 지식정보처리
- ▷ **놀 이 방 식**　화상캠 + 앱활용 수업놀이
- ▷ **준 비 물**　화이트보드, 보드마커, 모둠별 구글잼보드, 모둠별 화상수업방

놀이 소개

모둠원끼리 모여서 함께 문제를 만들고, 다른 모둠의 문제를 풀 때도 같은 팀끼리 서로 의논하고 협력하여 문제를 풀어야 하는 모둠 협동 골든벨 놀이이다.

놀이를 시작하기 전에

먼저 놀이 설명자료로 학생들에게 모둠(팀) 구성을 안내한다. 채팅방에 모둠별 구글잼보드 링크를 게시하고, 각자 자기 모둠 구글잼보드 링크로 들어가 프로젝트나 교과서에서 배운 내용 중 중요한 부분을 생각하여 개인별로 두 문제 이상 출제한다. 모둠별 화상수업방에 모여 모둠원이 낸 문제를 검토, 의논해서 겹치지 않게 모둠 대표 문제 4개를 선정한다. 나머지 문제들은 잼보드 링크 한쪽에 모아둔다. 4문제를 선정했으면 다시 전체 화상수업방으로 모인다. 기본점수로 5점을 받고 시작하며, 문제를 냈을 때 상대 모둠에서 답을 맞힌 모둠이 한 모둠이면 3점, 두 모둠이면 각각 2점, 세 모둠이면 각각 1점씩 받는다.

1 모든 모둠이 정답을 맞힌다면 너무 쉬운 문제를 낸 것이기 때문에 출제한 모둠의 점수 1점을 감점한다. 또 모든 모둠이 틀린다면 너무 어려운 문제를 낸 것이기 때문에 이 경우에도 출제한 모둠의 점수 1점을 감점한다.

2 자신의 모둠 차례가 왔을 때 다른 모둠이 낸 문제와 겹칠 경우에 패스하며 이때도 1점을 감점한다. 공통적으로 많이 낼 것 같은 문제를 미리 발표하는 것이 좋음을 미리 안내한다.

학생: 저렇게 많은 사람들이 아이를 낳기를 원하는데 출산율이 낮은 이유는 무엇일까?
학생: 산모가 아이를 안심하고 많이 낳을 수 있는 정책이 필요하다.

3 4개의 모둠 '1모둠-2모둠-3모둠-4모둠-1모둠-2모둠-3모둠-4모둠-1모둠-2모둠-3모둠-4모둠-1모둠-2모둠-3모둠-4모둠(총 16문제)'순으로 돌아가며 문제를 낸다. 모둠별 이끔이나 발표자를 정해 한 사람이 자기 모둠 잼보드 링크에 선정해 놓은 문제를 보며 마이크를 켜고 질문(문제)을 말한다.

4 한 모둠이 문제를 내면 다른 모둠은 모둠원들끼리 모둠 화상방에서 모여 회의하고, 모둠별 대표 한 명씩은 전체 화상수업방에서 화이트보드에 정답을 쓰고, 하나둘셋 하면 동시에 카메라에 보이게 든다.

모둠별 회의 모습과 모둠 대표가 화이트보드에 정답을 올리는 모습

5 모둠별로 문제를 내고 맞히면서 정해진 점수를 받는다. 다 끝나면 점수를 합산하고, 가장 많은 점수를 받은 모둠이 승리한다. 활동 후 소감을 나누고 오늘 나온 문제들을 다시 확인해본다.

▷ **배움을 확장하는 수업놀이 아이디어**

문제에 대해 협의하는 과정에서도 많은 것을 배우게 된다. 또한 각자 만든 문제를 모둠원이 함께 풀고 점검한 후 모둠 대표 문제로 내기 때문에, 자신이 낸 문제를 대표 문제로 뽑히도록 노력하고, 좋은 질문을 판단하여 뽑는 모든 과정에서 배움이 일어난다. 놀이가 끝나면 오늘 나온 문제 중 베스트 질문 뽑기를 해도 좋을 것이다.

저학년　중학년　고학년　전학년

카훗 게임

- ☞ **놀 이 역 량**　어휘력, 문제해결, 지식정보처리
- ☞ **놀 이 방 식**　화상캠 + 앱활용 수업놀이
- ☞ **준 비 물**　카훗 사이트

놀이 소개

카훗 사이트를 이용하여 문제를 출제한 후, 온라인 게임 형식으로 알아맞히는 놀이이다. 프로젝트나 단원의 마무리에 실천하면 좋다. 또 영어 시간에 배운 문장이나 어휘를 익히고 정리할 때도 좋은 놀이이다.

놀이를 시작하기 전에

교사는 놀이에 앞서 카훗 사이트에 들어가서 문제를 제작한다. 카훗 사이트 활용을 위한 기본 설정은 다음과 같다.

최초 이용자	기존 가입자
1. 카훗 사이트(kahoot.com)로 이동 2. 'sign up' 버튼 클릭 3. 'teacher' 클릭 4. 'school' 클릭 5. 아이디, 패스워드 입력 6. Basic(Free) 클릭 7. 개인정보(성명, 국가, 학교) 입력 8. 'create' 클릭	1. 카훗 사이트(kahoot.com)로 이동 2. 아이디, 패스워드 입력 3. Basic(Free) 클릭 4. 개인정보(성명, 국가, 학교) 입력 5. 'create' 클릭

1 교사는 문제를 만든 카훗 주소의 게임 핀번호(Game Pin)를 제시하여 학생들이 게임에 참여할 수 있게 공유한다. 학생들이 모두 들어왔는지 확인 후 'start' 버튼을 누른다.

2 학생들은 카훗 사이트에 들어가서 'play'를 누른 후 게임 핀번호(Game pin)를 입력하고 입장한다.

학생의 핸드폰 단말기 화면

3 학생들은 주어진 문제를 해결하는 게임에 참여한다.

학생들의 참여 모습

4 게임 결과와 순위를 확인한다.

디지털 네이티브(Digital native) 세대인 우리 학생들에게 너무 잘 어울리는 게임수업이다. 모든 교과, 단원, 프로젝트를 정리하는 수업에서 게임을 통해 학생들이 접근하여 문제를 풀고 즉시 승패(순위)가 나타나기 때문에 놀이의 경쟁, 재미 요소가 가득하다. 게임 결과에 너무 집착하기보다 참여 과정에서 배운 내용을 확인하고 정리하는 것이 더 중요하다는 점을 강조한다.

저학년　중학년　고학년　전학년

만약에 질문 놀이

- ✎ **놀 이 역 량**　지식정보처리, 어휘력, 창의력, 문장력
- ✎ **놀 이 방 식**　화상캠 + 앱활용 수업놀이
- ✎ **준 비 물**　온책읽기 도서(E-book) 또는 프로젝트 읽기자료(PPT), 구글잼보드, 패들렛

놀이 소개

'만약에'를 넣어 상상적 질문을 만들어보는 놀이이다. 학습 과정에서 다루어지는 주제의 중요성과 필요성을 알아보는 수업에 좋다. 특히 프로젝트나 단원 도입에서 질문 만들기 수업에서 활용하면 좋은 놀이이다.

놀이를 시작하기 전에

프로젝트를 시작하며 관련된 도서의 한 부분을 함께 읽는다. 발표자료 PPT 또는 e-book을 화면공유하여 보면서 함께 읽는다. 글을 읽고 떠오르는 질문들 중 '만약에'를 넣어 질문을 생각한다. 만약에 질문놀이 구글잼보드방(링크)를 채팅창에 공유한다. 모두 구글잼보드 링크에 들어가서 '만약에'를 넣어서 각자 4~5장의 질문 카드를 만든다.

예: 《사회 4-1. 주민참여의 중요성과 방법 알아보기》 만약에 우리 마을 안전지도가 없다면? 만약에 주민 투표가 없다면?

　　《과학. 2. 물의 상태변화/ 물 프로젝트 '게이뤄삭이 들려주는 물 이야기'》 만약에 물이 순환하지 않는다면? 만약에 비가 내리지 않는다면?

1 친구들이 만든 질문 카드를 살펴본다.

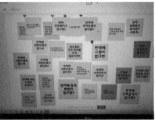

2 질문에 답을 하고 싶은 친구는 손을 들고 답한다. 자기가 자기 질문에 답해도 된다. 다른 친구들이 질문에 답을 잘했다고 인정해주면 답을 한 친구가 질문 카드를 갖는다(잼보드 포스트잇에 이름 써놓기).

3 다른 친구들이 답을 인정하지 않으면 그대로 두고(이름을 쓰지 않고), 패스한다. 놀이가 끝나고 질문 카드를 가장 많이 가진 사람이 이긴다.

4 질문 카드의 질문 중에서 자기 마음에 드는 질문을 한 가지 골라서 그 질문을 주제로 상상하여 글쓰기를 한다. 패들렛에 자신이 쓴 글을 올리고' 하루 동안 공감 댓글을 많이 받은 학생에게 추가 점수를 주거나 '만약에 질문 글쓰기 왕으로 뽑아도 좋다.

▶ 배움을 확장하는 수업놀이 아이디어

'만약에' 질문 놀이를 처음 할 때는 옛날이야기나 마술 소재가 등장하는 이야기, 영화, 그림 등을 고르면 학생들이 상상력을 발휘하여 질문을 만들기가 한층 수월해진다. 학생들이 '만약에' 질문 만드는 것에 익숙해지면 역사적 사건이나 생활 속 이야기로 질문을 만들도록 한다. 친교놀이 시간에 '만약에 당신이 동물로 변신할 수 있다면', '만약에 오늘 하루만 살 수 있다면' 등과 같이 '만약에(당신이)~할 수 있다면'의 형태로 상상적 질문을 만들고 답하면서 친교 놀이활동으로도 운영해볼 수 있다.

저학년 중학년 고학년 전학년

잼보드 땅따먹기

🔖 **놀 이 역 량** 지식정보처리, 종합적 사고

🔖 **놀 이 방 식** 화상캠 + 앱활용 수업놀이

🔖 **준 비 물** 온책읽기 도서(E-book) 또는 프로젝트 읽기자료(PPT), 모둠별 구글잼보드

놀이 소개

본시 수업이나 단원 정리학습에서 배운 내용 정리할 때 활용하면 좋은 놀이이다. 수업 중에 배운 내용 중 핵심단어를 뽑아 잼보드 포스트잇에 적고, 모둠원이 돌아가며 뽑아 설명한다. 친구들에게 서로 가르치는 활동을 통해 학생들의 메타인지가 발달하여 학습 효과가 배가된다.

놀이를 시작하기 전에

먼저 4~6명씩 한 모둠을 이루고, 구글잼보드방에 모인다. 교사는 각 모둠별 화상 채팅방에 미리 만들어놓은 구글잼보드 링크 주소를 올린다. 학생들은 링크 주소를 따라 들어가면 각자 자기 모둠의 구글잼보드에 접속하게 된다. 모둠별 구글잼보드의 네 개 모서리 또는 팀이 4명일 경우 4개의 공간에 각자 자신의 이름을 써 영역(땅)을 표시한다. 온책 읽기나 프로젝트 읽기자료 수업 후 읽은 부분에서 중요하다고 생각하는 핵심단어 또는 배운 내용 중에서 중요하다고 생각하는 단어를 잼보드 포스트잇에 각자 10개씩 적어 올린다. 친구들이 적어 올린 것을 보며 겹치지 않게 적는다. 적은 것은 가운데에 골고루 섞이게 배치한다(카드 게임처럼).

1 모둠방에 모여 '가위바위보'로 순서를 정해 모둠에서 돌아가며 한 명씩 낱말 카드를 골라, 그 낱말 카드에 대한 설명을 모둠 친구들에게 한다. 모둠방에서 구글잼보드 화면을 발표자료로 공유하며 모둠끼리 게임을 진행한다.

2 설명을 정확하게 해서 모둠 친구들이 인정하면, 그 낱말 카드를 가져가서 자기 이름 옆에 배치한다. 만약 설명을 제대로 하지 못하면 그 낱말 카드를 다시 중앙에 놓는다. 단어에 대한 설명은 두 가지 이상해야 맞은 것으로 인정한다. 예를 들어 '저출산'이라면

- 아이를 낳지 않아 어린아이들의 인구수가 줄어드는 것을 말해요.
- 해결 방법으로는 육아휴직 확대 등이 있어요.

3 설명하기 어려운 낱말은 패스하고, 나머지 학생들 중 가장 먼저 손을 든 학생이 설명한다. 나머지 학생들도 모두 대답하기 어려운 낱말이라면 땅 주인이 없는 카드로 다른 곳에 모아두고 다음 낱말 카드로 넘어가며, 다음번 순서의 사람부터 시작한다.

4 중앙에 놓은 카드 더미가 모두 사라지면 각자 자신이 모은 카드 조각을 세어 본다. 가장 많은 카드를 모아 땅을 확장시킨 사람이 승리한다. 정해진 시간을 주고 시간 안에 많은 카드를 가져간 사람이 이기는 방식으로 해도 좋다.

▶ 배움을 확장하는 수업놀이 아이디어

어려워하는 친구들을 위해 한 번씩 '책 찾아보기', '문제 낸 친구에게 물어보기' 같은 '찬스'를 주어도 좋다. 또는 어떤 '찬스'를 만들지 함께 상의하여 정하는 것도 좋다. 교사가 궤간순시(軌間巡視)하며 낱말을 잘 생각하기 어려워하는 모둠이 있다면 다른 모둠의 잼보드를 보여주어 미처 생각하지 못한 내용들을 떠올릴 수 있게 돕는다.

저학년　중학년　고학년　**전학년**

초성퀴즈 낱말왕

⬦ **놀 이 역 량**　추리력, 연상능력, 유창성
⬦ **놀 이 방 식**　화상캠 + 앱활용 수업놀이
⬦ **준 비 물**　모둠별 화상방, 구글잼보드

놀이 소개

모둠별로 주어진 주제와 관련된 단어의 제시된 초성을 보고 제한된 시간 동안 최대한 많은 단어를 찾아내는 팀이 승리하는 놀이이다.

놀이를 시작하기 전에

먼저 6명씩 한 모둠을 이루고, 모둠화상방에 모인다. 교사는 각 모둠별 화상 채팅방에 구글잼보드 링크 주소를 올린다. 학생들은 링크 주소를 따라 들어가면 각자 자기 모둠의 구글잼보드에 접속하게 된다. 초성퀴즈처럼 낱말의 초성만을 제시한다. 처음에는 쉬운 낱말로 시작한다.

예: 'ㄴ'으로 시작되는 낱말 찾기

모둠별로 제시된 초성을 보고 그 초성으로 이루어진 단어를 제한시간 2분 안에 최대한 많이 찾아 잼보드에 올린다. 단, 프로젝트나 단원에서 배운 내용에 나오는 단어로 제한한다. 제한시간이 끝나면 멈추게 하고, 전체회의방으로 모인다. 모둠별로 말할 사람 대표 한 명을 뽑는다.

1 모둠별로 돌아가며 하나씩 발표한다. 앞에서 모둠이 말한 단어는 중복해서 말할 수 없다.

2 나머지 모둠원들은 우리 모둠의 대표 학생이 잘 말할 수 있도록 모둠 채팅방이나 구글잼보드 링크에서 실시간으로 다른 모둠이 발표한 중복된 단어 카드를 지우거나 새로운 단어가 떠오르면 추가로 올려도 좋다고 하여 대표 학생을 포함한 모둠원 전원이 협동하여 참여할 수 있도록 유도한다.

3 발표할 때 머뭇거리면 3초 정도 시간을 더 주되, 그 안에도 말하지 못하면 탈락한다. 다른 친구나 모둠에서 발표한 낱말을 다시 발표해도 탈락한다.

4 낱말이 끊이지 않고 계속 나와 진행 시간이 너무 길어지면 조건을 제시한다.

예: 찾은 낱말 중 받침이 하나만 들어가 있는 것만 발표(놀이 노랑, 나물...)

5 순서대로 돌아가며 발표를 이어가다 새로 발표할 낱말이 없는 모둠은 탈락하고, 마지막까지 남은 모둠이 우승하고 '초성퀴즈 낱말왕'이 된다.

6 수준을 조금 더 높여 초성을 2개 제시하고, 제시된 초성으로 이루어진 낱말을 찾아본다. 학생들 수준과 특성에 따라 초성을 3개 제시하는 등 난도를 더 높일 수도 있다.

예: 'ㄷ , ㅇ'으로 이루어진 낱말 찾기 --> 'ㄱ, ㄴ , ㄹ'로 이루어진 낱말 찾기

▷ 배움을 확장하는 수업놀이 아이디어

마○○('마'로 시작하는 세 글자 낱말), ○지○(가운데 글자가 '지'인 세 글자 낱말) 등 초성 대신 첫 글자나 가운데 글자, 또는 끝 글자를 한 글자씩 제시하거나, 한 글자를 제시할 때 글자의 수를 제한해서 진행하면 한층 더 어려워진다. 이벤트 형식으로 게임이 다 끝난 후 교사가 놀이 시작 전에 미리 종이에 하나의 낱말을 써놓고, 게임이 끝난 후 그 낱말을 찾은 모둠을 뽑아 '텔레파시 왕'으로 뽑으면 자발적 참여를 높일 수 있다(놀이요소 중 운의 요소 활용). 배운 내용 중에서 수업 주제와 관련된 낱말을 교사가 써놓고 그 낱말을 찾은 모둠을 텔레파시 왕으로 뽑아 수업 주제를 강조하는 방법으로도 활용할 수 있다.

저학년 중학년 고학년 전학년

랜덤 문장 만들기

- ▷ **놀 이 역 량** 협동심, 문장력, 지식정보처리
- ▷ **놀 이 방 식** 화상캠 + 앱활용 수업놀이
- ▷ **준 비 물** 랜덤 단어 뽑기 PPT, 구글잼보드 또는 패들렛, 타이머

놀이 소개

단원 또는 프로젝트를 정리하며 배운 내용 중에서 핵심개념이나 키워드를 골라 단어들을 보이지 않게 배치해놓는다(PPT). 모둠별로 4개의 번호를 선택하고 번호 뒤에 숨겨진 낱말을 조합하여 문장을 완성한다. 랜덤으로 뽑은 예상치 못한 단어들로 인한 당혹감 그리고 그 단어들을 조합하여 문장을 완성하는 과정에서의 재미와 즐거움, 성취감을 느낄 수 있다. 팀원 간 협동심 및 문장 구성 능력 등을 기를 수도 있다.

놀이를 시작하기 전에

먼저 모둠 구성 조직을 안내한다. 모둠을 뽑을 때 랜덤 모둠뽑기나 모둠 뽑는 방법에 대해 학생들과 의논하여 미리 정해도 좋다. 모둠 당 6명씩 4모둠 정도로 구성한다. 그리드(Grid) 화면상에 같이 있는 학생들끼리 윗줄부터 1모둠으로 정해도 좋다. 놀이를 진행할 랜덤 단어 뽑기 PPT를 발표자료로 공유한다. 모둠 순서 뽑기로 놀이 참여 순서를 정한다. 모둠별로 주어진 번호 중 4개를 고른다. 뽑은 4개의 단어가 예를 들어, '물, 수증기, 기체, 부피'라면 이 4개의 단어를 이용하되 뜻이 자연스러운 문장을 완성해야 한다. 문장의 개수는 제한하지 않는다. 뜻이 통하고 문장이 서로 연결되는 자연스러운 문장을 만들어야 함을 강조한다. 또한 '물은~이다. 수증기는~이다. 기체는~이다. 부피는~이다.'식으로 각각의 문장이 따로따로여도 안 된다고 미리 설명한다.

1 나머지 모둠도 같은 방법으로 단어를 뽑는다.

- 1모둠: 응결, 구름, 부피, 정수기
- 2모둠: 비, 뉴스, 집수기, 프로젝트
- 3모둠: 지구, 식물, 오염, 물의 소중함
- 4모둠: 기체, 증발, 액체, 가열

2 모둠별로 화상방에 모여 문장을 만들도록 화상코드를 알려준다. 모둠별로 모여 협의를 한 후 만든 문장을 잼보드나 패들렛에 완성한다(제한시간 5분). 교사는 발표자료 화면에 타이머를 준비하고 동시에 시작할 수 있도록 한다. 잼보드나 패들렛 사용이 어려운 경우에는 화이트보드나 공책에 '기록이'가 쓰고 마이크를 켜서 발표해도 좋다고 말해준다.

3 정해진 시간 안에 완성되면 전체방에 모여 발표자료를 모둠별로 화면공유해서 발표하거나 화이트보드에 쓴 것을 보여주며 발표한다. 작성한 문장을 함께 살펴본다.

4 어떤 모둠이 자연스럽고 뜻이 잘 맞게 문장을 만들었는지 함께 선정한다.

▶ **배움을 확장하는 수업놀이 아이디어**

만든 문장을 함께 살펴보며 오류가 있는 문장이나 뜻이 통하지 않는 부분이 있으면 서로 질문하며 찾아낸다. 질문이 없거나 이상 없음에 동의하면 미션 성공, 질문이 있으면 5초의 기회를 주어 수정할 시간을 주고, 5초 안에 수정하지 못하면 미션 실패로 간주한다. 다만 성공인지 실패인지에 집중하기보다는 다른 학생들의 의견을 듣고 우리 모둠이 만든 문장을 수정하고 완성된 문장을 만드는 데 더 큰 의미를 부여하고 성취감을 느낄 수 있도록 교사가 적절한 진행 능력을 발휘해야 한다.

서바이벌 퀴즈

- ▷ **놀 이 역 량** 지식정보처리, 종합적 사고, 협동심
- ▷ **놀 이 방 식** 화상캠 + 앱활용 수업놀이
- ▷ **준 비 물** 모둠별 화상회의방 및 구글잼보드, 화이트보드, 마커펜, 지우개, 타이머

놀이 소개

본시 학습의 정리 단계나 단원이나 프로젝트의 마지막 정리 단계에서 활용하면 좋다. 모둠별 퀴즈 식 수업놀이로 문제를 내고 지목한 팀에서 오답을 쓰면 탈락하게 되면서 맨 마지막까지 살아남는 모둠이 이기는 놀이이다.

놀이를 시작하기 전에

교사가 모둠 구성 조직과 모둠별 화상회의 코드를 채팅방에 올려 안내한다. 모둠별 구글잼보드방을 만든 상태에서 학생들이 모둠방에 모이면 모둠채팅방에 구글잼보드 링크를 올려 모둠화상방에서 구글 잼보드를 함께 활용할 수 있도록 한다. 모둠별 구글잼보드는 만약 4개의 모둠이면 교사가 미리 4개의 잼보드를 만들어두고, 해당 잼보드에는 해당 모둠 구성원만 접속하도록 참가자를 제한한다. 잼보드-설정-사용자 및 그룹과 공유-링크보기-제한됨에 추가된 사용자만이 링크로 항목을 열 수 있게 하여 사용자 및 그룹에 해당 모둠원들의 아이디 계정을 추가한다. 이렇게 해야 자기 모둠의 잼보드 링크만 들어갈 수 있고 다른 모둠의 잼보드에는 접속할 수 없다. 모둠별로 모둠 화상방에 모여 의논하면서 배운 내용 중에서 중요하다고 생각하는 질문을 만들고, 그에 대한 답을 포스트잇에 적어 구글잼보드에 올린다. 모두 8개의 문제를 적는다(10~15분 소요). 타이머로 모둠별 출제 시간을 정해주고, 일정 시간이 지나면 다시 전체방으로 모이도록 한다.

1 모둠뽑기로 뽑힌 모둠이 첫 문제를 내는 '공격권'을 가진다. 공격권을 가진 모둠에서 한 명이 공격자로 나서서 8개의 문제 중 하나를 낸다. 마이크를 켜고 말하거나, 보드에 써서 문제를 보여주고, 문제를 채팅방에 써서 올리는 방법도 가능하다.

2 다른 모둠은 문제를 듣고 모둠별로 화상방에 모여 30초간 서로 논의한 후 전체방으로 온다. 모둠의 대표 한 사람만 정답을 골든벨 판에 적고 뒤집어놓는다.

3 문제를 출제한 모둠의 공격자는 다른 모둠의 표정을 살피며 오답을 쓴 것 같은 모둠을 지목한다. 한 모둠만 지목해도 되고, 여러 모둠을 지목해도 괜찮다.

4 지목당한 모둠은 골든벨 판을 들어 쓴 답을 보여주면 문제를 출제했던 모둠의 공격자가 정답을 발표한다. 지목당한 모둠이 '오답'이면 그 모둠에서 나온 수비자는 탈락하여 카메라를 끈다. 그리고 그 모둠의 다른 학생이 이어서 다음 문제를 풀게 된다. 반대로 '정답'이면 공격자가 탈락하고 정답을 맞힌 수비자가 공격권을 갖는다.

5 '오답'을 쓴 모둠이 없다면, 도리어 공격자가 탈락한다. 두 개의 모둠을 지명했는데 두 모둠 다 정답을 썼다면 공격자 모둠에서 2명이 탈락하고 2명 다 카메라를 끈다. 그런데 두 개의 모둠 중 한 모둠은 맞고, 한 모둠은 오답이라면 수비자 한 명만 탈락하는 것으로 정한다.

6 모두 다 죽고 마지막 두 모둠이 남으면 지목하는 대신에 먼저 정답을 아는 모둠이 손을 들어 문제를 풀게 한다.

▶ 배움을 확장하는 수업놀이 아이디어

시작하기 전에 역시 5분 정도 배움을 되돌아보고 복습할 수 있는 시간을 가진다. 출제하는 공격자나 맞히는 수비자를 제외한 나머지 학생들은 모둠별로 화상회의방에서 적극적으로 답을 찾아 도와주도록 하고, 이때 모둠 채팅방을 이용한다(전체방 마이크를 통해 모둠의 회의 내용이 들릴 수 있음). 모둠별 질문 만들기 놀이에서 했던 질문들을 활용해 놀이를 시작해도 좋다.

저학년 중학년 고학년 전학년

우리 반 기네스북

☟ **놀 이 역 량** 수학적 사고력, 의사소통, 문제 해결

☟ **놀 이 방 식** 화상캠 + 앱활용 수업놀이

☟ **준 비 물** 패들렛, 자나 줄자

놀이 소개

수학 시간에 수의 크기 비교 및 소수를 배운 후 활용하면 좋은 놀이이다. 주제에 대해 각자 기록을 재고, 해당 부분에서 최고 기록 보유자를 뽑아보자. 놀이 과정에서 학생들은 자연스럽게 소수의 크기 비교까지 배울 수 있다.

놀이를 시작하기 전에

교사는 미리 패들렛 형식을 '타임라인'으로 하여 '우리반 기네스북 패들렛' 방을 만들어둔다. 놀이를 하기 전에 먼저 소수점의 원리나 소수의 자릿수, 소수의 크기에 대해 배운다. 이후 학생들에게 관련된 주제를 하나 주고 각자 기록을 재어보라고 한다. 교사의 제안에 학생들은 각각 자나 줄자를 이용해 자신의 손가락 한 뼘의 길이를 잰다.

교사: 내 손가락 한 뼘의 길이는 얼마인가요?

1 미리 만들어둔 패들렛 링크를 채팅방에 공유하고 학생들은 패들렛에 들어가 자신의 기록을 올린다.

예: 손가락 한 뼘의 깊이

2 자신의 기록을 재어 올린 후 다른 학생들이 올린 것과 비교해보고 제일 기록이 좋은 사람을 뽑는다. 그 학생을 '우리 반 기네스북'에 등재한다.

3 이번에는 다른 주제로 하여 반복하여 진행한다. 주제를 정할 때 아이들과 함께 어떤 주제로 기네스북을 선정할지 주제를 함께 정해도 좋을 것이다.

교사: 내 발의 크기는? 내 입의 크기는?

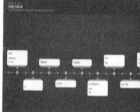

4 여러 가지 주제로 다양한 방면에서 다양한 학생들이 뽑힐 때 학생들은 더 즐거워하며 적극적으로 참여한다.

▷ **배움을 확장하는 수업놀이 아이디어**

공부를 잘하는 아이, 운동을 잘하는 아이에 상관없이 다양한 분야에서 자신도 기네스북에 오를 수 있다는 경험을 하며 학생들은 즐거워한다. 공부도 하며 즐거움을 경험할 수 있도록 다양한 주제를 시도해보는 것이 좋다.

저학년　중학년　고학년　전학년

방탈출 게임

- ▷ **놀 이 역 량**　문제해결, 지식정보처리
- ▷ **놀 이 방 식**　화상캠 + 앱활용 수업놀이
- ▷ **준 비 물**　구글 사이트도구 설문지(링크 주소)

놀이 소개

구글 설문도구를 활용하여 배운 내용 중에서 문제를 만들고 문제를 다 풀면 방탈출하는 게임 형식의 놀이이다. 수업 한 차시의 마지막 정리 단계나 단원 정리 활동으로 활용하기 좋다.

놀이를 시작하기 전에

교사는 수업 전 구글 설문도구를 활용하여 방탈출 설문지(문항)를 만든다.

• 구글 '사이트도구-설문지'에 들어간다. 설문지 퀴즈 양식을 활용하여 방탈출 제목을 입력한다.

• 문항의 답변이 맞았을 경우 다음 섹션으로, 틀렸을 경우에는 이전 섹션으로 돌아가기 설정을 부여한다.

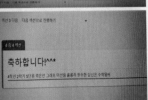

• 학생들에게 도전의식과 성취감을 가질 수 있도록 최종단계에 대한 안내와 함께 미션 완수를 축하하는 문구를 넣으면 문제 제작 끝!

• 방탈출 문항에 맞게 그림, 그래프 등을 가져와서 문항을 제작한다.

• 1단계 섹션을 통과하면 2단계, 3단계 섹션의 문항들 또한 1단계 방식과 동일하게 구성한다.

1 교사는 학생들에게 미리 준비한 방탈출게임 링크를 채팅방에 제시한다.

2 학생들은 링크에 접속하여 참여하며 한 단계씩 제시된 문제를 푼다. 문제를 풀지 못하면 다음 단계를 통과할 수 없고, 방탈출에 실패한다. 마지막 문항까지 통과한 사람만이 탈출할 수 있다.

3 성공한 학생들의 명단을 응답 기록을 통해 확인할 수 있고, 학생들도 자신의 점수와 자주 놓치는 질문을 확인할 수 있다. 평가 결과를 확인하고 피드백을 해준다.

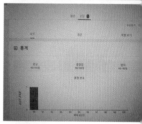

▷ **배움을 확장하는 수업놀이 아이디어**

게임에 익숙한 세대인 학생들에게 배운 내용을 게임처럼 정리하게 해주는 방탈출 게임은 경쟁과 재미 요소가 가득하다. 문제를 풀지 못하면 방을 탈출할 수 없는 구조가 학생들의 도전의식을 한층 높여준다. 수학 시간에 수학 익힘책 문제풀이, 실전 응용문제풀이 등을 만들어 활용한다면 지루해질 수 있는 수학 수업에 활기를 불어넣을 수 있을 것이다.

저학년 중학년 고학년 전학년

멘티미터 여론조사

- 놀 이 역 량 협동심, 의사소통, 지식정보처리
- 놀 이 방 식 화상캠 + 앱활용 수업놀이
- 준 비 물 멘티미터(링크 또는 QR코드)

놀이 소개

다양한 수업 장면에서 설문조사나 활동 전후에 여론 및 의견을 조사하는 경우에 사용한다. 온라인 상에서 멘티미터 앱을 사용하여 조사 문항 제작과 참여가 즉각 이루어질 수 있다는 장점이 있다. 이와 함께 통계 결과를 다양한 유형의 그래프 형태로 제시하고 발표할 수 있다.

놀이를 시작하기 전에

▲문항1 만들기

▲문항2 만들기

먼저 교사가 멘티미터 홈페이지(https://www.mentimeter.com/)에 들어가서 'Your Presentation'을 클릭한다. 다시 New Presentation 클릭하여 타이틀을 입력한다. 유형 옵션(Multiple choice, Word cloud, Type answer, Heading, Video, 2x2 Grid)과 내용 옵션(Bar, Donut, Pie, Dots, Customize)을 선택할 수 있다. 이후 필요한 퀴즈 문항을 제작한다.

예: 문항1. 다각형 단원평가에서 어려웠던 문제는? (Multiple choice - Bar)
　　문항2. 다각형에서 설명이 더 필요한 부분은? (Multiple choice - Word Cloud)

1 만든 문항을 채팅창에 공유한다. Voting code, Link 또는 QR코드 방식 등 다양한 공유방식을 통해 문항을 공유할 수 있다.

2 설문 또는 퀴즈에 참여한다.

3 설문 또는 퀴즈 참여 결과를 확인한다.

▲ 문항1 Multiple choice – Bar　　　　　　　▲ 문항2 Multiple choice – Word Cloud

▶ 배움을 확장하는 수업놀이 아이디어

멘티미터는 블렌디드 수업 환경에서 디지털 기기에 익숙한 학생들에게 좋은 수업 도구이다. 모둠 간의 생각 비교, 우리 반(우리 학교) 학생들의 생각을 알아보고 수치를 통계화하여 결과가 주는 의미를 분석해볼 수 있고, 프로젝트 발표회나 캠페인 활동에 참여한 학생들의 소감이나 설문지 참여 등의 방법에도 다양하게 활용해볼 수 있다.

질문 빙고

- 놀 이 역 량　지식정보처리, 종합적 사고
- 놀 이 방 식　화상캠 + 앱활용 수업놀이
- 준 비 물　놀이 설명자료(PPT 또는 안내자료), 포스트잇(또는 메모지), 필기도구, 화이트보드, 마커펜

놀이 소개

학생들이 학습해야 할 혹은 학습한 내용 중 핵심단어나 핵심개념을 선정하여 질문을 만들고, 5개의 포스트잇에 작성하여 먼저 뒤집은 사람이 이기는 빙고게임의 형식의 놀이이다. 학습의 도입 부분이나 정리 단계에서 활용하면 좋다.

놀이를 시작하기 전에

예컨대 사회 1단원부터 2단원 중 자신이 중요하다고 생각하는 키워드나 꼭 알아야 한다고 생각하는 중요한 낱말(핵심개념)을 발표하는 시간을 갖는다. 교사는 화이트보드 칠판이나 PPT 화면에 학생들이 발표한 핵심개념들을 받아 적는다. 발표를 꺼리는 학생들을 위해 채팅방에 올리는 것도 허용한다. 교사가 생각하기에 별로 중요하다는 생각이 들지 않아도 학생들의 의견을 모두 수용하여 적는다. 이때 교사가 자신의 언어로 학생들의 의견을 수정하지 않도록 주의한다.

1 화이트보드에 어느 정도 낱말이 모이면(15~20개 정도가 적당) 이 제시어 꾸러미 중 자신이 가장 중요하게 생각하고, 자신에게 가장 의미 있다고 생각하는 개념 5가지를 골라 질문을 만든다.

예: 지도---›지도란 무엇인가?, 지도는 왜 만들어졌을까?

2 5장의 포스트잇에 각각 한 개의 질문 총 5개의 질문을 적는다.

3 번호뽑기로 교사가 번호를 뽑으면 뽑힌 번호에 해당하는 학생이 자신이 만든 질문 중 한 가지를 골라 말한다. 다른 친구들은 친구가 말한 질문을 잘 듣고, 자신의 질문 중에서 같은 제시어에 대한 질문이 나오면 해당 포스트잇을 뒤집는다. 이때 질문이 어떤 제시어를 가지고 만들었는지 명확하지 않으면 발표자는 자신이 만든 질문은 무엇이고, 제시어는 무엇인지를 설명해주도록 한다.

4 가장 먼저 5개의 포스트잇을 다 뒤집은 사람은 '빙고!'를 외치고 승리한다.

5 자신이 만든 5개의 질문 중에서 내가 생각하는 최고의 질문을 뽑아 개인 화이트보드에 적어 화면으로 보여주도록 하여 좋은 질문에 대해서도 생각해본다.

6 친구들과 함께 이야기하고 싶은 질문을 골라서 친구들에게 질문하고 자신이 생각한 답(의견)을 돌아가며 이야기하며 함께 생각해본다.

▶ **배움을 확장하는 수업놀이 아이디어**

교사는 중요하지 않다거나 가벼운 질문이라고 생각했는데, 막상 학생들과 이야기를 나누다 보니 새삼 의미 있게 느껴지는 질문들이 있다. 학생들이 질문을 스스로 만들어내고 대답하는 과정에서 배움은 더 깊어지고, 학생 스스로에게 의미 있는 지식들로 쌓여가는 것을 놀이로 체험할 수 있을 것이다.

저학년　중학년　고학년　전학년

텔레파시 로또 추첨

ᗷ **놀 이 역 량**　기억력, 어휘력, 종합적 사고

ᗷ **놀 이 방 식**　화상캠 + 앱활용 수업놀이

ᗷ **준 비 물**　놀이 설명자료(PPT 또는 안내자료), 화이트보드, 마커펜

놀이 소개

배운 내용 중에서 교사가 중요하다고 생각한 낱말을 미리 생각한다. 학생들도 각자 중요하다고 생각되는 낱말들을 적는다. 교사가 적은 낱말과 낱말의 순서까지 일치한 학생들이 텔레파시 로또에 당첨되는 놀이이다. 전시학습 상기 및 핵심개념 정리활동 시 활용하면 좋다. 영어 시간에 새로 배운 단어로 사용해도 좋고, 모든 과목에 활용할 수 있다. 아이들이 자연스럽게 복습도 하고, 중요한 단어를 골라내는 능력도 키울 수 있는 재미있는 활동이다.

놀이를 시작하기 전에

교사는 수업 전에 지난 시간에 배운 내용 중 중요하다고 생각되는 개념 또는 단어 몇 가지를 준비한다.

교사: 지난 시간에 배운 내용 중에 기억 나는 단어 3개를 노트(또는 보드)에 적으세요. 선생님이 머릿속에 생각한 단어 3개를 정확하게 순서에 맞게 쓴 사람은 로또 당첨입니다.

1 학생들도 자신이 중요하다고 생각하는 개념 3가지를 화이트보드에 각자 쓴다.

2 교사가 준비한 3개의 낱말을 PPT로 공개한다. 교사가 생각한 단어와 낱말, 순서 모두 일치하면 당첨이다. 예를 들면 교사가 미리 생각하여 적어둔 단어인 '인구, 저출산, 고령화'를 순서에 맞게 똑같이 쓴 사람이 로또 당첨자이다.

3 로또 추첨 방식과 더욱 근접하게 1등은 낱말, 순서 모두 일치, 2등은 2개의 낱말과 순서가 일치한 경우, 3등은 낱말은 같으나 순서가 일치하지 않은 경우 등으로 구분하여 뽑아도 좋다. 이번엔 다른 주제로 모둠별로 각자 3개의 단어를 적고 랜덤으로 한 모둠을 뽑은 후에 그 모둠과 일치하는 단어와 순서를 적은 팀이 이기는 것으로 변경해도 좋다.

4 난도를 높이려면 단어 수를 늘리고, 난도를 낮추려면 순서에 상관없이 맞추어도 당첨된 것으로 하면 된다.

5 로또 당첨자는 적절하게 보상한다. 예컨대 모둠 점수 또는 '왕칭찬' 또는 교실에 준비된 작은 선물을 활용해도 좋다.

▶ **배움을 확장하는 수업놀이 아이디어**

프로젝트를 시작할 때 읽기자료나 단원을 시작할 때 교과서나 참고 도서의 범위(쪽수)를 정하여 그 부분에서 핵심어를 찾아내도 좋을 것이다. 찾아낸 핵심어로 주제망 짜기나 질문 만들기 활동으로 연결할 수도 있다.

교사: 70쪽에서 77쪽 사이에 있는 단어들 중에서 4개를 골라 적으세요. 선생님이 고른 단어와 그 단어들의 제시 순서가 같으면 로또 당첨입니다.

저학년 | 중학년 | 고학년 | 전학년

두근두근 교실 복권

- ▷ **놀 이 역 량** 기억력, 어휘력, 종합적 사고
- ▷ **놀 이 방 식** 화상캠 수업놀이
- ▷ **준 비 물** 교실 복권, 놀이 설명자료(PPT 또는 안내자료)

놀이 소개

프로젝트나 단원의 마무리에서 어떤 내용을 공부했는지 가볍게 핵심단어를 확인할 수 있는 수업놀이이다. 로또 복권 당첨과 형식적으로 유사하며 놀이 후 핵심개념(키워드)를 가지고 모둠별로 문제를 내고 협동하여 문제를 푸는 모둠협동 도전 골든벨 활동 등으로 이어져도 좋을 것이다. 단원이나 프로젝트를 시작할 때 해도 좋다.

놀이를 시작하기 전에

두근 두근 교실 복권

선생님 주제: 사회변화로 나타난 일상생활의 모습		4 주제: 사회변화로 나타난 일상생활의 모습		
	단어		단어	점수
1	저출산	1		
2	고령화	2		
3	정보화	3		
4	세계화	4		
5	악성 댓글	5		
6	개인정보 유출	6		
7	복지제도	7		
8	육아휴직	8		
9	인터넷 스마트폰 의존 현상	9		
10	저작권 침해	10		
			총점	

먼저 개인별로 '교실 복권' 종이를 하나씩 나눠 가진다. 구글 클래스룸에 미리 파일을 올려놓고, 사전에 출력하여 가지고 있게 한다. 또는 드로잉 과제 형태로 교실 복권을 올려놓고 드로잉 파일에 작성해도 좋다.

1 공부한 내용 중에서 가장 중요하다고 생각하는 10개의 단어를 적는다. 이때 가장 중요한 핵심단어부터 차례대로 적어야 한다.

2 교사도 가장 중요한 단어 10개를 미리 따로 적어둔다.

3 모든 학생들이 10개의 단어를 각자 적는다(5분).

4 일정 시간이 지난 후, 교사는 순서대로 미리 적어놓은 10개의 단어를 발표한다. 아이들이 선생님의 말을 잘못 알아듣거나 갈팡질팡하면 PPT에 미리 10개의 단어를 적어놓고, 발표자료 화면 공유로 PPT를 보여주면서 말하면 좋다.

5 교사가 불러준 단어와 자신이 '교실 복권'에 적은 단어와 순서가 모두 일치하면 50점, 단어는 들어 있는데 순서는 맞지 않는다면 10점, 아예 내가 쓴 단어를 선생님이 부르지 않았다면 0점을 받는다.

	단어
1	저출산
2	고령화
3	정보화
4	세계화

	단어	점수
1	저출산	50점
2	정보화	10점
3	복지	0점
4	육아	0점

6 총점을 합산해 맨 아래 적는다. 점수가 가장 높은 학생이 복권에 당첨된다.

▶ **배움을 확장하는 수업놀이 아이디어**

놀이 후에는 실력보다는 운이 더 많이 좌우되는 놀이라는 점을 알려주어 혹시 서운함을 느끼게 될 학생들을 배려해준다. 중간중간 학생들에게 힌트를 제공해도 좋다. 미리 배운 단어 중 10개의 단어를 칠판에 적어주고, 10개의 단어 중 5개의 단어만 선택하여 '교실 복권'을 적도록 진행해도 좋다.

열 고개 놀이

- ▷ **놀 이 역 량**　추리력, 문제해결, 종합적 사고
- ▷ **놀 이 방 식**　화상캠 수업놀이
- ▷ **준 비 물**　놀이 설명자료(PPT 또는 안내자료)

놀이 소개

'예', '아니오'로만 답할 수 있는 질문을 던져 답을 듣고 유추하여 10번 이내에 정답을 맞히는 놀이이다. 수업의 정리 단계나 단원을 마무리할 때, 또는 수업 시작이나 단원의 도입 부분에서 아이스브레이킹 활동으로도 적용하면 좋다.

놀이를 시작하기 전에

먼저 교사가 단어 하나를 생각하고 종이에 적어둔다. 학생들에게 놀이 방법을 간략하게 설명한다. 단, 학생들은 "예/아니오"로만 답할 수 있는 질문만 할 수 있다는 점을 미리 안내한다.

1 시범 차원에서 교사가 먼저 학생들과 같이 참여해본다. 교사는 배운 내용 중 핵심개념 하나를 생각하고 질문을 던지고, 학생들은 선생님께 '예', '아니오'로 답할 수 있는 질문만 하여 10번 이내에 정답을 맞혀야 한다. 교사는 손가락을 들고 질문이나 답을 할 때마다 손가락을 구부려 10번을 표시해준다.

> 교사: 선생님이 단어 하나를 생각했습니다. 지금부터 10번의 질문을 통해 그 단어를 맞혀야 합니다. 질문은 '예/아니오'로 답할 수 있는 질문만 가능합니다. 시작하겠습니다.

2 놀이를 이해했으면 이번엔 모둠을 나누어 한 모둠에서 문제를 내면 나머지 모둠이 맞히는 모둠 대항으로 진행해본다. 먼저 모둠 화상방에 모여서 모둠원끼리 의논하여 '열고개' 문제를 만들고 전체방으로 모인다.

3 모둠별로 돌아가며 문제를 내고 맞힌다. 모둠 중에 한 사람(이끔이 등)이 '예/아니오'로 대답한다. 지명은 손 기호를 든 순서 또는 손을 먼저 든 순서대로 지명하도록 하여 골고루 공평한 방식으로 진행하도록 한다.

4 제일 많이 알아맞힌 모둠이 승리한다.

▶ **배움을 확장하는 수업놀이 아이디어**

수업 내용 중 핵심단어를 찾아 답하게 하는 놀이로 확장하면 좋다. 익숙해지면 학생들이 나와서 출제하고 서로 알아맞히는 방식으로 해봐도 좋다. 모둠별 대항으로 해도 재미있다. '예/아니오'로만 답할 수 있는 질문을 만들어내는 연습과 맞혔을 때의 즐거움과 성취감 등을 동시에 느낄 수 있다.

저학년　중학년　고학년　전학년

이구동성 놀이

- ▷ **놀 이 역 량** 　의사소통, 협동심, 주의집중
- ▷ **놀 이 방 식** 　화상캠 수업놀이
- ▷ **준 비 물** 　놀이 설명자료(PPT 또는 안내자료)

놀이 소개

4명이 한 팀이 되어 4음절로 된 한 단어를 선택하여 각자 한 음절씩 맡아서 동시에 외치면 다른 팀들이 그 단어를 알아맞히는 놀이이다. 수업 정리 및 단원 마무리에서 중요 단어를 익히는 한편, 협동심과 집중력을 기르는 데도 좋다.

놀이를 시작하기 전에

먼저 4인 1모둠을 구성한다. 교사는 학생들에게 지금까지 공부한 단어들 중 4음절로 된 단어들을 보여준다.

교사: 우리 화면을 볼까요? 지금까지 우리가 배운 4음절로 된 단어들입니다. 지금부터 모둠원들끼리 모둠방에 모여서 이 낱말들 중 낱말 하나를 고르세요. 그리고 각자 한 음절씩 맡아 동시에 한 번에 외치는 연습을 해주세요.

팀별로 모둠 화상방에 모인다. 4음절 단어들 중 팀원끼리 의논하여 한 단어를 고르고 각자 한 음절씩 맡는다. 하나둘셋 신호에 맞춰 한 음절씩 동시에 외치는 연습을 한다. 모둠방과 전체 수업방 두 개를 동시에 열어둔 학생은 전체수업방의 마이크를 꺼서 다른 모둠에게 회의 소리가 들리지 않도록 한다. 교사는 연습 과정을 지켜본 후 어느 정도 팀별로 준비가 되면 교사는 각 모둠화상방을 나온다.

1 모둠별 연습이 끝나면 전체방으로 모인다.

2 문제를 내는 모둠방만 교사가 입장하여 해당 모둠의 수업방을 발표자료 화면에 띄운다. 전체 학생들은 발표자료 화면공유로 해당 모둠방을 다 같이 본다.

3 교사가 구호를 외치면 동시에 외친다. 나머지 학생들은 해당 모둠 학생들의 입 모양을 관찰하고 소리를 집중해서 들은 후 무슨 단어인지 알아맞힌다.

4 한 번에 맞추면 100점, 두 번에 맞추면 50점, 세 번에 맞추면 30점으로 횟수를 미리 정해주면 더욱 집중한다.

▷ 배움을 확장하는 수업놀이 아이디어

만약 중요 단어가 4음절이 아니면 4음절로 고쳐도 좋다. 또 교사가 4음절 단어를 제시하지 않고 모둠에서 문제(핵심단어)를 출제하게 한 후 시작해도 좋다. 만약 모둠방을 발표자료로 화면 공유하다가 이상이 생기거나 속도가 느려지는 등의 문제가 생기면 모둠방을 다 끄고 모두 전체방에 모이고 전체방에서 해당 모둠원들만 카메라를 켜고 나머지학생들은 모두 카메라를 끄게 한 후, 해당 학생들만 외치게 하고 나머지 학생들은 해당학생들을 유심히 관찰하며 들은 후 답을 알아맞히게 한다.

편견차별, 인권존중, 동서남북,
도시촌락, 빈부격차, 환경오염,
기후변화, 노인문제, 악성댓글,
정보격차, 아동문제, 개인정보,
경제발전, 문화교류, 전통문화,
사회변화, 남녀차별, 문화존중,
복지시설, 픽토그램, 유니버설

저학년　중학년　고학년　전학년

찢기 빙고

- ▷ **놀 이 역 량**　문제해결, 종합적 사고, 지식정보처리
- ▷ **놀 이 방 식**　화상캠 수업놀이
- ▷ **준 비 물**　A4 용지, 놀이 설명자료(PPT 또는 안내자료), 필기도구

놀이 소개

학습 시작 전 동기 유발이나 아이스브레이킹, 또는 본시 학습의 정리 단계나 단원(프로젝트)을 정리하는 단계에서 활용하면 좋은 놀이이다. 일반적인 빙고와 달리 양쪽 끝의 종이를 찢어야 다음 빙고를 이어갈 수 있다. 찢으면서 중요한 낱말을 기억할 수 있다.

놀이를 시작하기 전에

먼저 각자 A4용지를 세로로 길게 잘라 준비하도록 한다. 반으로 잘라낸 종이를 3번 접어 8등분 표시가 나도록 하고 다시 편다. 학생들은 8개의 칸에 오늘 공부한 단어 중에서 핵심단어를 적는다. 이때 가장 중요한 단어들을 왼쪽과 오른쪽 끝에서부터 순서대로 먼저 적는 것이 중요하다.

예: 식물 프로젝트

식물의 한 살이	여러해 살이	생명의 연속성	종자 보관소	식물 자원	에너지 식물	공기 정화 식물	한 해 살이

1 첫 번째 단어는 선생님이 부른다. 오늘 수업한 내용 중 또는 단원에서 가장 중요한 핵심단어를 부르면 된다. 불러주신 단어가 왼쪽이나 오른쪽 끝에 있다면 손으로 찢어낼 수 있다(중간에 있는 것은 찢을 수 없음). 단순히 단어만 부르고 내려놓기보다 단어에 대한 설명을 하고 내려놓게 하면 더 좋다.

> 교사: 선생님이 먼저 부르겠습니다. 식물이 싹트고, 자라고, 다시 씨를 맺어 한 세대를 이어가는 과정을 '식물의 한 살이'라고 합니다. '식물의 한 살이'라는 단어를 끝 부분에 쓴 사람만 그 부분을 찢어주세요. 중간에 있는 건 절대!! 찢을 수 없으니 기다리세요.

식물의 한 살이	여러해 살이	생명의 연속성	종자 보관소	식물 자원	에너지 식물	공기 정화 식물	한 해 살이

2 종이를 찢어낸 학생들은 손을 들고, 가위바위보로 다음 사람을 정하거나 제비뽑기로 뽑힌 사람을 다음 사람으로 한 명 지명한다. 지명된 학생은 자신의 찢기 빙고 학습지에서 가장 왼쪽이나 오른쪽에 있는 단어를 부르고 다른 학생들은 그 낱말이 맨 왼쪽이나 맨 오른쪽에 있을 때만 한 부분을 찢을 수 있다. 다음 발표자는 앞 발표자가 말했던 낱말이라도 반복해서 부를 수 있다. 불러준 단어가 안쪽에 있어서 찢지 못한 경우가 있기 때문이다.

3 차례로 양쪽 맨 끝의 종이를 찢어가다가 다 뜯어지면, 마지막 종이를 들고 "빙고!"라고 외친다.

▶ **배움을 확장하는 수업놀이 아이디어**

처음에는 8개의 핵심단어를 칠판에 적어 무엇을 쓸지 어려워하는 학생들도 즐겁게 참여할 수 있도록 하고, 점차 8개의 단어 중 6개만, 다음에는 4개만 적어주어 학생들 스스로 핵심개념이나 단어를 찾아낼 수 있도록 한다. 먼저 모둠화상방에 모여 모둠끼리 핵심개념 8개를 찾아 쓴 후 전체방에 모여 모둠별 대항으로 진행해도 된다. 놀이를 이해하기 위해 처음에는 반 친구들 이름을 적어 '이름 찢기'로 응용하여 진행해도 좋다. 또 동기유발이나 아이스브레이킹 활동으로 오늘 배울 학습주제나 프로젝트의 주제와 관련된 사진 지식을 가지고 진행해도 좋다.

뒤집기 만세

- ▷ **놀 이 역 량**　문제해결, 어휘력, 지식정보처리
- ▷ **놀 이 방 식**　화상캠 수업놀이
- ▷ **준 비 물**　화이트보드, 마커펜, 지우개, 놀이 설명자료(PPT 또는 안내자료)

놀이 소개

제시된 자음으로 시작되는 단어를 적고, 이것이 교사가 말하는 단어와 일치하면 해당 점수를 얻는 놀이이다. 운의 요소가 있는 막판 뒤집기 문제가 있어 흥미진진하다. 즐겁게 배움을 정리할 수 있는 활동으로 외워야 할 단어가 많을 때, 다양한 답변이 나오는 문제 해결에 활용하면 좋다.

놀이를 시작하기 전에

학생들에게 A4 용지 또는 화이트보드를 준비하도록 한다. 교사가 PPT 발표자료 화면으로 자음과 점수를 제시한 만세 놀이판을 제시하여 보여주면 아이들은 종이(또는 화이트보드)에 따라 그린다.

교사: 뒤집기 만세 놀이를 지금부터 해보겠습니다. 선생님이 보여주는 PPT 화면을 보고 종이나 화이트보드에 따라 그려주세요.

ㄱ(10점)	ㅊ(30점)	ㅂ(20점)
ㅍ(50점)	ㅈ(80점)	ㅈ(40점)
OX 문제 1		OX 문제 2

주제 공개 후, 놀이판에 적힌 자음으로 시작되는 단어를 적는다(모둠놀이인 경우 모둠화상방에 모여 의논하여 적는다).

교사: 선생님이 주제를 발표하면 그 주제에 알맞은 초성에 해당하는 단어를 각 칸에 적습니다. 밑에 있는 네모칸 OX 문제는 맨 나중에 풀게 될 문제입니다. 선생님은 이미 답을 미리 적어놓았습니다. 만약에 여러분이 적은 답이 선생님이 미리 적은 단어와 일치하면 그 옆에 있는 점수를 얻게 됩니다. 근데 이 놀이의 제목이 뭐였죠? 네, 뒤집기 만세 놀이죠. 말 그대로 점수를 뒤집을 수 있습니다. 그래서 OX문제는 초성 문제를 다 풀고 확인한 다음에 문제를 제시하도록 하겠습니다. 자, 오늘의 주제는 《사회변화와 문화다양성 프로젝트》입니다.

1 모두 적었으면 교사가 말하는 단어와 맞는지 확인하며 정답을 확인한다. 놀이판에 적어두었던 정답과 일치하는 경우 해당 점수를 얻게 된다. 정답도 교사가 미리 작성하여 발표자료 화면(PPT)으로 공개한다.

고령화(10점)	차별(30점)	빈부격차(20점)
편견(50점)	정보화(80점)	존중(40점)
OX 문제 1		OX 문제 2

교사: 그럼, 정답을 발표하겠습니다. 자리를 바꿔서 적으면 점수를 받을 수 없어요. 여기까지 점수 계산을 먼저 해주세요. (모둠별 점수 확인) 지금까지의 점수를 채팅방에 올려주세요.

2 칸별로 부여된 점수 외에 마지막 뒤집기를 할 수 있는 방법과 점수를 확인한다. OX 문제는 주제와 관련이 없는 문제여도 무관하다(놀이 요소 중 '운'의 요소 활용).

교사: 그러면 이제 뒤집기 문제가 딱 2개가 있어요. 점수는 하나당 무려 50점입니다. 첫 번째 문제는 선생님은 복숭아와 딸기 중 복숭아를 더 좋아한다(O,X), 두 번째 문제는 선생님은 여름과 겨울 중에서 여름을 더 좋아한다(O,X). 카메라에 손으로 OX로 표시해도 되고, 화이트보드에 표시해도 됩니다.

학생: (답쓰기)

교사: 정답은 첫 번째는 O, 두 번째도 O입니다. 맞으면 하나당 50점입니다. 여기서 마지막! 맞은 것이 가로, 세로, 대각선으로 이어지면 50점이 추가됩니다. 그러나 모두 틀린 경우 30점이 감점됩니다. (모둠별 점수 확인)

3 모든 점수를 더해서 가장 높은 점수를 받은 모둠이 우승한다.

▶ **배움을 확장하는 수업놀이 아이디어**

놀이를 진행(자음 제시)하기 전에 책 또는 배움공책을 살펴볼 시간을 주면 학생들은 중요한 단어를 한층 더 꼼꼼하게 체크한다. 만약 경쟁의 과열이 우려된다면 각 모둠의 점수를 합산하여 우리 반 점수로 만들고, 다음 활동 때에는 반 점수 기록을 깨는 방식으로 활동하는 것도 좋다. 또는 가장 높은 점수가 아니라 선생님이 정한 마음의 점수에 가장 가까운 점수를 받은 사람이 승리하는 방식으로 응용해도 재미있다. 사전에 모둠별 화상방에 교사가 들어가서 학생들이 쓴 것을 둘러보며 먼저 교사가 미리 적어놓은 답을 조금 수정하는 것도 재미를 배가하는 방법이다.

저학년   중학년   고학년   전학년

손가락 빙고

- ☞ **놀 이 역 량**   문제해결, 어휘력, 종합적 사고
- ☞ **놀 이 방 식**   화상캠 수업놀이
- ☞ **준 비 물**   화이트보드, 보드마커, 놀이 설명자료(PPT 또는 안내자료)

놀이 소개

각자 손가락을 모두 편 상태에서 자신이 쓴 내용과 관련된 내용이 나올 때마다 손가락을 하나씩 접는 방식으로 진행하는 빙고 놀이이다.

놀이를 시작하기 전에

공부한 것 중에서 중요하다고 생각한 내용을 화이트보드에 각자 적도록 한다.

교사: <사회변화와 문화다양성> 프로젝트에서 배운 내용 중 중요하다고 생각되는 단어 5가지만 각자 화이트보드에 적으세요.

손가락을 다 펴고 특정한 항목에 해당하면 하나씩 접는 놀이임을 안내한다(예: 인권 접어. 편견 접어. 성차별 접어. 아동차별 접어).

교사: 손가락을 다 펴고 손바닥을 카메라 화면이 보이게 해주세요. 손가락이 모두 5개죠. 지금부터 친구들이 말하는 단어가 내가 적은 단어와 일치할 때마다 손가락을 접습니다. 예를 들어 친구가 인권 접어. 라고 말했는데 내가 화이트보드에 적은 단어 중에서 '인권'이란 단어가 있는 사람들은 모두 손가락을 하나 접으면 됩니다.

1 준비되면 제비뽑기로 뽑힌 사람은 자신이 쓴 것 중에서 하나를 말한다. 나머지 학생들은 카메라에 손가락을 펴고 기다리다가 자기가 쓴 단어가 나오면 손가락을 하나씩 접는다.

> 교사: 제비뽑기로 뽑힌 사람들이 자기가 적은 것을 말합니다. 먼저 13번이 뽑혔습니다. 쓴 것 중에 하나를 말해주세요.
>
> 13번 학생: 존중 접에.
>
> 존중이란 단어를 쓴 학생들: (손가락을 하나 접는다)

2 다섯손가락을 가장 빨리 접은 사람이 승리한다.

3 모둠별로 모둠 화상방에 모여 모둠원끼리도 진행해본다.

4 활동 후 함께 소감을 나눈다.

▶ **배움을 확장하는 수업놀이 아이디어**

관련된 내용을 더 많이 찾을수록 유리하므로 학생들은 스스로 더 열심히 공부하고 찾게 된다. 주제를 달리하여 학습 내용과 상관없이 친교 놀이로도 활용해볼 수 있다. 서로의 공통점을 찾아서 빨리 손가락을 모두 접는 사람이 이긴다(예: 안경쓴 사람, 얼굴에 점 있는 사람 등). 손가락 5개를 다 접은 사람이 나와도 모두 다 손가락을 접을 때까지 놀이를 계속 진행하고, 전체가 다 손가락을 접는 데 걸리는 시간이나 말한 단어의 뜻을 확인해보면 한층 더 의미 있게 진행할 수 있다.

저학년 중학년 고학년 **전학년**

한 글자 공통점 찾기

🖰 **놀 이 역 량** 문제해결, 협동심, 어휘력, 종합적 사고
🖰 **놀 이 방 식** 화상캠 수업놀이
🖰 **준 비 물** 놀이 설명자료(PPT 또는 안내자료)

놀이 소개

낱말의 첫 글자만 보고 연상하여 낱말들의 공통점을 찾아내는 놀이이다. 프로젝트 마지막 부분이나 단원 마무리에서 배운 내용 중에서 중요하다고 생각하는 단어들을 공부할 때 적용하면 좋다. 단어 연상 및 단어 사이의 연관성을 찾는 데 도움이 된다.

놀이를 시작하기 전에

낱말의 첫 글자를 보고 낱말들의 공통점을 찾는다. 먼저 게임의 내용을 이해하기 위해 특정 주제를 제시하지 않고 아무 문제나 하나 교사가 제시한다. 이때 처음부터 첫 글자를 모두 한꺼번에 제시하지 않고 한 개씩 적어가며 천천히 맞출 수 있게 한다.

교사: 다음 낱말들은 공통점이 있는 낱말의 첫 번째 글자들입니다. 진, 신, 육, 오,
      안...
학생: 라면

교사가 낸 문제를 맞히면 이번에는 놀이를 이해한 학생 몇 명이 직접 문제를 내면서 놀이를 이어간다. 여러 번 해보면 다른 아이들도 어떤 놀이인지를 이해하게 된다.

1 모둠(팀)을 구성하여 PPT로 안내하고, 모둠별 화상수업방에 모둠별로 모여서 문제를 내보라고 한다.

> 교사: 이번에는 모둠별로 의논하여 프로젝트 또는 단원에서 배운 내용 중에서 문제를 냅니다. 모둠방에 모여서 만들고 다 만들면 전체수업방으로 들어옵니다. 시간은 5분 주겠습니다.

2 전체수업방에 다시 모여 모둠별로 돌아가며 문제를 낸다. 문제를 낼 때는 한꺼번에 첫 글자들을 다 제시하지 않고, 한 번에 한 글자씩 말하라고 한다. 아이들이 마이크로 글자를 말할 때 목소리가 잘 들리지 않거나 앞에서 말한 글자들을 기억하지 못할 수도 있으므로 교사는 PPT를 발표자료로 화면공유하고, PPT에 아이들이 말하는 글자를 써주어 학생들이 글자를 보면서 맞힐 수 있게 도움을 준다. 초성을 보고 낱말을 맞추는 게 아니라 그 낱말들의 공통점을 찾는 놀이임을 거듭 안내한다.

3 한 번의 기회에 맞추면 100점, 두 번째 기회에서 맞추면 90점, 세 번째 기회에서 맞추면 80점으로 점수를 차등 부여한다. 정답을 맞힐 때도 각자 모둠별 화상방을 동시에 켜두고 모둠끼리 의논하고 협동하여 정답을 맞힐 수 있도록 한다. 이때 모둠별 대화 소리가 전체수업방으로 들릴 수 있으므로 모둠끼리 의논할 때는 전체방 마이크는 꺼두거나 모둠 채팅방에서 대화를 주고받도록 안내한다.

4 가장 많은 점수를 받은 모둠이 승리한다.

▷ 배움을 확장하는 수업놀이 아이디어

상위개념을 찾는 활동에 적용해도 좋다. 난도를 높여 초성 대신 낱말의 마지막 음절을 제시하고 연상하여 공통점을 맞히는 놀이로 변형해도 좋다

> 예: 강(낭콩), 옥(수수), 딸(기)-한 해 살이 식물/악(성댓글), 개인정보유출), 인(터넷중독)-정보화 사회의 문제점 등.

저학년　중학년　고학년　전학년

마주보며 설명하기

▷ **놀 이 역 량**　문제해결, 협동심, 지식정보처리

▷ **놀 이 방 식**　화상캠 수업놀이

▷ **준 비 물**　팀별 명단이 적힌 PPT 발표자료 화면

놀이 소개

팀을 3~4팀으로 나누고 배운 내용을 기억하여 서로 팀별로 한 가지씩 알게 된 내용을 번갈아 이야기를 이어간다. 그러다가 한쪽이 더 이상 이야기하지 못하고 머뭇거리면 탈락이고, 마지막까지 남은 모둠이 이기는 놀이이다. 본시 수업이나 단원 정리학습에서 배운 내용을 정리할 때 활용하면 좋다.

놀이를 시작하기 전에

교사는 학생들에게 수업놀이를 안내하고, 가위바위보 놀이(모둠뽑기 플래시)로 먼저 시작할 팀을 정한다.

교사: 이번 프로젝트를 하며 알게 된 것을 팀별로 번갈아가며 이야기하겠습니다.

교사: 오늘 수업 시간에 새로 알게 된 것을 팀별로 번갈아가며 이야기하겠습니다.

1 가위바위보를 해서 진 팀 또는 모둠뽑기 순서로 먼저 오늘 배운 내용 중에서 한 가지를 이야기한다.

1모둠: 식물은 뿌리를 통해 물을 흡수하고, 영양분을 스스로 만든다는 것을 알게 되었습니다.

2 다음에는 상대팀이 앞서 말한 내용 외에 다른 내용으로 이야기한다.

2모둠: 물이 우리 몸에 66%를 차지한다는 것을 알게 되었습니다.

3모둠: 물이 얼면 부피가 팽창한다는 것을 알게 되었습니다.

4모둠: 물은 액체, 기체, 고체로 상태가 변화한다는 것을 알게 되었습니다.

1모둠: 우리나라는 물 부족 국가라는 것을 알게 되었습니다.

3 팀에서 발언 순서를 정해놓다 보면 부담이 가중될 수도 있으므로 그냥 손을 들고 발언 기회를 얻은 사람이 말하도록 하되, 너무 한 사람만 계속 말하지 않도록 한 사람당 최대 2번까지만 말할 수 있도록 제한한다. 3번까지 말하면 모둠 내 다른 학생이 참여하고, 다른 친구들에게 힌트를 주는 역할 정도로만 허용하여 자신의 팀에 계속 기여할 수 있도록 한다.

4 이렇게 서로 팀별로 번갈아 이야기하다 한쪽이 더 이상 이야기하지 못하고 머뭇거리면 시간을 재기 시작한다. 다섯손가락을 꼽으며 5초를 기다려주되, 지나친 불안감을 조성하지 않도록 작은 목소리로 천천히 기다려준다.

5 5초가 되도록 말하지 못하면 아웃이며, 아웃된 팀을 제외하고 남은 팀들끼리 계속하다가 마지막까지 남는 모둠이 승리한다.

6 승리 모둠 이외에 모둠에서 제일 활약한 학생 한 명씩 추천하여 함께 칭찬하고 놀이 소감을 나누며 마무리한다.

▶첫번째 팀부터 배운 내용 중에서 한 가지를 이야기한다.

"세계화는 좋은 점도 있지만 안좋은 점도 있다는 것을 배웠습니다."

▶5초 이내에 더 이상 이야기하지 못하고 머뭇거리면 탈락한다.

▷ 배움을 확장하는 수업놀이 아이디어

처음엔 교과서나 참고자료, 배움공책 등을 보고 어떤 내용을 이야기하면 될지 찾아보며 이야기하도록 한다. 이렇게 연습하듯 한번 해보고, 익숙해지면 아무것도 보지 않은 채 말하도록 한다. 중간에 이야기하다 말을 잇지 못한 경우가 생기면, 그냥 자신의 팀에서 이어서 끝내지 않고 말할 수 있는 친구가 계속 이야기하도록 기회를 준다.

수업목표 암호진술

- ▷ **놀 이 역 량** 문제해결, 종합적 사고, 추리력
- ▷ **놀 이 방 식** 화상캠 수업놀이
- ▷ **준 비 물** 놀이 설명자료(PPT 또는 안내자료)

놀이 소개

학습 목표의 글자 수만큼 동그라미 표시를 해두고 한 글자씩 힌트를 주면서 전체 학습 목표를 알아맞히는 놀이이다. 수업 시작 전에 목표를 간편하게 찾아볼 수 있으므로 학습동기를 유발하는 데 좋다.

놀이를 시작하기 전에

먼저 학습 목표를 글자 대신에 글자 수만큼 ○로 그려놓는다. 이때 띄어쓰기도 정확히 구분하여 그려야 한다.

- 등장인물의 성격을 파악한다. → ○○○○○ ○○○ ○○○○.
- 물의 상태변화를 설명한다. → ○○ ○○○○○ ○○○○.

1 PPT에 학습목표 글자수만큼 ○로만 된 슬라이드 화면을 발표자료로 화면공유하고, 교사는 "지금부터 시작합니다!" 하고 마우스 커서를 키보드로 움직여 ○글자 맨 앞에서 뒤까지 서서히 움직인다.

2 학생들이 "잠깐!"이라고 외치면 커서가 멈춘 지점에 해당하는 지점의 글자를 읽어준다(전체를 5~10번 내외로 기회 제한). 처음에는 학생들이 너무 어려워하면 글자를 써주고, 그렇지 않으면 글자를 쓰거나 적게 하지 않고, 기억하게 한다.

3 띄어쓰기가 된 칸에서 "잠깐!"을 외치면 "꽝!"

4 완벽하게 알 수 있는 사람은 손을 들어 기회를 얻고 답을 말한다.

5 틀렸으면 바로 알려주고, 맞히면 "정답!"이라는 구호와 함께 간단한 칭찬이나 선물(선생님의 하트)을 준다. 단, 놀이 자체의 재미와 성취감을 느낄 수 있도록 물질보다는 정신적 보상을 활용하는 것이 좋다.

▶ **배움을 확장하는 수업놀이 아이디어**

글자 수를 너무 많이 하면 자칫 학생들이 도전의지를 떨어뜨릴 수 있다. 너무 어려워서 포기하거나 학생들이 잘 참여하지 않으면 초성 힌트를 준다. 꽝에 걸리는 것을 부정적 놀이요소로 활용하기보다는 재미를 배가시키는 요인으로 활용하는 것이 좋다. 예컨대 꽝에 걸린 학생을 포함해 모두가 유쾌하게 웃을 수 있는 종류의 과제 몇 가지를 합의하여 정해놓고, 꽝에 걸렸을 때 이를 실천하게 하는 것도 좋은 방법이다.

저학년 　중학년　 고학년 　전학년

OX 축구

- 🖱 **놀 이 역 량**　문제해결, 지식정보처리, 공동체
- 🖱 **놀 이 방 식**　화상캠 수업놀이
- 🖱 **준 비 물**　축구 용어가 활용된 문제들, 놀이 설명과 축구판이 담긴 PPT

놀이 소개

학급의 인원을 두 팀으로 나눠 OX 퀴즈로 실력을 겨루는 정리학습용 수업놀이다. 단원이나 차시를 정리하는 단계 또는 프로젝트 마무리 단계에서 활용하면 좋다. 또한 이야기책이나 수집된 자료를 읽고, 질문을 만드는 놀이로 응용해도 재미있다. 놀이 과정을 통해 어느 쪽이 잘하는지 겨루는 것이 중요하기보다는 공부한 내용을 자기 것으로 만드는 것이 중요하다는 점을 강조한다.

놀이를 시작하기 전에

프로젝트 공감 설계를 위한 온책 읽기 《게이뤄삭이 들려주는 물 이야기》를 함께 읽는다(e-book 활용). 두 팀으로 나눈다. 교사는 단원 또는 프로젝트를 정리하며 또는 읽은 부분에서 학생들이 꼭 알고 넘어가야 할 핵심내용을 중심으로 문제를 만들어 질문한다. 읽은 책의 내용을 가지고 하면 책을 읽는 동안 각자 노트에 중요하다고 생각한 것을 메모해두는 것은 허용한다. OX 축구 놀이에서 제시하는 질문은 앞서 소개한 질문 놀이(질문 이어달리기(170~171쪽), 질문 꼬리 달기(172~173쪽), 질문 달리기(174~175쪽) 등)를 먼저 한 후 놀이 결과 학생들이 직접 만든 질문을 활용해도 좋다.

1 먼저 학생들이 공부한 내용을 간단하게 복습할 시간을 준다. 그리고 준비되면 1번 문제부터 차례대로 질문한다. 칠판에 범위를 정해주고 5분 정도 미리 공부할 시간을 주는 것이 좋다.

2 선생님의 '하나둘셋' 신호에 맞추어 OX부채 또는 손으로 표시, 자기의 생각을 표현한다.

3 정답을 맞힌 학생들은 손을 들도록 한다. 이때 어느 팀이 더 많이 손을 들었는지 숫자를 센다. A팀에 문제를 맞힌 학생들이 더 많다면 A에서 B쪽으로 한 칸만 축구공을 옮겨놓는다. 만약 맞힌 학생 수가 양 팀이 같으면 대진표상에 마주보는 학생끼리 가위바위보를 하여 이긴 팀의 축구공을 이동한다.

4 같은 방법으로 다음 문제를 출제한다. 맞힌 학생들이 더 많은 쪽에서 반대편 쪽으로 공을 움직인다. 연속으로 4번 이겼을 때, 또는 골대 앞에 도착한 후 다음 문제를 맞히면(공이 상대방 골대를 넘어섰을 때) 점수를 1점 얻게 된다.

5 프리킥 카드, 스로인 카드, 패널티킥 카드 등 실제 축구 용어를 활용하여 문제를 만들어 출제하면 '운'의 요소가 더해져 재미가 배가된다.

> 패널티킥 카드(예시)
> 자기 진영의 패널티 지역안에서 직접 프리킥에 해당하는 반칙을 범했을 경우 상대 팀에게 주어지는 킥. '패널티킥' 카드 문제는 문제를 더 많이 맞힌 팀이 무조건 1점을 얻음. '패널티킥' 문제는 OX가 아닌 주관식 문제 출제.

6 어느 한쪽이 3점 이상을 얻었을 때 또는 일정 시간이 지났을 때 마치기로 미리 약속하고 놀이를 마친다.

▶ **배움을 확장하는 수업놀이 아이디어**

정답을 맞힌 학생 수가 같으면 PPT에 각 팀 선수 명단을 일렬루 정리해놓은 것을 보여주며 마주보는 학생끼리 가위바위보를 하고, 진 사람은 탈락, 이어서 두 번째 학생이 나와 이긴 학생과 가위바위보를 겨루는 식의 서바이벌 가위바위보로 '운' 요소를 적용해도 재미있다.

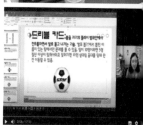

선생님을 이겨라

🖱 **놀 이 역 량** 문제해결, 지식정보처리, 공동체

🖱 **놀 이 방 식** 화상캠 수업놀이

🖱 **준 비 물** 놀이 설명자료(PPT 또는 안내자료), 선생님을 이겨라 3×3 빙고판, 미니 화이트
보드, 마커펜, 마커 지우개, 타이머, 출제 문제

놀이 소개

한 차시, 또는 한 단원을 정리할 때 함께 공부한 내용을 복습할 수 있는 수업놀이이다. 모둠별로
겨루지 않고 모든 학생이 함께 한 팀이 되어 선생님과 겨루는 색다른 진행 방식이므로, 경쟁심 없
이 반 학생들의 소속감을 기를 수 있다.

놀이를 시작하기 전에

프로젝트 공감, 설계 활동 중 온책 읽기 《게이뤼삭이 들려주는 물
이야기》를 E-book으로 함께 읽는다. (발표자료 화면공유). 단원이나
차시에서 배운 내용으로 준비해도 좋다. 교사는 읽은 부분(배운 내용)
중에서 미리 9개의 문제를 준비한다.

> 예: 1) 〈○×문제〉
>   대류권에서는 지표에서 위로 올라갈수록 기온이 낮아진다.(○)
>   2) 수증기가 올라가다 어느 높이에서 응결되면 물이 되고, 물방울
>   이 된 수증기는 뭉쳐서 무엇이 될까요?(구름)

화이트보드에 3×3즉 가로 세로 3칸의 표를 그린 후 문제 번호를 적
는다. 교사가 발표자료 화면을 띄워주고 함께 봐도 된다. 모둠 구성
조직을 안내하고 모둠뽑기를 하여 참여 순서를 정한다.

1 먼저 첫 번째 모둠부터 9개의 문제 중 한 문제를 고른다. 1모둠에서 3번을 골랐다면 선생님은 미리 준비한 문제 중 3번 문제를 읽어준다.

교사: 1모둠-4모둠-6모둠-5모둠-2모둠-3모둠 순서이니 1모둠부터 시작하겠습니다.

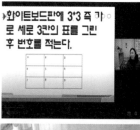

2 1모둠 학생들은 모둠방에 모인다. 모둠방에 들어가서 의논하고 다시 전체방으로 오는 데까지 1분 정도로 제한한다. 서로 머리를 맞대고 상의한 후에 전체방으로 들어와서 미니 화이트보드에 정답을 적는다. 선생님의 '하나둘셋' 신호에 따라 보드를 들어올린다. 모두 일치된 답을 올렸을 때에만 정답으로 처리한다. 교사는 발표자료 화면에 타이머를 띄워놓고 시간을 알려준다.

3 3번 문제의 정답을 맞혔을 경우 9개의 빙고칸 중에서 3번에 동그라미를 그린다.

4 다음은 두 번째 순서 모둠에서 다음 문제를 고르는데, 가로나 세로, 대각선으로 한 줄이 이어지는 것이 유리하므로 문제를 고를 때 어느 번호를 선택해야 좋은지 잘 생각하여 결정하라고 미리 안내한다. 모둠이 "5번 문제에 도전하겠습니다."라고 하면 선생님은 5번 문제를 읽어준다.

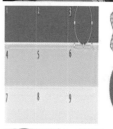

5 같은 방법으로 문제를 맞히면 문제의 번호에 동그라미를 그리고 대각선으로 한 줄이 이어졌다면 학생들이 선생님을 이기게 된다. 반대로 문제를 틀리면 X표를 그리게 되고 X표가 3개(한 줄) 이어졌다면 선생님이 이기게 된다.

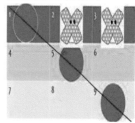

▷ **배움을 확장하는 수업놀이 아이디어**

가끔 자기가 정답을 알고 있다는 걸 과시하려고 먼저 정답을 말해버리는 학생들이 있다. 그러면 문제도 풀지 못하고 X표를 그리면 다른 학생들은 힘이 빠질 수밖에 없다. 이럴 때를 대비해 2문제 정도 여분의 문제를 준비해두는 것이 좋다. 그리고 먼저 정답을 말해버린 학생만 문제를 풀지 못하도록 약속하고, 여분의 문제를 다시 제시한다.

저학년　중학년　고학년　전학년

피라미드 빙고

▷ **놀 이 역 량**　문제해결, 개념화, 종합적 사고

▷ **놀 이 방 식**　화상캠 수업놀이

▷ **준 비 물**　피라미드 빙고학습지, 모둠화상방, 놀이 설명자료(PPT 또는 안내자료)

놀이 소개

피라미드 모양으로 만들어진 15칸의 빙고칸에 공부한 내용 중 가장 중요하다고 생각하는 단어 15개를 옮겨 적은 후 빙고 형식으로 진행되는 놀이이다. 본시 학습 또는 단원이나 프로젝트의 마지막 정리 단계에서 활용하면 좋은 놀이이다. 옮겨 적은 단어가 1층부터 5층까지 한 줄로 이어져야 "빙고"를 외칠 수 있다.

놀이를 시작하기 전에

개인별로 아래와 같은 피라미드 모양의 학습지를 미리 준비한다. 등교수업 날 미리 학습지를 배부해주면 좋다. 만약 없는 사람은 화이트보드나 종이에 직접 그려도 된다고 알려준다. 이번 단원이나 프로젝트에서 배운 단어 중에서 가장 중요한 '핵심단어' 15개를 뽑는다.

교사: 이번 물 프로젝트에서 중요하다고 생각하는 단어를 15가지 골라보세요.

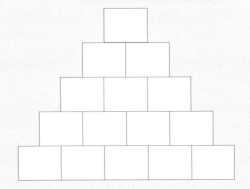

1 피라미드 빙고 학습지의 피라미드 안에 15개의 단어를 옮겨 적는다. 이때 가장 중요한 단어는 가장 높은 칸의 피라미드에 적는다.

2 두 번째로 중요한 단어는 세 번째 칸의 가운데 칸에 옮겨 적도록 안내한다.

3 5분 정도의 시간 내 모든 학생들이 피라미드 빙고칸을 채울 수 있도록 한다. 어떤 위치에 핵심단어를 적을 때, 한 줄로 이어지기 쉬운지 생각하는 시간을 먼저 가진다. 게임의 요령을 몰라 흥미를 잃어버리는 학생이 없도록 배려하는 것이 중요하다.

4 교사가 가장 중요하다고 생각하는 단어를 순서대로 불러준다. 첫 번째 단어만 선생님이 부르고, 그 단어를 적은 학생들이 모두 손을 들게 한 다음에 손을 든 학생 중 한 명을 지명하여 릴레이 지명 방식으로 진행한다. 호명된 학생이 다음 단어를 부를 수 있고 이때부터는 남학생이 지명했다면 다음엔 자기가 부른 단어를 적은 학생들을 손을 들게 한 후 여학생을 릴레이 지명하게 함으로써 남녀가 골고루 참여하게 한다.

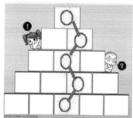

5 학생들은 단어가 나올 때마다 자신의 피라미드 빙고판에 적은 단어가 있으면 그 단어에 동그라미 표시를 한다.

6 피라미드 학습지의 1층부터 5층까지 ○표한 단어가 한줄로 이어지면 "빙고"라고 외친다.

▶ 배움을 확장하는 수업놀이 아이디어

처음엔 학생들이 핵심단어 고르기를 어려워할 때 핵심단어를 30개 정도, 피라미드 빙고의 2배 가량 발표자료 화면으로 제시하여 그중 좀 더 중요하다고 생각되는 15개의 단어만 추려 피라미드 빙고판에 옮겨 적도록 해도 좋다. 정해진 시간 동안 몇 명의 학생이 정답에 도착하는지 도전하는 게임으로 진행하면 '공동의 목표'를 활용할 수 있다.

예: 5분간 10명의 학생이 빙고에 도착하는 것.

질문 야구 게임

- **놀 이 역 량**　문제해결, 협동심, 종합적 사고
- **놀 이 방 식**　화상캠 수업놀이
- **준 비 물**　야구장 그림이 담긴 놀이진행 PPT 또는 야구 경기 진행 화이트보드, 번호뽑기 도구

놀이 소개

배운 내용 중에서 각자 질문을 만들고, 그 질문을 토대로 야구 형식으로 문제를 해결하는 놀이이다. 프로젝트나 단원 마무리에 배운 내용을 정리할 때 활용하면 좋다.

놀이를 시작하기 전에

배운 내용 중에서 질문을 각자 2개 이상 만든다. 질문의 난도를 결정한다. 쉬운 문제나 조금 어렵다고 생각되는 문제는 1점, 아주 어렵다고 생각되는 문제는 2점을 부여한다. 1점짜리는 1루타, 2점짜리는 2루타 문제가 된다. 두 팀으로 나누어 제비뽑기로 공격과 수비를 결정한다. PPT로 야구 경기장 화면을 보여주고 설명한다. '슬라이드 쇼 보기'가 아닌 편집할 수 있는 상태의 화면으로 띄우고, 마우스로 클릭하여 실시간으로 그림을 이동시키며 경기를 진행한다. 만약 PPT로 준비가 안 된 경우 화이트보드에 야구장을 직접 그려 자석으로 공격, 수비 위치를 옮겨가며 다른 컴퓨터로 들어가서 웹캠으로 보여준다. 공격팀에서 타자 역할 1명, 수비팀의 투수 역할 1명을 배정한다. 팀원들을 PPT에 순서대로 배치하고 마주 보는 사람끼리 공격, 수비 역할을 하도록 해도 좋다. 모두 돌아가며 해볼 수 있게 팀 내에서 순서대로 나오도록 한다. 마주보는 사람끼리 공격자, 수비자가 되어 위에서부터 순서대로 진행하면 된다. 질문자를 정한다. 질문자는 골고루 뽑힐 수 있도록 번호뽑기로 한다. 질문자는 자신이 만든 질문 중 하나를 골라 질문한다.

질문 학생: 1루타 문제입니다. 증발 현상의 예를 1가지 이상 말하시오.

1 공격, 수비팀 선수 둘 다 5초 안에 정답을 적는다. '하나둘셋' 하면 동시에 화면에 정답을 올린다.

공격자와 수비자가 정답을 들어올리는 모습

2 공격팀이 맞고 수비팀이 틀리면 1점짜리 문제의 경우 1루 진출한다. 공격팀은 틀리고 수비팀만 맞으면 병살타 2아웃 처리한다. 공격팀과 수비팀이 모두 틀리면 1아웃 처리한다. 공격팀과 수비팀 둘 다 맞으면 제자리에 머문다.

공격	수비	점수
맞음	틀림	1루 진출(1루타 문제) 2루 진출(2루타 문제)
맞음	맞음	제자리
틀림	틀림	1 out
틀림	맞음	2 out(병살)

3 정답을 모르면 개인당 1번의 찬스 기회를 쓸 수 있다(친구(대타, 대투) 찬스).

4 질문자가 질문을 내지 못하면 질문자가 속한 팀에서 아무나 한 명이 대신 질문을 낼 수 있다. 질문이 바닥나거나 아무도 질문을 내지 못하면 홈런 또는 도루(자동 1루 진출) 처리한다. 따라서 질문은 최소 2개 이상, 많이 여유분의 질문을 만들어두면 좋다. 3-OUT에 공격과 수비를 교체한다.

> ▷ **배움을 확장하는 수업놀이 아이디어**

질문 놀이에서 나온 질문들을 차곡차곡 모아두었다가 활용해도 좋다. 학생들은 대타, 대투 등의 찬스 쓰기 전략이나 질문의 난도를 고려해 직접 문제를 만드는 등의 종합적인 사고능력을 기를 수 있다. 이기고 지는 데 얽매이지 말고, 우리 팀원이 못 맞혔을 경우 대타나 대투 등의 찬스를 쓰는 전략 등을 잘 활용하는 것이 중요하다. 따라서 비난하지 않고 서로 전략을 잘 세워 협동해야 이길 수 있는 경기임을 잘 안내하는 것이 중요하다. 수업이 끝난 후 가장 좋았던 질문을 뽑고 함께 이야기를 나누는 것도 좋다.

저학년   중학년   고학년   전학년

몸으로 말해요

- 🔖 **놀 이 역 량**   문제해결, 창의력, 표현력, 추리력
- 🔖 **놀 이 방 식**   화상캠 수업놀이
- 🔖 **준 비 물**   모둠별 화상방, 타이머, 놀이 설명자료(PPT 또는 안내자료)

놀이 소개

하나의 주제에 대해 관련된 내용을 돌아가면서 몸으로 설명하고 알아맞히는 놀이이다. 아이들과 나타내고 싶은 주제를 정하여 표현하거나 역사 인물 수업에서 역사 인물 몸으로 표현하기 등으로 응용하여 진행해도 좋다.

놀이를 시작하기 전에

학생들에게 모둠 구성 조직을 안내하고, 모둠별 화상회의코드를 채팅방에 올린다. 모둠별로 모둠방에 모여 몸으로 나타내고 싶은 주제(예: 동물, 음식, 장소 등)를 모둠원과 함께 정한다. 주제를 정했으면 모둠방을 끄고 나와 전체방으로 모인다. 전체방에서는 각자 그 주제와 관련하여 자신이 표현할 것들을 정한다. 예를 들어 동물로 모둠원과 주제를 정했으면 나는 동물 중 어떤 동물을 어떻게 몸으로 표현할지 생각한다.

1 모둠뽑기(플래시툴 또는 제비뽑기)로 참여 순서를 정한다.

2 먼저 뽑힌 모둠부터 전체방에서 한 사람씩 자신이 정한 주제와 관련한 한 가지(예를 들어 주제가 '동물'이면 코끼리 등) 몸으로 설명하고 나머지 모둠원들은 정답을 알아맞힌다. 문제를 맞히면 다음 모둠원이 문제를 이어서 낸다. 예를 들어 모둠의 1번 학생이 몸으로 설명하면 나머지 2,3,4,5,6번 학생 중 한 명이 맞힌다. 그리고 바로 이어서 2번 학생이 몸으로 설명하면 나머지 1,3,4,5,6번 학생이 맞힌다. 이런 식으로 돌아가며 몸으로 설명하고 맞추기를 다하면 "끝!"이라고 외친다.

3 정해진 시간 안에 많은 문제를 맞힌 모둠이 이기는 방식과 모둠원 6명이 모두 문제를 내고 맞히는 데 걸리는 시간을 측정하는 방법 중 선택할 수 있다.

4 문제풀이가 끝난 후 설명하기 어려웠던 문제나 창의적으로 표현한 친구에 대해 함께 이야기를 나누면서 정리한다.

▶ 배움을 확장하는 수업놀이 아이디어

한 명이 문제를 몸으로 표현할 때 나머지 셋 중 아무나 맞혀도 된다. 만약 셋 다 모른다면 '통과'를 외칠 수도 있는데, 시간을 측정하는 방식일 때에는 그만큼 시간이 지나간다는 사실을 미리 협의하고 시작하는 것이 좋다. 진로활동으로 여러 가지 직업 알아보는 놀이로 확장해도 좋다. 예컨대 직업 카드에 나와 있는 직업들 중 각자 서너 가지를 골라서 정해진 시간 동안 서로 문제를 내고 맞히는 놀이로 응용할 수 있다. 3분간 얼마나 많이 몸으로 설명하고 맞히는가를 겨룬다. 역사 인물 대신 국어사전을 이용하여 국어사전에서 본 단어를 설명하고 맞히는 것으로 변형해도 재미있다.

저학년　중학년　고학년　전학년

전체 스피드 퀴즈

- ☑ **놀 이 역 량**　의사소통, 문제해결, 협동심
- ☑ **놀 이 방 식**　화상캠 수업놀이
- ☑ **준 비 물**　번호뽑기 도구, 핵심단어 카드(카드 또는 PPT 화면), 스피드 퀴즈 문제 PPT 자료

놀이 소개

한 차시 또는 한 단원의 마무리 활동으로 좋은 놀이다. 일반적인 스피드퀴즈는 한 모둠씩 하며 지루하게 기다리게 되고, 모둠 간의 경쟁을 유발하는 문제가 있다. 이를 해결하기 위해 정답을 맞힐 학생 한 명을 제외한 나머지 학생들이 모두 설명에 참여하는 방식으로 진행한다. 설명할 학생이 누가 될지 모르기 때문에 더욱 재미있다.

놀이를 시작하기 전에

교사는 이번 단원(또는 프로젝트)에서 가장 중요한 질문(핵심단어)을 우리 반 학생들 수에서 한 개 모자란 수만큼 준비한다. 이때 학생들은 오늘 공동의 목표를 정한다. 예를 들어 24명이 한 반이라면, 학생들과 협상하여 맞힐 수 있는 목표 개수를 정한다. 사회 과목일 경우 사회 교과서 맨 뒤쪽에 개념 '찾아보기'를 활용해도 좋다.

1 학생들끼리 상의해서 오늘의 도전자 1명을 정하고, 선정된 학생은 눈을 감거나 안대가 있으면 안대를 착용한다(카메라로 단어가 공개되므로 도전자가 볼 수 없도록 하기 위함). 만약 안대가 없으면 손으로 눈을 가리거나 뒤돌아 앉아도 상관없다.

2 선정된 학생은 선생님이 보여주는 핵심단어(PPT 자료)에 대한 설명을 한다. 한 단어당 설명 시간은 30초를 넘지 않도록 한다.

3 오늘의 도전자는 자기가 생각한 답을 이야기하고 맞으면 다음 설명하는 학생을 번호뽑기 도구에서 뽑는다. 만약 모르겠으면 "통과"라고 말할 수 있다. 통과 찬스는 총 5번만 허용하는 식으로 제한을 두어도 좋다.

4 모든 학생들이 돌아가며 설명을 마칠 때까지 같은 방법으로 진행한다.

5 미리 정한 '공동의 목표'에 도달했다면, 정한 보상을 모두 함께 받도록 한다.

▶ **배움을 확장하는 수업놀이 아이디어**

설명할 때는 반드시 '교과서 내용대로' 설명함을 원칙으로 한다. 설명하지도 않았는데 지레짐작으로 아무 답이나 이것저것 대거나 교과서에서 배운 설명대로 하지 않으면 정답으로 인정하지 않는다고 합의한 후에 시작해야 한층 원활하게 놀이를 진행할 수 있다.

저학년　중학년　고학년　전학년

온라인 야구 놀이

- ▷ **놀 이 역 량**　협동심, 문제해결, 지식정보처리
- ▷ **놀 이 방 식**　화상캠 수업놀이
- ▷ **준 비 물**　놀이 설명자료(PPT 또는 안내자료), 문제(종이)가 담긴 통, 야구경기판(화이트보드 또는 PPT), 선수 명단 라인업

놀이 소개

한 단원이나 프로젝트 마무리 활동에 적용해보면 좋은 놀이다. 교사가 미리 준비한 문제들 중 공격팀 선수가 한 문제를 고르고, 상대편 투수와 1:1로 먼저 그 문제를 맞히면 야구 경기처럼 진루하며 점수를 획득한다. 질문은 프로젝트의 각 차시에서 했던 질문 만들기 놀이에서 나온 문제를 활용하면 좋다. 학기 초 함께 자기 소개하기 시간을 갖고, 자신에 관한 문제를 각자 만들어서 선생님께 제출한 후 취합된 문제를 가지고 놀이하면 친교·친화 놀이로도 응용할 수 있다.

놀이를 시작하기 전에

화이트보드나 PPT에 먼저 야구 경기장을 그려놓는다. 야구 놀이를 위한 질문 종이를 준비하고, 질문 종이에 '홈런', '3루타', '2루타', '안타(1루타)'로 구분하여 써놓는다(예컨대 안타(1루타)'는 쉬운 문제, '홈런'은 가장 어려운 문제). '도루' '병살타', '삼진'등의 용어가 적힌 종이도 섞어놓는다. '도루', '병살타', '삼진'을 뽑으면 문제를 푸는 것과 상관없이 다음과 같이 진행된다.

1. 1루타-( )은 전체적인 모양, 끝 모양, 가장자리 모양, 잎맥 모양 등 생김새에 따라 다양하게 분류할 수 있다. ( )안에 들어갈 말은?

2. 홈런-( )의 꽃은 노란색이며 열매는 바람에 의해 날아갑니다. 잎이 한곳에서 뭉쳐나고 하나의 잎은 톱 모양으로 갈라져 있습니다.

---

* 도루: 문제를 풀지 않고도 루상의 주자가 1루에 있었으면 2루로, 2루에 있었으면 3루로 갈 수 있음.
* 삼진: 문제를 듣기도 전에 바로 타석의 공격 선수가 아웃됨.
* 병살타: 문제를 듣기도 전에 바로 루상의 주자와 타석의 공격 선수가 아웃됨.

1 전체를 두 팀으로 나눈다. 양 팀에서 문제를 가장 잘 맞힐 수 있는 학생을 투수로 미리 정하도록 한다. 양팀 투수의 가위바위보로 공격권을 정한다.

2 PPT로 선수명단 라인업을 보며 수비팀 투수와 공격팀 1번이 준비한다.

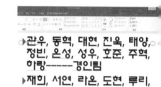

3 공격 선수는 번호를 선택한다. 예를 들어 30번을 선택했다면 교사는 야구놀이 통에서 30번 종이를 뽑는다. 30번 종이에 '2루타'라고 쓰여 있으면 교사는 "2루타 문제입니다. 생물이 오랜 기간에 걸쳐 주변 환경에 적합하게 변화되는 것을 무엇이라고 할까요?"라고 종이에 적힌 문제를 읽어준다.

4 답을 아는 학생이 먼저 자기 팀의 구호를 외친다. 기회는 한 사람에게 두 번까지만 준다. 교사가 5초 동안 다섯손가락을 꼽을 동안, 정답이 나오지 않으면 상대방에게 기회가 돌아간다.

5 만약 둘 다 맞히지 못하면 공격 선수가 아웃된다. 아웃되면 2번 선수가 나온다. 맞히면 PPT(또는 화이트보드) 경기판의 루상에 선수 그림 사진을 옮겨놓는다(1루에 있었으면 선수 그림 사진을 2루 또는 3루로 옮겨놓음). 3루까지 다 돌아오면 점수를 기록한다.

6 3OUT이 되면 공격과 수비를 바꾼다. 정해진 시간(20분 정도)이 되면, 그때까지의 점수로 승부를 가리거나, 시간을 봐서 3회까지만 하는 등 횟수를 정해서 한다.

7 투수를 교체하고 싶은 팀은 팀원끼리 협의하되, 한 회가 끝나야 교체할 수 있다고 말해준다.

> ▶ **배움을 확장하는 수업놀이 아이디어**

예습을 해올 수 있게 사전 안내를 하거나, 놀이 시작 전에 5분 정도 칠판에 범위를 정해주고, 공부할 시간을 준다. 문제를 맞히지 못한 학생이 비난을 받는 구조라면 결코 즐거운 놀이가 될 수 없다. 따라서 때로는 2명의 학생이 함께 나와 문제를 풀고, 정답을 맞히면 함께 2명의 주자가 나가고, 틀리면 동시에 투아웃 처리되는 식으로 규칙을 변경해도 재미있다. 또 학습에 자신이 없는 학생들을 배려하는 규칙을 만들어도 좋다. 다만 '병살타'와 '삼진', '도루' 등의 문제가 너무 많으면 반대로 공부를 많이 한 학생들의 의욕을 꺾을 수도 있으므로 한 장씩만 준비해 게임의 요소로만 활용하자.

참고자료

〈단행본〉

국제미래학회·한국교육학술정보원, 《제4차 산업혁명시대 대한민국 미래교육 보고서》, 광문각, 2017.

교육부, 〈초등학교 교육과정〉, 2015.

기애경·조은아·송영범·김성일·옥진우·한난희, 《전학년 프로젝트 수업으로 교육과정을 다시 디자인하다》, 맘에드림, 2019.

김양수, 《한 방에 끝내는 놀이체육수업 40분》, 지식프레임, 2020.

나승빈, 《나승빈 선생님의 전학년 수업놀이2》, 맘에드림, 2020.

나승빈, 《핵심 역량을 키우는 수업 놀이》, 맘에드림, 2019.

노석구·서 혁·손민호·송상헌·안금희·이강순·이경한·임미경·최유현·Ingrid Zwaal, 《놀이를 활용한 신나는 교실 수업》, 학지사, 2006.

로제 카이와, 《놀이와 인간》(이상률 옮김), 문예출판사, 2003.

린 에릭손·로이스 랜닝·레이첼 프렌치, 《생각하는 교실을 위한 개념기반 교육과정 및 수업》(온정덕·윤지영 옮김), 학지사, 2019.

마이클 혼·헤더 스테이커, 《블렌디드》(장혁·백영경 옮김), 에듀니티, 2019.

송영범, 《포스트 코로나 시대, 학교가 디자인하는 미래교육》, 맘에드림, 2020.

아이스크림원격교육연수원, 〈갈갈이샘의 신나는 연극놀이〉, 2012.

아이스크림원격교육연수원, 〈김성환 선생님과 함께 실천하는 학급긍정훈육법(PDC)〉, 2019.

온정덕·변영임·안나·유수정, 《교실 속으로 간 이해중심 교육과정》, 살림터, 2018.

이정숙·심은지·이동훈, 《아동심리치료를 위한 보드게임 핸드북》, 파워북, 2017.

인천광역시교육청교육연수원, 《교육놀이 신나게 놀아보자(2020-1)》, 2020.

정준환, 《재미와 게임으로 빚어낸 신나는 프로젝트학습》, 상상채널. 2016.

정혜승·옥현진·서수현·김정영·전지영, 《학생이 질문하는 즐거운 수업만들기 놀이편》. 사회평론아카데미, 2019.

제러드 스테인·찰스 그레이엄. 《블렌디드 러닝 이론과 실제》(김도훈·최은실 옮김), 한국문화사. 2016.

존 라머·존 머겐달러·수지 보스, 《프로젝트 수업 어떻게 할 것인가?》(최선경·장밝은·김병식 옮김), 지식프레임, 2017.

최정금, 《엄마와 함께하는 학습놀이》, 경향미디어, 2010.

피아제, 《놀이의 발달과 분류》, 창지사, 1990.

허승환, 《허쌤의 수업놀이》, 꿀잼교육연구소, 2018.

칼 카프, 《게이미피케이션 교육에 게임을 더하다》(권혜정 옮김), 에이콘출판사, 2016.

Department for education, 2017, *Statutory framework for the early years foundation stage: Setting the standards for learning, development and care for children from birth to five.* London: UK.

Department of Education and Training, 2013, *Early Years Learning Framework (EYLF)*-Korean.

Finnish national agency for education, 2016, *National core curriculum for early childhood education and care.* Helsinki: Finland.

McGonigal, J., 2011, *Reality is broken: Why games make us better and how they can change the world.* New York, NY: Penguin Press.

Ministry of Education and Research, 2006, *Framework plan for the content and tasks of kindergartens*. Norway: Ministry of Education and Research.

National Agency for Education, 2011, *Curriculum for the Preschool Lpfö98*. Revised 2010. Stockholm: Fritzes.

Office of child development and early learning, 2014, *Pennsylvania learning standards for early childhood: Pre-kindergarten*.

Oliver, R. & Herrington, J., 2001, *Teaching and learning online: A beginner's guide to e-learning and e-teaching in higher education*. Lawly, Australia: Centre for Research in Information Technology and Communications Edith Cowan University.

Ontario ministry of education, 2016, *The kindergarten program*. Ontario: Canada.

Piaget, J., 1972, *The Child's conception of the world*. Totawa: Littlefield.

Prensky, M., 2007, *Digital game-based learning*, MN: Paragon House.

Te Whāriki, 2017, *He whāriki mātauranga mōngāmokopuna o Aotearoa Early childhood curriculum*.

Vygotsky, L. S., 1976, Play and its role in the mental Development of the child. In J. S. Bruner, A. Jooy, and K. Sylvia(Eds.), *Play: Its role in Development and Evolution*(pp.537-554). New York: Basic Books.

〈논문 및 학술지〉

권정윤·정미애, 2019, 〈OECD 8개국 국가수준 유아교육과정의 놀이와 학습 관점 탐구〉, 《유아교육연구》, 39(1).

김영환·홍경희·정지언, 2007, 〈초중등 과학교육 관련 논문에 나타난 놀이 분석〉, 《교과교육학연구》, 11(2).

김현수, 2016, 〈교육용 게임 콘텐츠 재이용 의도에 영향을 미치는 요인에 관한 연구〉, 《한국컴퓨터게임학회》, 2(20).

박하나, 2020, 〈사회과 블렌디드 PBL 수업모형 설계와 개발 - 온라인 프로그램을 활용하는 경제 수업의 구상〉, 《시민교육연구》, 52(2).

송영범·강경석, 2020, 〈경기도 초등 혁신학교와 일반학교의 교실수업형태의 차이 및 변화과정 분석〉, 《한국교육문제연구》, 38(1).

안미리·염주영·김선용·정지연, 2020, 〈국내 게임기반학습과 교육 게이미피케이션 설계연구에 대한 체계적 문헌분석〉, 《교육정보미디어연구》, 26(3).

윤형섭, 2020, 〈한국 교육용 기능성 게임의 역사와 발전 방향 고찰〉, 《한국게임사회학회》, 20(4).

이소영·정혜욱, 2017, 〈교수학습 방법으로서의 놀이에 대한 유치원 교사와 초등학교 교사의 인식〉, 《교육과정과 수업》, 21(5).

조진일·최형주·홍선주·안태연, 2020, 〈미래 교수-학습 및 공간의 유형에 관한 연구〉, 《한국교육녹색환경연구원학술지》, 19(1).

한안나, 2018, 〈국내 게이미피케이션 연구동향에 관한 체계적 문헌고찰〉, 《한국콘텐츠학회》, 18(5).

한종임·강한나, 2018, 〈블렌디드 러닝 기반 사전 학습 활동이 한국 대학교 영어학습자의 말하기에 미치는 영향〉, 《멀티미디어지원언어학습》, 21(3).

한주희·김민경, 2003, 〈짝활동 놀이를 강조한 수학학습이 연산능력에 미치는 효과〉, 《교육과학연구》, 34(3).

황영아·이선희, 2020, 〈수업분석 도구 개발 및 적용을 통한 대학 내 성인학습자 대상 블렌디드 러닝 수업 운영 개선 방안 모색〉, 16(3).

Bruner, J., 1983, Play, thought, and language. *Peaboby Journal of Education*, 60(3).

Donelly, R., 2006, Blended problem-based learning for teacher education: lessons learnt. Learning, Media and Technology. 31(2).

Donelly, R., 2017, Blended problem-based learning in higher education: The intersection of social learning and technology. *Psychosocological Issues in Human Resource Management*, 5(2).

Elias, C., & Berk, L., 2002, Self-regulation in young children: Is there a role for sociodramatic play? *Early Childhood Research Quarterly*, 17.

Haight, W., & Black, J., 2001, a comparative approach to play: Cross-species and cross-cultural perspectives of play in development. Essay review of Play and exploration in children and animals by Thomas G. P. *Human Development*, 44.

Liberman, J. N., 1977, Playfulness: Its relationship to imagination of their relationship at the kindergarten level. *Journal of Genetic Psychology*. 107.

Prensky, M., 2003, Digital game based learning, *Computers in Entertainment*, 1(1).

Sawyer, K., 2003, Levels of analysis in pretend play discourse: Meta communication in conversational routines. In J. Roopnatine(Series Ed.) & D. Lytle(Vol.Ed.), Play & Cultural Studies: Vol.5. *Play and educational theory and practice*(pp.137-157). Westport, CT: Greenwood Publishers.

Song, M., 1988, *The Relationship between Children's Creativity and Playfulness*. Unpublished doctoral dissertation. Ewha Woman University, Seoul, Korea.

Tami Im, 2019, Development of a Blended Learning Based SW Maker Education Program, *Journal of Knowledge Information Technology and Systems*, 14(3).

〈보도자료〉

교육부(2020.3.25.). 미래의 학교는 어떤 모습일까?
교육부(2020.4.3.). 가상현실이 바꿔나갈 초등 교육 살펴보기!
교육부(2020.7.29.). 블렌디드 러닝 수업, 교육과정에 상상력을 입혀라.

〈사이트〉

https://apps.google.com/meet/
https://jamboard.google.com/
https://kahoot.com/
https://padlet.com/
https://sites.google.com
https://www.mentimeter.com/
https://www.zoom.us/

삶과 교육을 바꾸는
맘에드림 출판사 교육 도서

독자 여러분의 소중한 원고를 기다립니다

맘에드림 출판사는 독자 여러분의 소중한 원고를 기다리고
있습니다. 원고가 있으신 분은 momdreampub@naver.com으로
원고의 간단한 소개와 연락처를 보내주시면 빠른 시간에
검토하여 연락을 드리겠습니다.

교실 속 비주얼씽킹

김해동 지음 / 값 14,500원

이 책은 비주얼씽킹 기본기부터 시작하여 교과별 수업, 생활교육, 학급운영 등에 비주얼씽킹을 응용하는 방법을 설명하고 있다. 특히 교사들이 초등학교 1학년부터 고등학교 3학년까지 국어, 수학, 영어, 과학, 사회 등 모든 교과 수업에 비주얼씽킹을 활용할 수 있도록 수업 지도안을 상세하면서도 간결하게 제시하고 있다.

교실 속 비주얼 씽킹 (실전편)

김해동 · 김화정 · 김영진 · 최시강,
노해은 · 임진묵 · 공세환 지음 / 값 17,500원

전편이 교과별 수업, 생활교육, 학급운영 등에 비주얼씽킹을 응용하는 방법을 이론적으로 설명했다면, 《교실 속 비주얼씽킹 실전편》은 실제 초 · 중 · 고학생을 대상으로 수업을 진행한 교사들의 활동지를 담았다.

교실 속 비주얼씽킹 스토리+인성카드

비주얼러닝 연구소 지음/ 19,000원

비주얼러닝 연구소 선생님들이 직접 그린 그림과 함께 교 실에서 다양한 스토리를 구성하여 인성 교육을 할 수 있도록 만들었다. 총 128개(스토리 카드 64개, 인성 카드 64개)의 카드를 수록하여 수업 속에서 아이들이 이야기를 만들 수도 있고, 교과에 카드를 활용하여 주제를 표현하도록 하였다.

교실 속 비주얼씽킹 안전+진로카드

비주얼러닝 연구회 지음/ 19,000원

안전교육과 진로교육 내용을 중심으로 이해하기 쉬운 글과 그림으로 구성한 카드(안전 카드 64개, 진로 카드 64개)를 이용해 비주얼씽킹을 쉽게 할 수 있다. 학교 현장에서 학생들에게 실제적인 안전교육 및 진로교육에 도움을 줄 수 있는 카드로 교과 및 창의적 체험학습을 중심으로 활용하기 좋다.

핵심 역량을 키우는 수업 놀이

나승빈 지음 / 값 21,000원

이 책은 [월간 나승빈]으로 유명한 나승빈 선생님의 스타일이 융합된 놀이책이다. 이 책은 교실에 갇혀 넘치는 에너지를 발산하지 못하는 아이들과, 단순한 재미를 뛰어넘어 배움이 있는 수업을 고민하는 선생님을 위한 것이다. 본문에서는 수업 속에서 실천이 가능한 다양한 놀이를 제시하고 있다.

나쌤의 재미와 의미가 있는 수업

나승빈 지음 / 값 21,000원

이 책의 저자는 '재미'와 '의미'를 길잡이 삼아 수업의 길을 뚜벅뚜벅 걸어가고 있다. 책 속에서 제안하는 다양한 재미있는 활동들을 통해 학생들을 좀 더 적극적으로 배움의 세계로 초대하고, 학생들은 자유롭게 생각을 펼쳐나갈 것이다. 아울러 그러한 생각들은 깊이 있는 토론을 통해 의미 있게 확장해나갈 것이다.

나쌤의 재미와 의미가 있는 수업

나승빈 지음 / 값 21,000원

이 책의 저자는 '재미'와 '의미'를 길잡이 삼아 수업의 길을 뚜벅뚜벅 걸어가고 있다. 책 속에서 제안하는 다양한 재미있는 활동들을 통해 학생들을 좀 더 적극적으로 배움의 세계로 초대하고, 학생들은 자유롭게 생각을 펼쳐나갈 것이다. 아울러 그러한 생각들은 깊이 있는 토론을 통해 의미 있게 확장해나갈 것이다.

영어 수업 놀이

가인숙 지음/ 값 21,000원

이 책은 놀이를 매개로 쉽고 재미있게 영어를 가르치는 저자의 풍부한 노하우를 담고 있다. 특히 어떻게 하면 놀이를 가르쳐야 할 핵심내용과 잘 연결시킬지에 초점을 맞춰 수업 놀이를 이야기한다. 수업 계획과 실천에 관한 전체적인 디자인은 물론 파닉스, 말하기, 듣기, 쓰기, 문법 등에 관한 다양한 놀이 활동들을 소개한다.

나의 첫 그림책 토론

책이랑 소풍 가요 지음 / 값 15,000원

토론이나 독서가 어려운 학생들에게 보다 부담 없이 다가갈 수 있는 '그림책 독서토론'을 다룬 이 책은, 실제 교실 수업의 독서 전 활동부터 토론 후 활동까지를 상세히 안내하고 있다. 각 수업마다 다르게 진행한 토론방법의 소개와 함께 수업진행 Q&A, 교사의 생생한 성찰과 조언도 실었다.

나의 첫 교육과정 재구성

민수연 지음 / 값 13,500원

1년 동안 아이들과 교사가 함께 행복한 교실을 만들어 나간 기록들이 담겨 있다. 교육의 본질과 교사의 역할, 교육관과 인간 본성에 관한 철학적 고민부터 구체적 방법론, 아이들의 참여와 기쁨에 이르기까지 교육과 관련된 다양한 요소가 버무려져 마치 한 편의 드라마 같다.

나의 첫 과정중심평가

고영희 · 윤지영 · 이루다 · 이성국 · 이승미 · 정영찬
감수 및 지도_허숙 지음 / 값 16,000원

학생 개인의 성취와 발달에 초점을 둔 과정중심평가를 어떻게 진행해야 할지 구체적 사례를 담은 책. 교사들이 필요로 하는 각 교과의 학년별 사례와 함께 평가지와 후속 지도 방안까지 충실히 소개하고 있다.

교실 속 유튜브 수업

김해동 · 김수진 · 김병련 지음 / 값 15,500원

교실에서 이뤄지는 유튜브 수업은 학생들을 단지 미디어 수용자에서 참여자로, 소비자에서 생산자로 자리매김할 기회를 준다. 이 책은 이를 위한 충실한 안내자로서 주제, 유튜브, 스토리, 촬영, 편집, 제작, 홍보에 이르기까지 거의 모든 과정을 다룬다.

학교, 민주시민교육을 만나다!
김성천, 김형태, 서지연, 임재일, 윤상준 지음 / 값 15,000원

2016년 '촛불 혁명'의 광장에서 보인 학생들의 민주성은 학교에서는 찾아보기 힘들다. 민주시민교육은 법률과 교육과정 총론에 명시되어 있지만 그 중요성을 실제로는 인정받지 못해왔다. 또한 '정치적 중립성'이 대체로 '정치의 배제'로 잘못 해석됨으로써 구체적인 쟁점이나 현안을 외면해왔다. 이 책은 교육과정, 학교문화 등 다양한 측면에서 시민교육을 성찰하고 정책 대안을 제시한다.

학교, 민주시민교육을 실천하다!
교육정책디자인연구소시민모음 지음 / 값 17,000원

학교에서 어떤 식으로 민주시민교육이 이루어져야 하는지를 이야기한다. 특히 학생들의 눈높이에 맞춰 민주주의를 그들의 삶과 어떻게 연결시킬지에 초점을 맞추었다. 18세 선거권, 다문화와 젠더 등 다양한 차별과 혐오 이슈, 미디어 홍수 시대의 시민교육, 통일 이후의 평화로운 공존 방안 등의 시민교육 주제들을 아우른다.

혁신교육지구란 무엇인가?
강민정 · 안선영 · 박동국 지음 / 값 16,000원

이 책은 혁신교육지구에 관한 거의 모든 것을 아우른다. 시흥시와 도봉구의 실제 운영 사례와 향후 과제는 물론 정책 제안까지 담고 있어, 혁신교육지구에 관심을 가진 사람들뿐만 아니라 혁신교육지구와 관련된 업무를 담당하고 있는 현장의 전문가 및 정책 입안자들에게도 큰 도움이 될 것이다.

혁신학교란 무엇인가
김성천 지음 / 값 15,000원

교육공동체가 만들어내는 우리 시대 혁신학교 들여다보기. 혁신학교 전반에 관한 이야기를 다루고 있는 책으로, 공교육 안에서 혁신학교가 생기게 된 역사에서부터 혁신학교의 핵심 가치, 이론적 토대, 원리와 원칙, 성공적인 혁신학교의 모습을 보이고 있는 단위학교의 모습까지 담아냈다.

시인 체육교사로 산다는 것

김재룡 지음 / 값 16,000원

이 책은 정년퇴임까지의 한평생을 체육교사이자 시인으로서 살아온 저자가 솔직하고 담담한 자세로 쓴 일상의 기록이며, 한편으로는 구술사를 꾸준히 고민해온 저자 자신의 역사가 담긴 사료(史料)이다. 그는 자신의 삶속에서 타인의 고통과 접속하며 자신의 고통을 대면하여 가볍게 만드는, 자기치유의 가능성을 말한다. 사소한 순간의 기억이 모여 운명처럼 완성된 한 생애의 이야기가 여기 있다.

공교육, 위기와 도전

김인호 지음 / 값 15,000원

학생들에게 무한경쟁만 강요하는, 우리 교육 시스템과 그로 인해 붕괴된 교실에서 교육주체들은 길을 잃고 말았다. 이 책은 이러한 시스템 속에서 고통을 겪고 있는 교사, 학생, 학부모, 지역사회가 연대하여, 교육과정·수업·평가·진로 등 모든 영역에서 잘못된 교육 제도와 관행을 이겨낼 수 있는 대안과 실천 사례를 상세히 제시한다.

성장과 발달을 돕는 초등 평가 혁신

김해경·손유미·신은희·오정희,
이선애·최혜영·한희정·홍순희 지음 / 값 15,500원

이 책은 혁신학교에서 평가를 실천해온, 현장 교사 8명의 지혜와 경험을 모아놓은 것이다. 이 책을 통해 평가는 시험이 아니며 교육과정과 수업의 연장으로서 아이들의 잠재력을 측정하고 적절한 조언을 제공한다는 원래의 목표를 회복할 수 있을 것이다.

초등 상담 새로 고침

심경섭·김태승·박수진·손희정·김성희·
김진희·남민정·박창열 지음 / 값 16,000원

학교 현장에서 아이들의 부적응이나 문제행동을 고민하지 않는 교사는 거의 없다. 이 책은 이러한 문제에 대한 해결책을 찾는 교사의 상담 지혜를 다룬다. 특히 문제 상황에 따른 원인을 분석하고 명확한 가이드라인을 제시한다. 이는 교실 현장에서 발생하는 거의 모든 문제 상황에 적용될 수 있다.